이렇게만 공부하면 자격증딴다!

ITQ 정보기술자격
인터넷

발 행 일 : 2025년 11월 03일(1판 1쇄)
I S B N : 979-11-92695-90-7(13000)
정　　가 : 16,000원

집　　필 : KIE기획연구실
진　　행 : 이윤정
본문디자인 : 앤미디어

발 행 처 : (주)아카데미소프트
발 행 인 : 유성천
주　　소 : 경기도 파주시 정문로 588번길 24
홈페이지 : www.aso.co.kr

※ 이 책은 저작권법에 따라 보호를 받는 저작물이므로 무단 전재와 무단 복제를 금지하며,
　이 책 내용의 전부 또는 일부를 이용하려면 반드시 (주)아카데미소프트의 서면동의를 받아야 합니다.

CONTENTS

PART 01   ITQ 시험 안내 및 자료 사용 방법

| 시험안내 01 | ITQ 시험 안내 | 4 |
| 시험안내 02 | ITQ 자료 사용 방법 | 6 |

PART 02   출제유형 완전정복

출제유형 01	인터넷 윤리	12
출제유형 02	인터넷 검색-일반검색 I	26
출제유형 03	인터넷 검색-일반검색 II	34
출제유형 04	지능형 정보검색	42
출제유형 05	인터넷 검색-실용검색	56
출제유형 06	정보 가공	66

PART 03   출제예상 모의고사

모의고사 01	제 01 회 출제예상 모의고사	76
모의고사 02	제 02 회 출제예상 모의고사	80
모의고사 03	제 03 회 출제예상 모의고사	84
모의고사 04	제 04 회 출제예상 모의고사	88
모의고사 05	제 05 회 출제예상 모의고사	92
모의고사 06	제 06 회 출제예상 모의고사	96
모의고사 07	제 07 회 출제예상 모의고사	100
모의고사 08	제 08 회 출제예상 모의고사	104
모의고사 09	제 09 회 출제예상 모의고사	108
모의고사 10	제 10 회 출제예상 모의고사	112

PART 04   최신기출 복원문제

기출문제 01	제 01 회 최신기출 복원문제	118
기출문제 02	제 02 회 최신기출 복원문제	122
기출문제 03	제 03 회 최신기출 복원문제	126
기출문제 04	제 04 회 최신기출 복원문제	130
기출문제 05	제 05 회 최신기출 복원문제	134
기출문제 06	제 06 회 최신기출 복원문제	138
기출문제 07	제 07 회 최신기출 복원문제	142
기출문제 08	제 08 회 최신기출 복원문제	146
기출문제 09	제 09 회 최신기출 복원문제	150
기출문제 10	제 10 회 최신기출 복원문제	154
기출문제 11	제 11 회 최신기출 복원문제	158
기출문제 12	제 12 회 최신기출 복원문제	162
기출문제 13	제 13 회 최신기출 복원문제	166
기출문제 14	제 14 회 최신기출 복원문제	170
기출문제 15	제 15 회 최신기출 복원문제	174
기출문제 16	제 16 회 최신기출 복원문제	178
기출문제 17	제 17 회 최신기출 복원문제	182
기출문제 18	제 18 회 최신기출 복원문제	186
기출문제 19	제 19 회 최신기출 복원문제	190
기출문제 20	제 20 회 최신기출 복원문제	194

PART 01
ITQ 시험 안내 및 자료 사용 방법

☑ **시험안내 01** ITQ 시험 안내
  ☑ 정보기술자격(ITQ) 시험의 응시 자격 및 시험 과목
  ☑ 합격 결정기준 및 시험 문항

☑ **시험안내 02** ITQ 자료 사용 방법
  ☑ 자료 다운로드 방법
  ☑ 아카데미소프트의 코딩아지트에서 개발한 '온라인 답안 시스템'

PART 01 ITQ 시험 안내 및 자료 사용 방법

ITQ 시험 안내

☑ 정보기술자격(ITQ) 시험의 응시 자격 및 시험 과목
☑ 합격 결정기준 및 시험 문항

1. 정보기술자격(ITQ) 시험이란?

정보화 시대의 기업, 기관, 단체 구성원들에 대한 정보기술능력 또는 정보기술 활용능력을 객관적으로 평가하는 시험입니다. 정보기술 관리 및 실무능력 수준을 지수화, 등급화하여 객관성을 높였으며, 과학기술정보통신부에서 공식 인증하는 국가공인자격 시험입니다.

2. 응시 자격 및 시험 과목

❶ 정보기술자격(ITQ) 시험은 정보기술실무능력을 평가하는 시험으로 국민 누구나 응시가 가능합니다.

❷ ITQ 시험은 동일 회차에 아래 한글/MS 워드, 한글 엑셀/한셀, 한글 액세스, 한글 파워포인트/한쇼, 인터넷의 5개 과목 중 최대 3과목까지 시험자가 선택하여 신청할 수 있습니다.

※ 단, 한글 엑셀/한셀, 한글 파워포인트/한쇼, 아래 한글/MS 워드는 동일 과목군으로 동일 회차에 응시 불가
 (자격증에는 "한글 엑셀(한셀)", "한글 파워포인트(한쇼)"로 표기되며 최상위 등급이 기재됨)

자격종목		등급	ITQ시험 프로그램 버전		시험방식
			시험 S/W	공식버전	
ITQ 정보기술자격	아래 한글	A/B/C 등급	한컴 오피스	한컴오피스 2022/2020 선택 응시	PBT
	한셀			한컴오피스 2022 단일 응시	
	한쇼				
	MS 워드		MS 오피스	MS 오피스 2021 단일 응시	
	한글 엑셀				
	한글 액세스				
	한글 파워포인트				
	인터넷		내장 브라우저 : IE8.0이상		

※ 한컴오피스 : 2022/2020 중 선택 응시(시험지 2022/2020 공용), 한쇼/한셀 : 2022 단일 응시

3. 합격 결정기준

❶ 합격 결정기준

ITQ 시험은 500점 만점을 기준으로 A등급부터 C등급까지 등급별 자격을 부여하며, 낮은 등급을 받은 수험생이 차기시험에 재응시하여 높은 등급을 받으면 등급을 업그레이드 해주는 방법으로 평가를 합니다.

A등급	B등급	C등급
400~500점	300~399점	200~299점

❷ 등급별 수준

등급	수준
A등급	주어진 과제의 80~100%를 정확히 해결할 수 있는 능력
B등급	주어진 과제의 60~79%를 정확히 해결할 수 있는 능력
C등급	주어진 과제의 40~59%를 정확히 해결할 수 있는 능력

4. 인터넷 시험 문항 및 배점

문항	배점	출제기준
문제 1	30점	인터넷 윤리(인터넷 윤리 원칙, 사례, 예방 등)
문제 2	30점	
문제 3	30점	일반 검색 I (문제 3-1 / 3-2 / 3-3)
문제 4	50점	일반 검색 II
문제 5	50점	
문제 6	30점	지능형 검색[단편적 정보 종합, 외국어 정보 탐색, 거짓정보(할루시네이션) 검증]
문제 7	30점	
문제 8	30점	
문제 9	50점	실용검색(인터넷 생활 사이트 활용 및 정보 검색)
문제 10	50점	
문제 11	50점	
문제 12	70점	정보가공(제시된 주제에 따라 답안 완성)

2025년 7월 12일 시험 이후 기준

※ 응시료 확인 : https://license.kpc.or.kr/ 홈페이지 접속 → [자격소개-정보기술자격(ITQ)]

5. ITQ 회원 가입 및 시험 접수 안내

❶ 아카데미소프트(https://aso.co.kr) 홈페이지 자료실에 PDF로 제공합니다.
❷ [자료실]-[공지]-'ITQ 회원 가입 PDF 및 시험 접수 안내' 파일을 클릭

PART 01 ITQ 시험 안내 및 자료 사용 방법

ITQ 자료 사용 방법

- ☑ 자료 다운로드 방법
- ☑ 온라인 답안 시스템

1. 자료 다운로드 방법

❶ 웹 브라우저를 실행하여 아카데미소프트(https://aso.co.kr) 홈페이지에 접속합니다. 이어서, [교재소개]-[ITQ 자격증]-[ITQ 인터넷] 교재를 클릭합니다.

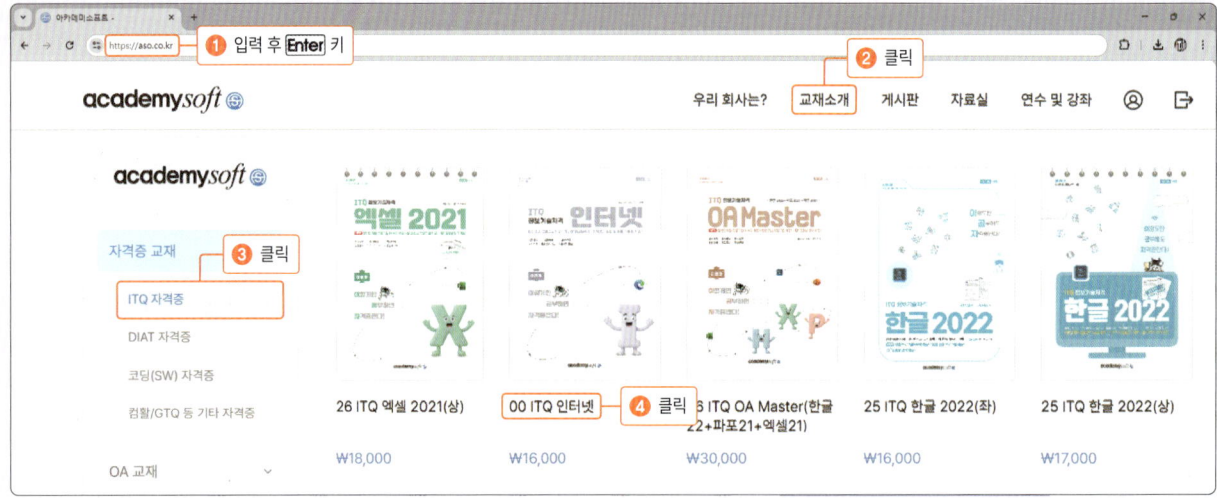

❷ 교재 이미지 오른쪽에 [교재 학습자료]를 클릭하면 [다운로드] 폴더에 저장됩니다.

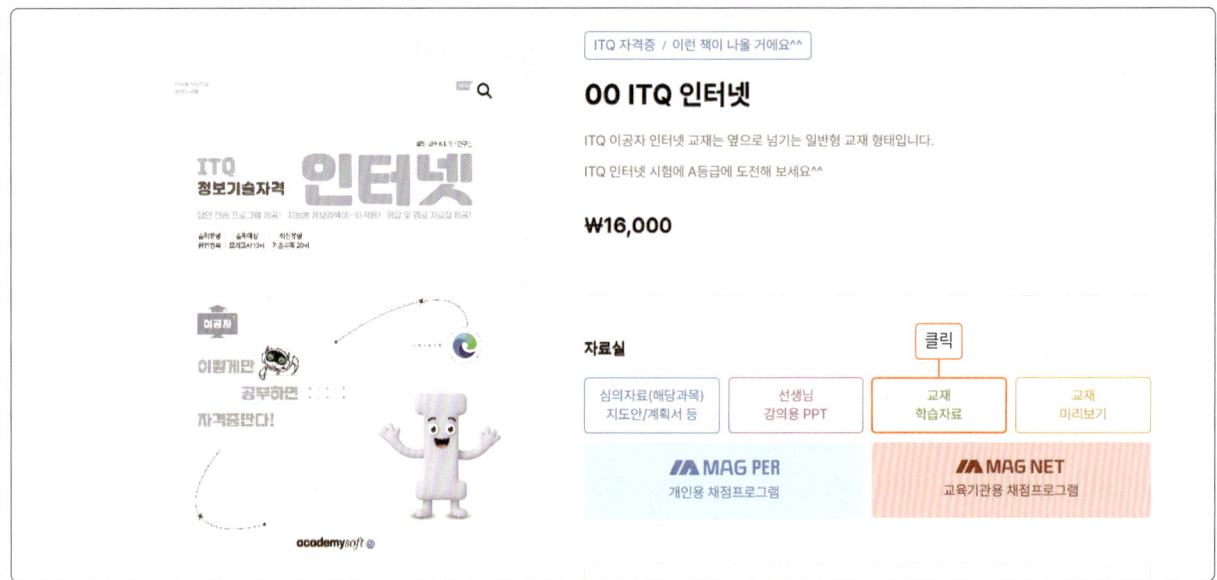

2. 아카데미소프트의 코딩아지트에서 개발한 '온라인 답안 시스템'

❶ 온라인 답안 시스템

[MAG PER 개인용 채점 프로그램 · 답안전송] 프로그램은 **수험자 연습용 답안 전송 프로그램**이기 때문에 **서버에서 제어가 되지 않는 개인용 버전**입니다. 실제 시험 환경을 미리 확인하는 차원에서 테스트하시기 바랍니다.

※ 해당 '온라인 답안 시스템'은 변경된 ITQ 시험 버전에 맞추어 수정된 최신 버전의 프로그램입니다.

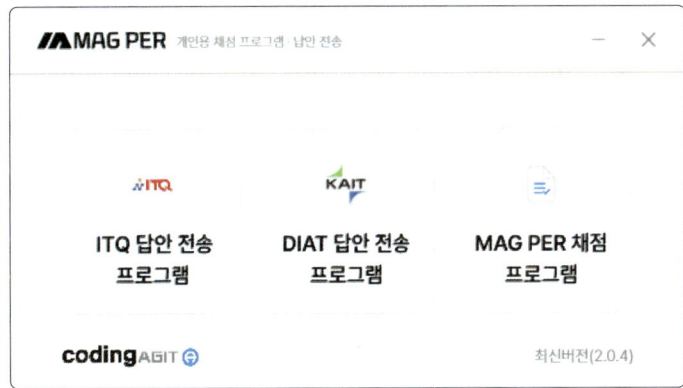

❷ [개인용 채점프로그램]을 클릭하여 다운로드한 다음 [ASO_MAG_PER_250912] 파일을 압축 해제합니다. 이어서, [ASO_MAG_PER_250912] 폴더에서 **'개인용 채점 프로그램(MAG_Personal)_실행 파일'**을 더블클릭하여 실행합니다.

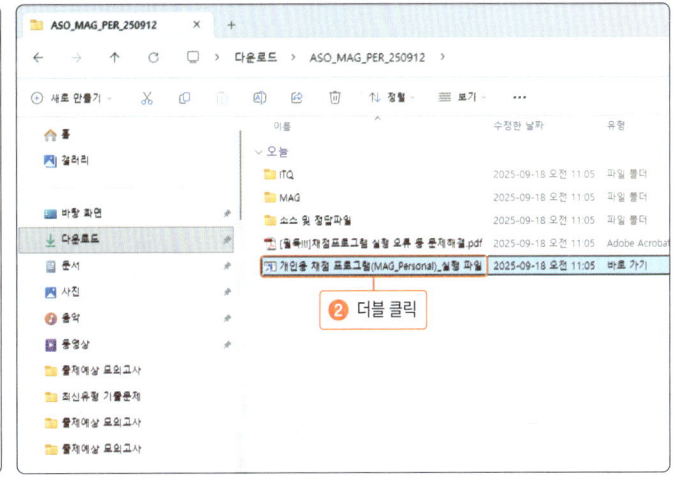

❸ 〈ITQ 답안 전송 프로그램〉 단추를 클릭합니다.

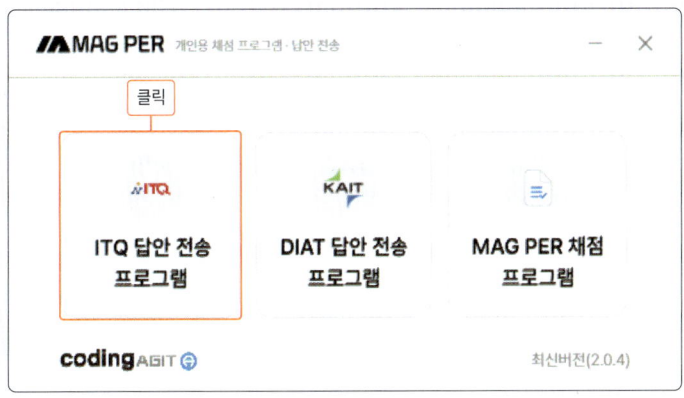

❹ '**수험번호**' 입력란에 임의대로 숫자 8자리로 입력한 후 〈조회〉 단추를 클릭합니다. 이어서, '**이 름**' 입력란에 본인 이름을 입력합니다.

　※ 시험장에서는 수험번호만 입력한 후 〈조회〉 단추를 클릭하면 수험자의 이름, 수험과목, 좌석번호 등이 자동으로 표시됩니다.

❺ [수험과목]을 클릭한 다음 '아래한글'을 선택합니다. 이어서, 〈확인〉 단추를 클릭합니다.

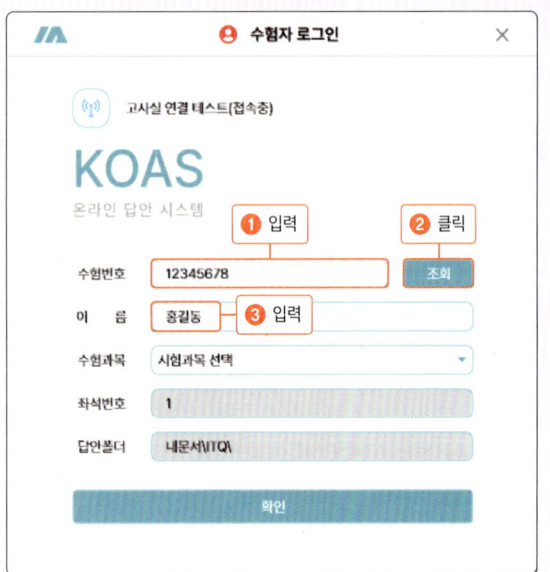 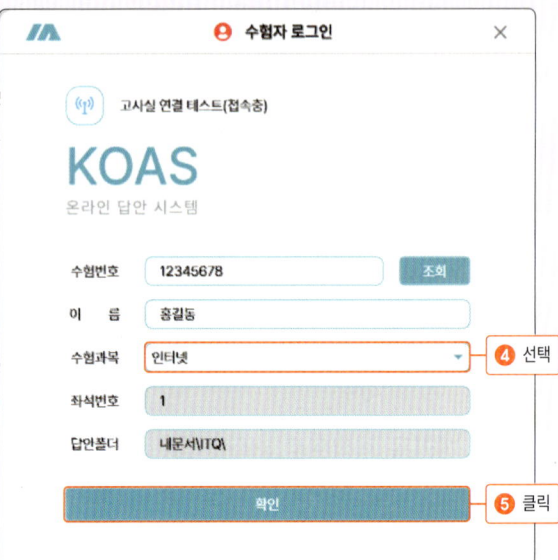

❻ [유의사항] 대화상자가 나오게 되면 유의사항을 숙지한 후 '동의합니다.'를 체크한 다음 〈확인〉 단추를 클릭합니다.

　※ 시험장에서는 감독위원이 〈시험시작〉 단추를 누르게 되면 화면이 바탕 화면으로 바뀌면서 시험이 시작됩니다.

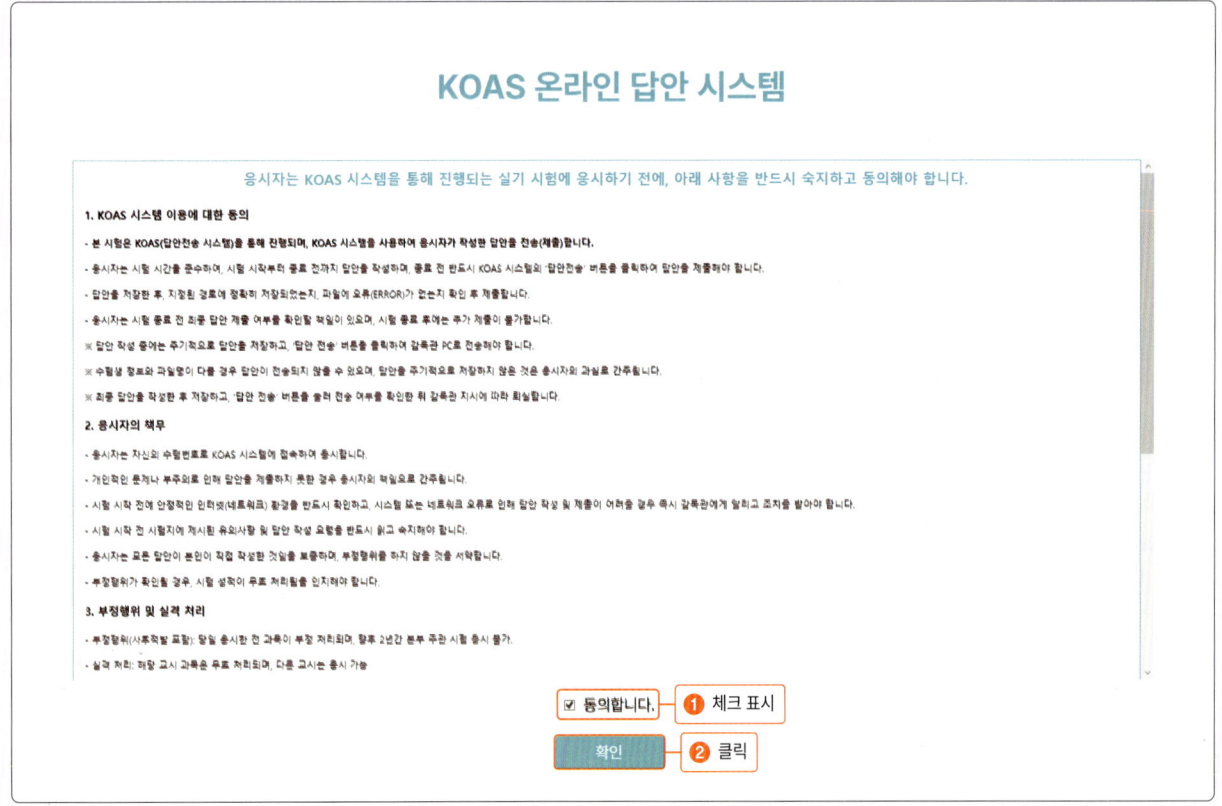

❼ 온라인 답안 시스템이 실행되면 모니터 오른쪽 상단에 답안 전송 프로그램이 나타납니다.

❶ 남은 시험 시간
❷ 답안 저장 파일명으로 '수험번호-수험자명'으로 구성
❸ 사용자가 선택한 수험 과목
❹ 답안을 마지막에 전송한 시간
❺ 수험자가 작성한 답안을 감독위원 PC로 전송
❻ 답안 작성시 필요한 그림의 폴더 보기
❼ 답안 작성시 필요한 그림 파일 등을 감독위원 PC에서 수험자 PC로 가져오기
❽ 수험자가 전송한 답안을 다시 불러옴
❾ 시험 종료(비밀번호 : 0000)

❽ 답안 파일 이름은 수험자 자신의 '수험번호-성명-인터넷(12345678-홍길동-인터넷)' 형태로 「내 PC\문서\ITQ」 폴더에 저장합니다.

※ 2025년 1월 정기시험부터 확장자가 *.hwp에서 *.hwpx로 변경되었으니 반드시 확장자를 확인합니다.

※ 간혹, 시험장에 따라 [내 PC] 폴더 안에 [문서] 폴더가 없을 수 있습니다. [문서] 폴더를 찾지 못할 때는 [라이브러리] 폴더 또는 [검색]-'문서'를 입력해서 찾는 방법도 있습니다.

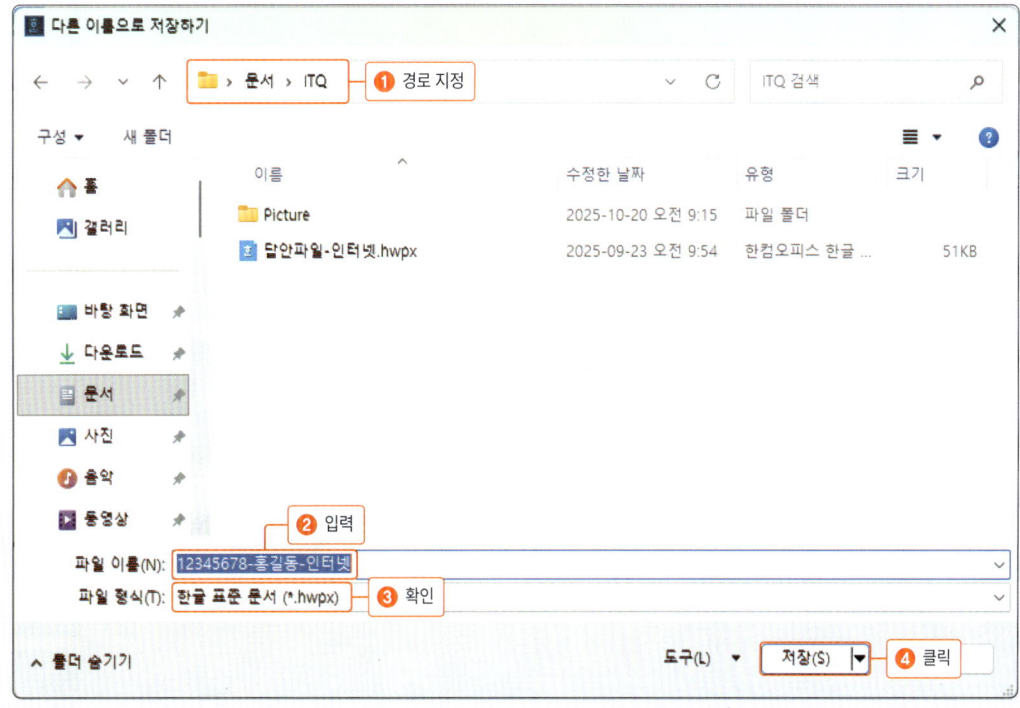

❾ 답안 전송 프로그램에서 〈답안 전송〉 단추를 클릭합니다.

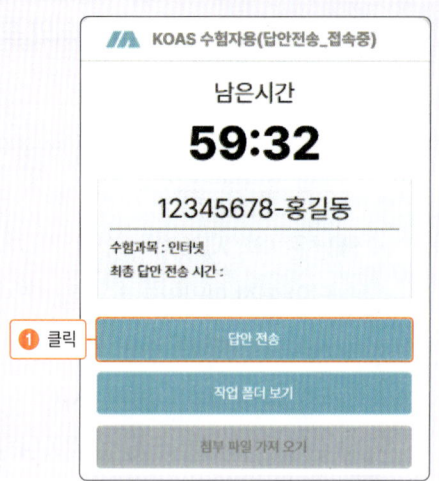

❿ 전송할 답안 파일이 맞는지 확인(파일목록과 존재)한 후 〈답안전송〉 단추를 클릭합니다. 이어서, 메시지 창이 나오면 〈확인〉 단추를 클릭합니다.

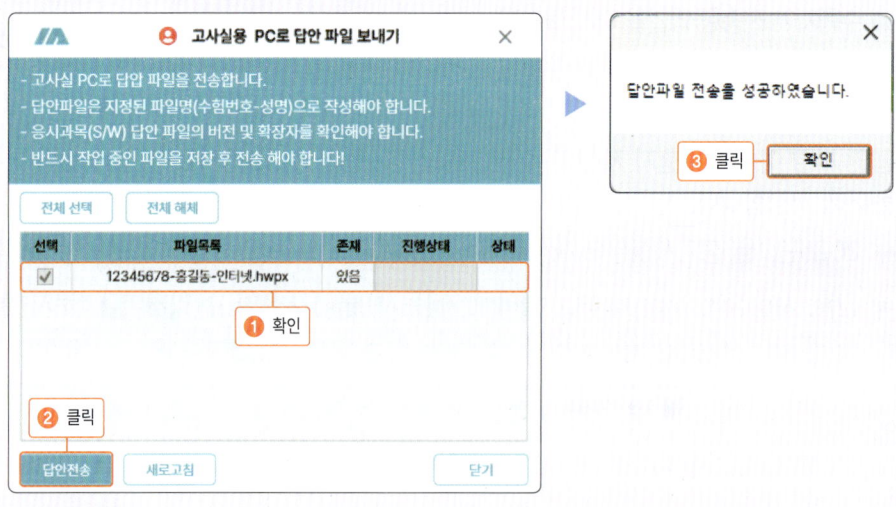

⓫ '상태' 항목이 '성공'인지 확인한 후 〈닫기〉 단추를 클릭합니다. 이어서, 감독위원의 지시를 따릅니다.

※ 해당 '온라인 답안 시스템'은 개인이 연습할 수 있도록 만들어진 프로그램으로 실제 답안 파일이 전송되지는 않습니다.

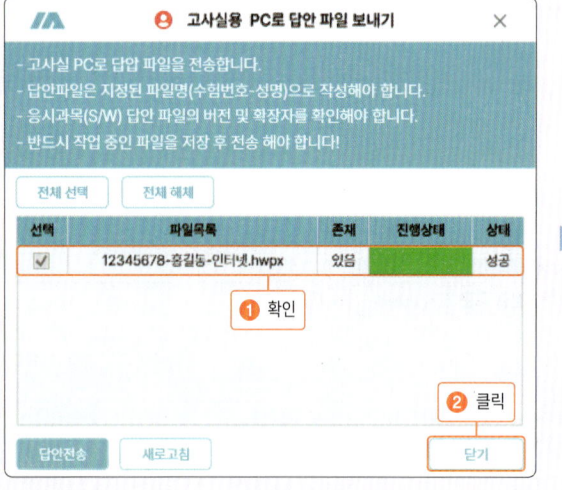
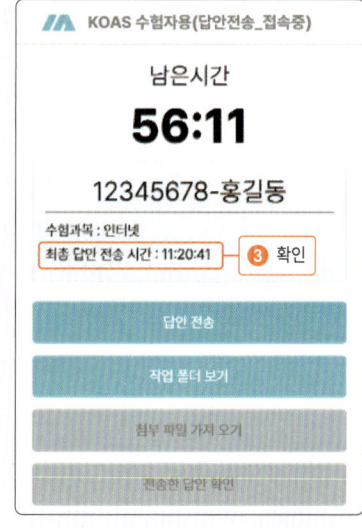

PART 02
출제유형 완전정복

- ☑ 출제유형 **01** 인터넷 윤리   (60점, 각 30점)
- ☑ 출제유형 **02** 인터넷 검색-일반검색 I   (각 10점)
- ☑ 출제유형 **03** 인터넷 검색-일반검색 II   (각 50점)
- ☑ 출제유형 **04** 지능형 정보검색   (각 30점)
- ☑ 출제유형 **05** 인터넷 검색-실용검색   (각 50점)
- ☑ 출제유형 **06** 정보 가공   (70점)

PART 02 출제유형 완전정복

출제유형 01 인터넷 윤리

- ☑ 실생활과 관련된 인터넷 윤리 문제가 2문제 출제됩니다.
- ☑ 문제를 많이 풀이해 보며 그와 관련된 내용들을 충분히 이해하는게 중요합니다.

 미리보기

인터넷 윤리(60점, 각 30점)

※ 문제에 대한 적절한 내용의 번호를 골라 답안지에 기재하시오.

문제1 다음 중 인터넷 게시판, SNS 등에서 사이버폭력을 예방하는 방법으로 옳지 않은 것은?

① 인터넷에서는 항상 신중하게 글을 작성한다.
② 확신할 수 없는 정보는 함부로 공유하지 않는다.
③ 어떠한 경우라도 자신의 개인정보와 신체 사진을 전송하지 않는다.
④ 익명의 단체 채팅을 자주 이용한다.

문제2 다음 중 무역·통상 지원 기관을 사칭하는 이메일 사기를 예방하는 방법으로 옳지 않은 것은?

① 보낸 사람의 이메일 주소를 꼼꼼하게 확인한다.
② 확인이 어려운 링크와 파일을 빠르게 클릭하여 확인한다.
③ 이메일을 통해 결제계좌 변경 요청 시 반드시 거래처에 전화하여 사실관계를 확인한다.
④ 이메일 계정 해외 접속 차단 및 상대방이 보낸 메일의 아이피 주소 등을 확인할 수 있는 한국무역협회 이메일 서비스를 이용한다.

01 인터넷 윤리

■ 1. 개인정보 피해방지

❶ 개인정보 처리 방침 및 이용약관 꼼꼼히 살피기
- 회원가입을 하거나 개인정보를 제공할 때는 개인정보 처리 방침 및 약관을 꼼꼼하게 살펴보아야 합니다.

❷ 타인이 유추하기 어려운 안전한 비밀번호 사용
- 비밀번호는 문자, 숫자의 조합 및 구성에 따라 최소 8자리 이상(알파벳 대소문자, 특수문자, 숫자 등 두 종류 이상의 문자를 이용) 또는 10자리 이상(하나의 문자 종류로 구성) 의 길이로 구성해야 안전합니다.

❸ 비밀번호는 주기적으로 변경하기
- 동일한 문자를 반복(aaabbb, 123123 등)하거나, 키보드에서 나란히 있는 문자열(qwe 등), 일련번호(123456789 등), 가족 이름, 생일, 전화번호 등은 사용하지 않아야 합니다. 또 변경된 비밀번호는 예전의 패스워드와 연관성이 없어야 안전합니다.

❹ 본인확인은 주민등록번호 대체 수단 사용
- 비대면 본인확인이 필요한 경우 아이핀(I-PIN), 휴대전화 등 주민등록번호 대체 수단을 활용하고, 꼭 필요하지 않은 개인정보는 입력하지 않습니다.

❺ 명의도용 확인서비스 이용하여 가입 정보 확인
- 명의도용 확인서비스와 같은 서비스를 통해 타인이 자신의 명의로 신규 회원가입을 시도하는 경우 즉각 차단하고, 이를 통지 받을 수 있도록 합니다.

❻ 개인정보는 친구에게도 알려주지 않기
- 자신의 아이디와 비밀번호, 주민등록번호 등 개인정보가 공개되지 않도록 주의하고 친구나 다른 사람에게 알려주지 않습니다.

❼ P2P 공유폴더에 개인정보 저장하지 않기
- 인터넷 게시글(글, 사진, 동영상 등) 에 개인정보가 포함되지 않도록 하며, P2P 서비스로 제공하는 자신의 공유폴더에 개인정보 파일이 저장되지 않도록 주의해야 합니다.

❽ 금융거래는 PC방에서 이용하지 않기
- 금융거래 시 신용카드번호와 같은 금융 정보 등을 저장할 때는 암호화하여 저장하고, PC방 등 불특정 다수가 이용하는 개방 환경에서는 금융 서비스 이용 시 주의해야 합니다.

❾ 출처가 불명확한 자료는 다운로드 금지
- 인터넷 또는 문자, 메신저 등에서 출처가 불분명한 링크(URL) 또는 첨부파일은 내려받지 않아야 합니다.

❿ 개인정보 침해 신고 적극 활용하기
- 개인정보가 유출되는 등 침해가 발생하는 경우 개인정보 침해 신고 또는 분쟁조정을 통해 피해를 구제받을 수 있습니다.

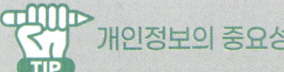 **개인정보의 중요성**
- 이름, 생일(주민등록번호), 집 주소, 휴대전화 번호, 학교 이름, 성적, 자격증, 내가 가입한 사이트의 아이디와 패스워드, 전자우편 주소 등이 모두 개인정보에 해당합니다.
- 개인정보는 나와 가족, 친구들에 대해 다른 사람이 누구인지 알아볼 수 있게 하는 정보를 말합니다. 또 다른 사람이 나의 개인정보를 범죄, 사기와 같은 나쁜 일에 악용할 수 있기 때문에 항상 안전하게 보호해야 합니다. 즉, 가족, 친구들과 다른 나만이 가지고 있는 특징을 나타낼 수 있는 정보이기 때문에 소중하게 관리해야 합니다.

■ 2. 메신저(또는 채팅) 이용 시 주의 사항

❶ 메신저로 금전을 요구하는 경우 반드시 전화로 확인하기
- 메신저를 통해 금전 송금을 요구하면 반드시 해당 본인임을 전화로 확인합니다.
 (특히, 전화할 수 없는 상황 등 본인확인을 피하고자 할 경우에는 일절 대응하지 않습니다.)

❷ 메신저를 통해 개인정보를 알려주지 않기
- ID, 주민등록번호, 계좌, 신용카드번호 등 중요한 신상정보는 절대로 메신저를 통해 전달하지 않습니다.

❸ 개인정보 수집·이용·제공 기준
- 비밀번호는 타인이 추측하거나 유추하기 어렵게 설정해야 합니다.

❹ 공공장소에서는 메신저 사용을 자제하기
- PC방 등 공공장소에서는 다수의 사람이 다양한 웹사이트에 접속하기 때문에 악성코드 또는 바이러스에 감염될 위험성이 높습니다. 따라서 메신저 등 이용 시 개인정보가 노출되지 않도록 주의하고, 로그인 시 ID/PW가 자동 완성되어 저장되지 않도록 주의해야 합니다. 특히 사용 후에는 반드시 로그아웃 상태를 확인하고 종료해야 합니다.

❺ 메신저 자체 보안 설정 및 보안프로그램을 최신 버전으로 업데이트하기
- 메일·메신저를 통해 보내진 출처를 알 수 없는 URL 접속하거나 인터넷에서 아무 자료나 함부로 내려받지 않고, 유사 시 사전에 바이러스 등을 차단·치료 할 수 있도록 보안 업데이트를 항상 최신상태로 유지합니다.

■ 3. 온라인게임 이용 시 주의 사항

❶ 누군가 운영자로 속여 개인정보를 요구하여 알려주면 게임 캐릭터 삭제나, 아이템 탈취 등의 피해가 발생할 수 있으니, 누구에게든 개인정보를 알려주어서는 안 됩니다.

❷ 아이템 사기 주의하기
- 캐릭터를 잠시 빌려달라며 ID, 패스워드를 요구하거나 운영자로 속이며 개인정보를 요구할 때는 사기일 가능성이 매우 높으니 주의합니다.

❸ 욕설이나 음란 메시지를 보내지 말고, 수신 시 신고하기
- 해당 메시지를 보낸 사람의 ID와 메시지가 담긴 스크린 캡처를 찍어 이용하는 게임의 고객센터로 신고합니다.

❹ 아이디와 비밀번호 분실 시 고객센터에 신고하기
- 비밀번호가 제3자에게 노출되었을 경우 바로 새로운 비밀번호로 변경하여 개인정보 침해를 예방합니다.

⑤ 보안프로그램을 설치하고 주기적으로 점검하기
- PC의 보안 취약점을 악용해 개인정보를 유출하거나, 화상캠을 통해 영상정보, 음성 정보 등이 유출될 수 있으므로, 윈도우 보안패치를 최신으로 유지하고, 바이러스 백신으로 주기적인 점검을 합니다.

4. 저작권법

- 저작자의 권리와 이에 인접하는 권리를 보호하고 저작물의 공정한 이용을 도모함으로써 문화 및 관련 산업의 향상발전에 이바지함을 목적으로 합니다.

- 생활 속에서 저작물을 올바르게 이용하는 방법
  - 음악이나 영화, 또는 컴퓨터 게임 등 우리 친구들이 이용하는 일상 생활 속 저작물들은 대부분 정품 구입의 형태로 정당한 대가를 치르고 이용합니다.
  - 저작물을 이용하려면 반드시 미리 저작권자의 허락을 받고 이용합니다.

- 저작물 이용단계
  - 1단계 : 어떤 저작물을 어떤 방법으로 이용할 것인지를 결정합니다.
  - 2단계 : 그 저작물이 보호기간이 지났는지 또는 보호받지 못하는 저작물인지를 확인합니다.
  - 3단계 : 저작권자의 허락이 없어도 이용할 수 있는지 확인합니다.
  - 4단계 : 저작권자에게 저작물 제목과 이용하려는 방법을 자세히 알리고 허락을 받습니다.
  - 5단계 : 저작자 표시, 출처 표시를 명확히 하고 허락을 받은 범위내에서만 이용합니다.

> **TIP 저작권 침해 유형**
> - 인터넷에서 떠도는 글, 그림, 사진 퍼서 내 홈페이지 · 카페 · 블로그 · 페이스북 등에 옮기기
> - 공유사이트 · 웹하드 등에서 자료 주고 받기
> - 영화 · 음악파일 게시판 자료로 올리기
> - 컴퓨터 프로그램, USB에 담거나 CD로 구워서 친구들에게 나눠주기
> - 멋진 음악, 내 홈피나 블로그에 배경 음악으로 쓰기
> - 인기 드라마, 예능 등 방송 프로그램 캡쳐하여 인터넷에 올리기
> - 좋아하는 가수 팬클럽 카페에 음악 올리기
> - 글짓기, 그리기 대회에 다른 사람 글, 그림 베껴서 내기
> - 학교 과제, 인터넷 자료만 그대로 옮겨서 내 것인 양 제출하기
> - 문제집, 참고서 등 학습 자료 스캔해서 학교 홈페이지에 올리기

5. 게임/인터넷 중독

- 게임/인터넷 사용시간이 길어지고 컴퓨터를 끄고 빠져 나오기가 힘들어집니다.
- 게임/인터넷 사용이 중단되면 우울하거나 초조함, 답답함 등 금단현상이 나타납니다.
- 학업 또는 업무에 대한 집중력 및 생산력이 떨어지고 흥미를 상실합니다.
- 가족과의 대화가 점점 줄어들며 인터넷 및 컴퓨터 사용시간이 늘어감에 따라 가족과의 갈등을 겪기도 합니다.
- 현실과 가상공간을 구분하는 데 어려움을 겪습니다.

- 타인과 얼굴을 맞대고 만나는 모임 활동을 기피하게 됩니다.
- 게임을 하지 않을 때에도 늘 게임에 관한 생각뿐입니다.

게임/인터넷 중독 예방 방법
- 인터넷 접속시간 및 이용 빈도 통계를 내고 비교해 봅니다.
- 사용 시간을 미리 정해 놓고 사용하는 등 인터넷 사용 패턴과 습관을 바꿔봅니다.
- 잠은 정해진 시간에 자도록 노력합니다.
- 운동과 같은 대안활동 시간을 늘립니다.
- 혼자 해결하기 힘들 때에는 가족이나 주위 사람에게 도움을 요청합니다.

6. 전자 메일 네티켓

- 비밀번호 생성시 다른 사람이 쉽게 추적할 수 있는 생년월일과 전화번호 등은 활용하지 않도록 합니다.
- 비밀번호는 주기적으로(최소 6개월마다) 변경하는게 좋습니다.
- 자신의 ID나 비밀번호를 타인에게 절대 공개하지 않습니다.
- 행운의 편지, 스팸 메일 등은 절대 말려들지 않아야 하며 전송하지도 않습니다.
- 메일을 보내기 전에 상대방의 메일 주소를 꼭 확인합니다.
- 메일 내용은 가능하면 짧게 요점만 작성합니다.
- 첨부파일을 열 때는 꼭 바이러스 검사를 한 후 열어봅니다.

7. 게시판 네티켓

- 게시판의 글은 명확하고 간결하게 작성합니다.
- 제목은 게시물의 내용을 잘 설명할 수 있는 내용을 사용합니다.
- 문법에 맞는 표현과 맞춤법을 사용하며 사실 무근의 내용은 올리지 않습니다.
- 다른 사람이 올린 글에 대해 지나친 반박은 삼가야 합니다.
- 자기의 생각만을 고집함으로써 상대방에게 불쾌감을 주지 않도록 배려합니다.
- 다른 사람의 글을 올릴 경우에는 출처를 밝힙니다.

8. 채팅 네티켓

- 대화를 시작하고 끝낼 때는 정중하게 인사를 하고 대화시 서로 마주보고 이야기한다는 마음가짐으로 임합니다.
- 대화방에 처음 들어가면 지금까지 진행된 대화의 분위기를 어느 정도 경청하는 것이 좋습니다.
- 지극히 개인적인 언쟁은 피하고 광고, 홍보 등 이름 알리기만을 목적으로 악용하지 않습니다.
- 유언비어, 속어와 욕설 게재는 삼가고 상호 비방의 내용이나 타인의 명예를 훼손시킬 우려가 있는 내용은 금합니다.

- 스마일리 문자나 기호들을 사용해 센스있고 미소를 자아내는 대화를 유도합니다.

9. 휴대 전화 네티켓(모티켓)

- 통화할 때 상대방에게 불쾌감을 줄 수 있는 언어는 삼가하고 고운 말을 사용합니다.
- 수업 시간이나 늦은 시간에 문자 메시지를 보내거나 통화하지 않습니다.
- 공공장소에서는 휴대 전화를 진동 모드로 설정합니다.
- 병원, 비행기 안에서는 안전을 위해 휴대 전화의 전원을 꺼둡니다.
- 공공장소에서 큰 소리로 통화하지 않으며 함부로 타인의 모습을 사진 찍거나 대중에게 공개하지 않습니다.
- 알지 못하는 번호로 온 메시지에 함부로 응대하지 않습니다.

10. 소셜 네트워크 서비스(SNS) 네티켓

- 한꺼번에 많은 글을 올리는 것을 자제합니다.
- 제목을 보고 내용을 알 수 있도록 말머리를 사용합니다.
- 자기가 쓴 글에 의해 평가되고 소통하므로 신중하게 글을 씁니다.
- SNS를 사용할 때는 타인의 사생활을 존중합니다.
- SNS로 세상을 아름답게 만드는 방법을 고민하고 실천합니다.
- SNS에서는 악의적으로 타인을 폄하하거나 평가해서는 안 됩니다.

11. 바이러스와 해킹을 예방하기 위한 실천 방법

- 윈도우 보안 업데이트를 합니다.
- 컴퓨터에 최신의 백신 프로그램을 설치하고 주기적으로 바이러스를 검사합니다.
- 설치된 백신 프로그램은 최신의 백신이 되도록 자주 업데이트 합니다.
- 윈도우 방화벽을 설치합니다.
- 자신의 아이디와 비밀번호가 유출되지 않도록 주의합니다.

 바이러스 감염 증상
- 시스템 성능 저하 및 프로그램 실행 시간도 매우 느려집니다.
- 프로그램이 실행되지 않으며 하드 디스크를 인식하지 못합니다.
- 아무 이유없이 기본 메모리 크기가 줄고 파일 길이가 증가합니다.
- 갑자기 파일이 사라지거나 임의의 파일이 생겨납니다.
- 이상한 오류 메시지가 나타나거나 개인정보유출 및 원격 제어 등이 이루어집니다.

Skill 02 컴퓨터 사이버 범죄

■ 1. 전자상거래 사기

인터넷을 통해 물건을 사고파는 과정에서 발생하는 것으로 물품 거래 등에 관한 허위의 의사표시를 온라인 직거래 사이트에 게시하여 발생한 대금 편취 사기를 말합니다

- **피싱(Phishing)** : 개인정보(Private data)와 낚시(Fishing)의 합성어로, 전화·문자·메신저·가짜 사이트 등 전기통신수단을 이용한 비대면거래를 통해 피해자를 기망·공갈함으로써 이용자의 개인 정보나 금융정보를 빼낸 후, 타인의 재산을 갈취하는 사기 수법을 말합니다.

- **스미싱(Smishing)** : 문자메시지(SMS)와 피싱(Phishing)의 합성어로, 인터넷 접속이 가능한 스마트폰의 문자메시지를 이용한 휴대폰 해킹을 뜻합니다.

- **파밍(Pharming)** : 악성코드에 감염된 PC를 조직해, 이용자가 인터넷 '즐겨찾기' 또는 포털사이트를 통해 금융회사 홈페이지에 접속하여도 파싱(가짜)사이트로 유도되어 금융정보를 탈취하여 유출된 정보로 예금을 인출하는 수법을 말합니다.

- **메모리해킹** : PC 메모리에 상주한 데이터를 위·변조하는 해킹 기법으로 악성코드로 인하여 정상은행사이트에서 보안 프로그램을 무력하게 만들어서 예금을 부당 인출하는 수법을 말합니다.

- **스피어 피싱(Spear Phishing)** : 물속에 있는 물고기를 작살로 잡는 '작살 낚시(spear fishing)'에 빗댄 것으로, 고위 공직자, 유명인 등 특정 개인 및 회사를 대상으로 개인정보를 캐내거나 특정 정보 탈취 목적으로 하는 피싱 공격을 말합니다.

- **랜섬웨어** : 랜섬웨어란 Ransom(몸값)과 Ware(제품)의 합성어로서 악성코드의 일종입니다. 해당 악성코드에 감염시 컴퓨터 시스템에 접근이 제한되거나 저장된 문서나 사진·동영상 파일이 암호화 되어 사용할 수 없게 되며, 해커는 이에 대한 해제 대가로 금품을 요구하는 수법을 말합니다.

- **사이버 스토킹** : 인터넷 게시판, 대화방, 전자 우편(이메일) 등의 정보 통신망을 통해 상대방이 원하지 않는 접속을 지속적으로 시도하거나 욕설, 협박 내용을 담고 있는 전자 우편(이메일) 송신 행위를 지속하는 것을 말합니다.
- **사이버 성폭력(사이버 성희롱이나 사이버 음란물 게시 등)** : 원치 않는 음란 메시지나 전자 우편(이메일) 보내기, 성적인 수치감을 불러일으키는 채팅 등이 가장 보편적인 형태입니다.
- **사이버 명예훼손** : 인터넷 게시판에 타인의 명예를 훼손하는 글, 사진 등을 게시하거나 전자 우편(이메일) 등을 통해 유포하는 것을 말합니다.

■ 2. 전자상거래 사기 예방 방법

- 인터넷 거래는 가급적 신용 카드를 이용하며 현금 거래를 유도하는 경우 의심해 봅니다.
- '특가 할인 상품' 등의 광고성 전자 우편(이메일)을 조심합니다.
- 채팅이나 게시판 등에서 쉽게 돈 버는 법 등을 제안하는 사람은 일단 의심해 봅니다.

- 신뢰할 수 있는 쇼핑몰을 이용하고 기타 쇼핑몰의 경우 신뢰할 수 있는 업체인지 꼼꼼히 따져봅니다.
- 급한 이유가 있다며 싼 가격을 제시하며 직거래를 제안하는 사람은 주의합니다.
- 부득이하게 직거래를 해야 하는 경우 직접 만나 물품을 받는 것이 가장 좋습니다.

3. 사이버 범죄 예방 방법

- 메신저의 비밀번호는 주기적으로 변경하고 사용하지 않는 메신저 계정은 삭제합니다.
- 의심스러운 전화/메시지는 사실 관계를 반드시 재확인합니다.
- 전화로 개인정보를 요구할 경우 일단 의심합니다.
- 현금 지급기로 유인할 경우 의심합니다.
- 사기범 계좌에 돈을 입금한 경우 즉시 거래 은행에 지급 정지 신청을 하고 경찰에 신고합니다
- 무료 다운로드 사이트 이용을 자제하고, 출처가 불분명한 파일이나 이메일은 즉시 삭제합니다.
- OS(운영체제) 및 인터넷 브라우저, 오피스 소프트웨어는 최신 버전으로 유지하고 보안 패치를 적용합니다.
- 백신 프로그램 설치하고 자동 업데이트 및 실시간 감시 기능 실행 등이 필요합니다.

'인터넷 윤리' [문제1], [문제2] 해결하기

❶ [문제1]의 정답을 확인하고 답안 파일에 정답을 입력합니다.

문제 번호		답안
문제1	정답	4 —입력
문제2	정답	

 인터넷 게시판, SNS 사이버폭력 예방
- 개인정보를 올리지 않고, 모르는 사람과는 교류를 피하며, 비밀번호를 철저히 관리해야 합니다.
- 상처 주는 말을 하지 않고, 욕설이나 비방을 하지 않으며, 타인의 동의 없이 정보를 올리지 않습니다.
- 피해를 입었다면 감정적으로 대응하지 말고, 증거를 확보한 뒤 주변 어른이나 경찰청 사이버범죄 신고시스템(ECRM), 학교폭력 신고센터(117), 청소년 사이버상담센터(1388) 등 전문기관에 신고합니다.

❷ [문제2]의 정답을 확인하고 답안 파일에 정답을 입력합니다.

문제 번호		답안
문제1	정답	4
문제2	정답	2 —입력

 이메일 사기 예방
- 발신자 주소가 이상하거나, 긴급한 상황을 가장하고, 맞춤법이 틀리거나, 첨부 파일이나 링크를 클릭하도록 유도하는 이메일은 의심해야 합니다.
- 의심스러운 이메일은 즉시 삭제하고, 중요한 계정에는 이중 인증을 설정하며, 링크는 직접 주소창에 입력해 접속하는 습관을 들여야 합니다.

인터넷 윤리

완전정복 - 01
문제에 대한 적절한 내용의 번호를 골라 답안지에 기재하시오. 60점/각 30점

문제1 다음 중 SNS 개인정보 보안 수칙으로 옳지 않은 것은?

① 계정을 안전하게 지킬 수 있는 로그인 2단계, 3단계 설정하기
② SNS 이용 시 원하지 않는 이동경로 표시 및 위치정보 수집 여부 확인하기
③ 사진 속에 개인정보가 있는지 확인하고 게시하기
④ 이용 중인 SNS의 광고 및 마케팅, 개인정보 활용에는 언제든 동의하기

TIP 개인정보 활용 동의는 필요한 경우에만 최소한으로 동의해야 합니다.

문제2 다음 중 안전한 인터넷 쇼핑을 위한 소비자 안전 수칙으로 옳지 않은 것은?

① 정상적으로 사업자등록과 통신판매업신고가 되어 있는 쇼핑몰인지 확인한다.
② 공개 Wi-Fi는 사용하지 않는다.
③ 최저가 상품을 위주로 검색하여 쇼핑한다.
④ 결제시스템의 안전성을 확인한다.

TIP 안전을 위해서는 가격 외에 판매자 정보, 후기 등을 종합적으로 확인해야 합니다.

완전정복 - 02
문제에 대한 적절한 내용의 번호를 골라 답안지에 기재하시오. 60점/각 30점

문제1 다음 중 AI 기술 및 서비스를 구현하는 과정에서 고려해야 할 윤리원칙으로 옳지 않은 것은?

① 인권보장
② 보안성
③ 획일성
④ 공정성

TIP AI는 다양한 사회 구성원의 특성과 차이를 존중하고, 편향되지 않도록 다양성을 고려해야 합니다.

문제2 다음 중 사이버폭력을 예방하기 위한 부모의 역할로 옳지 않은 것은?

① 음란물과 폭력물 등 유해정보를 차단하는 소프트웨어를 설치한다.
② 사이버상의 상대방을 현실 세계와 동일하게 존중하도록 알려준다.
③ 자녀와 주기적으로 대화를 나누고 사이버 폭력 발생 시 대처 방법에 대해 알려준다.
④ 사이버폭력으로 고통받고 있는 친구가 있다면 방관하도록 알려준다.

TIP 사이버폭력 피해자를 적극적으로 돕거나, 부모님 또는 선생님께 알리도록 가르치는 것이 부모의 올바른 역할입니다.

완전정복 - 03 문제에 대한 적절한 내용의 번호를 골라 답안지에 기재하시오.   60점/각 30점

문제1 다음 중 스마트폰 정보보호를 위한 이용자 안전수칙으로 옳지 않은 것은?

① 다운로드 한 파일은 바이러스 유무를 검사한 후 사용한다.
② 블루투스(Bluetooth) 기능 등 무선 인터페이스는 항상 켜놓는다.
③ 스마트폰 플랫폼의 구조를 임의로 변경하지 않는다.
④ 운영체제 및 백신 프로그램을 항상 최신 버전으로 업데이트한다.

TIP 무선 인터페이스를 항상 켜 놓으면 해킹이나 개인정보 유출에 노출될 수 있습니다.

문제2 다음 중 인터넷 중독 예방지침으로 옳지 않은 것은?

① 음원사이트에서 음원을 다운로드하지 않고 스트리밍으로 듣는다.
② 스스로 조절이 어려울 경우 시간관리 소프트웨어를 사용한다.
③ 주로 방문하는 사이트를 파악하고 사용시간과 방문횟수를 기록한다.
④ 컴퓨터를 사용하기 전에 사용목적을 간단히 메모한 후 접속한다.

TIP 음원사이트는 주로 저작권 보호 또는 데이터 사용량 관리와 관련된 내용입니다.

완전정복 - 04 문제에 대한 적절한 내용의 번호를 골라 답안지에 기재하시오.   60점/각 30점

문제1 다음 중 정보통신기술 발달에 의한 변화로 옳지 않은 것은?

① 사이버공간의 확산
② 시간과 장소에 구애받지 않고 언제 어디서나 정보통신망에 접속
③ 웰빙푸드(Wellbeing-food)의 선호도 증가
④ 증강현실 기술의 활성화

TIP 건강과 삶의 질에 대한 관심 증가는 사회적 트렌드의 변화이며, 정보통신기술의 발달과는 직접적인 관련이 적습니다.

문제2 다음 중 랜섬웨어 피해를 예방하기 위한 수칙으로 옳지 않은 것은?

① 금융거래는 비트코인을 사용한다.
② 모든 소프트웨어는 최신 버전으로 업데이트하여 사용한다.
③ 중요 자료는 정기적으로 백업한다.
④ 출처가 불분명한 이메일과 URL 링크는 실행하지 않는다.

TIP 비트코인은 결제 수단 중 하나이며, 랜섬웨어 공격을 예방할 수는 없습니다.

완전정복 - 05 문제에 대한 적절한 내용의 번호를 골라 답안지에 기재하시오. 60점/각 30점

문제1 다음 중 전자책의 장점으로 옳지 않은 것은?

① 텍스트 색인이 가능하다.
② 멀티미디어 정보를 추가로 이용할 수 있다.
③ 출판과 유통 비용을 절약할 수 있다.
④ 구입한 전자책은 저작권의 영향 없이 무료 배포할 수 있다.

TIP 전자책 또한 종이책과 마찬가지로 저작권의 보호를 받습니다. 무단으로 복제하거나 무료로 배포하는 것은 저작권법 위반에 해당합니다.

문제2 다음 중 소셜 네트워크 서비스(SNS) 이용에 대한 네티켓으로 옳지 않은 것은?

① 자기가 쓴 글에 의해 평가되고 소통하므로 신중하게 글을 쓴다.
② 공유된 글의 책임은 원작자에게 있으므로 비방하는 글을 공유해도 책임은 없다.
③ 제목을 보고 내용을 알 수 있도록 말머리를 사용한다.
④ 한꺼번에 많은 글을 올리는 것을 자제한다.

TIP 남이 쓴 글이라 하더라도, 이를 공유하거나 퍼뜨리는 행위는 해당 글의 내용에 동의하고 확산시키는 것으로 간주되어 공동 책임이 따를 수 있습니다.

완전정복 - 06 문제에 대한 적절한 내용의 번호를 골라 답안지에 기재하시오. 60점/각 30점

문제1 다음 중 재택·원격근무에 이용되는 원격단말의 해킹 등 보안위험이 전이되지 않도록 기업의 보안관리자가 지켜야 할 정보보호 권고사항으로 옳지 않은 것은?

① 원격 접속 모니터링 강화
② 일정 시간 부재 시 네트워크 차단
③ 원격근무시스템(VPN) 사용 권장
④ 재택근무자의 사용자 계정 차단

TIP 계정을 차단하면 업무 자체가 불가능해지므로, 이는 보안 권고사항이 될 수 없습니다. 보안 관리의 목적은 안전한 환경에서 업무를 지속하게 하는 것입니다.

문제2 다음 중 사이버 공간의 바람직한 이용 방법으로 가장 거리가 먼 것은?

① 사이버 공간에서 지켜야 할 예절을 알아보고 실천한다.
② 사이버 공간의 특성과 우리 생활에 미치는 영향을 기억한다.
③ 스스로 자신의 정보를 공개하고 공유한다.
④ 다른 사람의 정보도 소중히 여길 줄 안다.

TIP 개인정보를 무분별하게 공개하고 공유하는 것은 개인정보 유출, 사생활 침해, 사기 등 여러 위험에 노출될 수 있으므로 바람직한 이용 방법과 거리가 멉니다.

완전정복 - 07

문제에 대한 적절한 내용의 번호를 골라 답안지에 기재하시오. 60점/각 30점

문제1 다음 중 인터넷 스팸메일에 대한 설명으로 옳은 것은?

① 다량의 스팸메일이 와도 메일함 사용에는 전혀 문제가 없다.
② 컴퓨터 바이러스 감염은 없다.
③ 원치 않는 음란물 정보를 접할 수 있다.
④ 받은 메일에서 수신거부를 하면 절대 다시는 오지 않는다.

TIP 스팸메일은 수신자가 원하지 않는 광고, 사기, 음란물 등 다양한 불법적·유해 정보를 포함하고 있습니다.

문제2 다음 중 전자상거래의 특징으로 옳지 않은 것은?

① 인터넷을 통한 거래이므로 시간과 공간의 제약이 없다.
② 유통경로가 단순화되어 비용을 절약할 수 있다.
③ 거래 과정에서 고객의 정보가 노출되어 상업적으로 오남용될 위험이 있다.
④ 거래당사자와 비대면성으로 기업은 고객과의 거래 정보를 수집할 수 없다.

TIP 전자상거래의 비대면성 때문에 오히려 기업은 거래 과정에서 결제 정보, 배송 정보, 검색 기록 등 다양한 고객 정보를 수집하여 활용합니다.

완전정복 - 08

문제에 대한 적절한 내용의 번호를 골라 답안지에 기재하시오. 60점/각 30점

문제1 다음 중 스마트 금융거래의 유의사항으로 옳지 않은 것은?

① 스마트폰을 교체할 때는 공인인증서 삭제하기
② 스마트폰 보안에 영향을 주는 구조변경을 하지 않기
③ 금융회사가 안내하는 공식 배포처에서 금융앱 설치하기
④ 스마트폰에서 제공하는 잠금기능의 비밀번호 변경하지 않기

TIP 비밀번호를 변경하지 않으면 보안에 취약해져 타인의 접근이 쉬워집니다. 비밀번호는 주기적으로 변경하고 복잡하게 설정해야 합니다.

문제2 "OO세무서 입니다. 세금이 잘못 징수되어 환급을 해드리려고 합니다. 계좌번호와 비밀번호를 알려주세요. 지금은 통화량이 많으니 문자로 보내주시면 바로 처리해 드리겠습니다"라는 핸드폰 문자를 받았을 때 올바른 행동으로 가장 적절한 것은?

① 발신자에게 전화를 건다.
② 은행으로 가서 본인 계좌 잔액을 모두 현금으로 인출한다.
③ 문자 내용을 무시하고 삭제한다.
④ 계좌번호, 비밀번호를 문자로 보낸다.

TIP 의심스러운 문자를 받았을 때 가장 안전하고 현명한 대처 방법입니다. 혹시 모를 링크 클릭을 방지하기 위해 문자를 즉시 삭제하는 것이 좋습니다.

완전정복-09

문제에 대한 적절한 내용의 번호를 골라 답안지에 기재하시오.   60점/각 30점

문제1 개인정보 수집 시 동의를 받아야 하는 사항이 아닌 것은?

① 개인정보의 보관 장소
② 수집하는 개인정보의 항목
③ 개인정보의 수집, 이용목적
④ 개인정보의 보유 및 이용기간

TIP 개인정보의 보관 장소는 필수 동의 사항이 아닙니다. 이는 주로 개인정보처리방침에 포함되어 관리되며, 동의를 얻어야 할 필수적인 항목은 아닙니다.

문제2 다음 중 사이버공동체의 특징으로 옳지 않은 것은?

① 자발적인 커뮤니케이션이 중심이 된다.
② 익명성으로 실명을 사용할 때보다 책임감이 높다.
③ 공간적, 시간적 제약이 없다.
④ 공통의 관심사를 기반으로 형성된다.

TIP 익명성은 신원이 드러나지 않는다는 점 때문에 오히려 책임감이 낮아져 무분별한 비난이나 허위 사실 유포 등과 같은 문제 행동을 야기하기 쉽습니다.

완전정복-10

문제에 대한 적절한 내용의 번호를 골라 답안지에 기재하시오.   60점/각 30점

문제1 다음 중 불법 스팸 방지 및 예방을 위한 방법으로 옳지 않은 것은?

① 특정 단어가 들어가는 이메일을 차단하는 스팸메일 필터 기능을 이용한다.
② 인터넷 회원 서비스 가입 시 선택사항으로 되어 있는 마케팅 수신 동의에 항상 체크한다.
③ 특정인의 이메일을 원천 차단하는 '수신 거부' 기능을 이용한다.
④ 백신 프로그램을 설치하여 사용한다.

TIP 마케팅 정보 수신에 동의하면 이메일 주소나 휴대폰 번호가 광고성 정보 발송 리스트에 포함됩니다. 이는 스팸을 예방하는 것이 아니라 오히려 스팸을 받겠다는 의사를 밝히는 것이므로, 올바른 예방법이 아닙니다.

문제2 다음 중 네티즌이 지켜야 할 행동규범으로 옳지 않은 것은?

① 비속어나 욕설을 자제하고 바른 언어를 사용한다.
② 타인의 인권과 사생활을 존중하고 보호한다.
③ 타인의 지적 재산권을 보호하고 존중한다.
④ 불건전한 정보는 수용하되 유포하지 않는다.

TIP 불건전하거나 유해한 정보를 접했을 때, 단순히 유포하지 않는 것뿐만 아니라 아예 수용하지 않고 즉시 차단하거나 신고하는 것이 바람직합니다.

PART 02 출제유형 완전정복

인터넷 검색-일반검색 I

☑ 지식의 폭을 넓힐 수 있는 검색 문제들이 출제됩니다.
☑ 검색 사이트에서 핵심 키워드를 입력해 검색하여 〈보기〉에서 정답을 찾은 후 번호를 답안파일에 입력합니다.

 **미리보기**

일반검색 I (각 10점)

문제3 다음 이달의 과학기술인상(과학기술정보통신부, 한국연구재단 주관) 수상자를 〈보기〉에서 찾아 해당 번호를 답안지에 적으시오(번호).

문제3-1) 2024년 10월 ────────────────────────── (   )
문제3-2) 2024년 12월 ────────────────────────── (   )
문제3-3) 2025년 1월 ─────────────────────────── (   )

《보기》   ① 김범준   ② 박문정   ③ 정일문   ④ 이성중   ⑤ 최형진

'일반검색 I' [문제3] 해결하기

❶ 문제의 내용을 잘 읽고 인터넷 검색 사이트에서 문제의 핵심 키워드를 입력한 후 검색합니다.

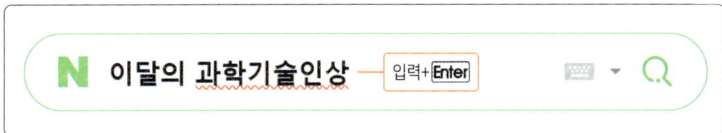

❷ 검색된 페이지에서 문제의 내용과 관련된 사이트를 접속합니다.

❸ [이달의 과학기술인상] 사이트에 접속되면 [수상자 검색]을 클릭합니다.

❹ [수상자 검색] 창이 나타나면 '수상 년월'에 문제3-1)의 년월을 지정하고 〈검색〉 단추를 클릭합니다.

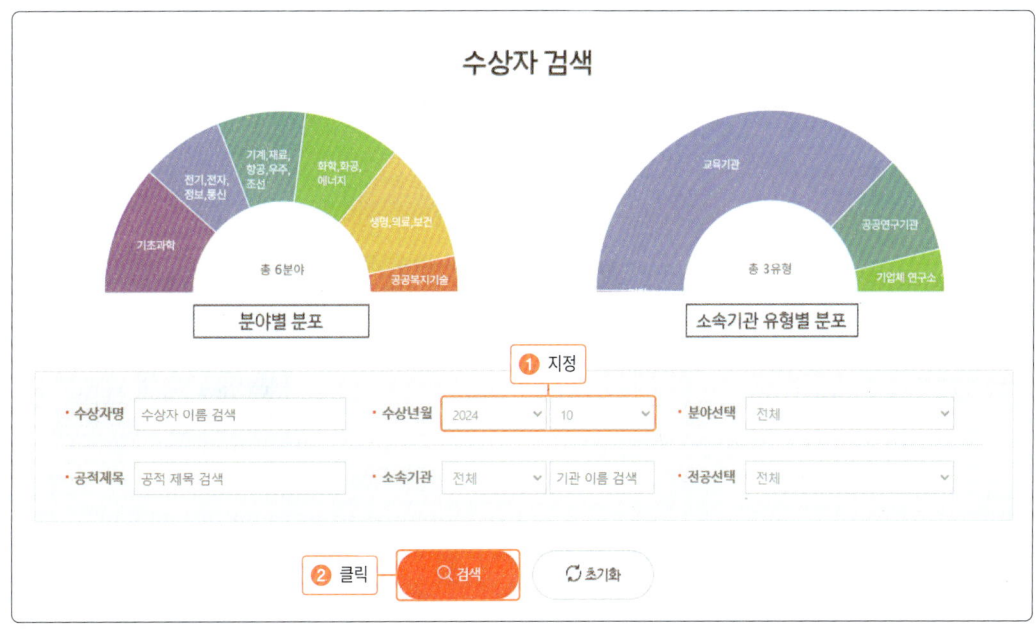

❺ 검색된 수상자를 확인한 후 〈보기〉에서 찾아 답안파일에 정답을 입력합니다.

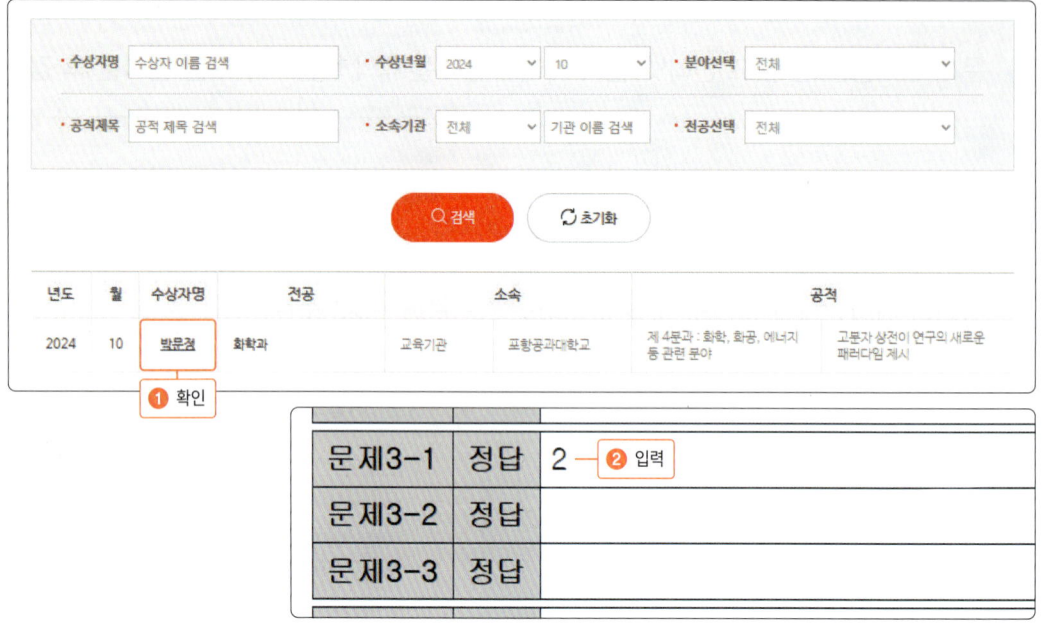

❻ '수상 년월'에 문제3-2)의 년월을 지정하고 〈검색〉 단추를 클릭하여 답안파일에 정답의 번호를 입력합니다.

❼ 나머지 문제3-3도 같은 방법으로 검색하여 답안파일에 정답의 번호를 입력합니다.

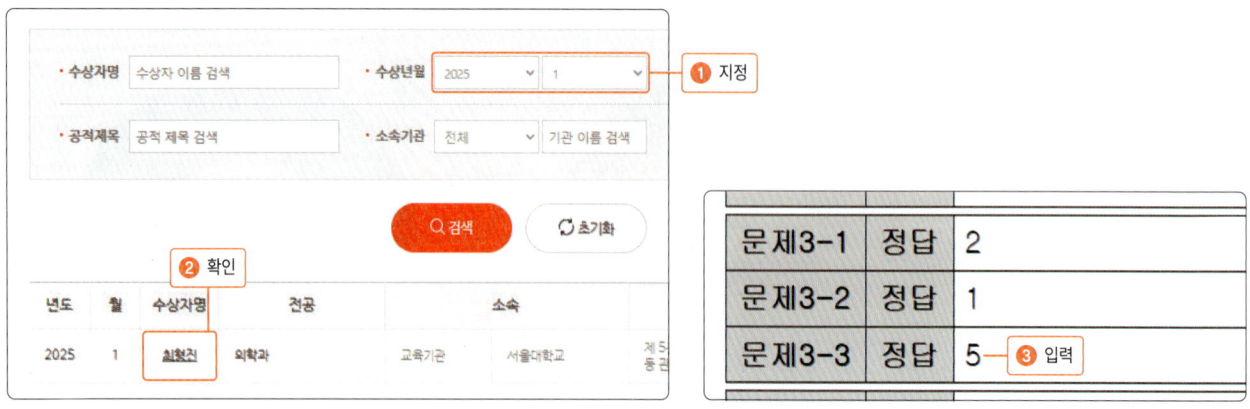

출제유형 완전정복 > 인터넷 검색-일반검색 I

완전정복-01
문제에 대한 적절한 내용의 번호를 골라 답안지에 기재하시오. 각 10점

문제3 다음 2024년 11월 10일(일) K리그1(클래식) 경기 결과(스코어)를 〈보기〉에서 찾아 해당 번호를 답안지에 적으시오 (번호).

문제3-1) 포항 : 김천 ———————————————————————— (   )
문제3-2) 제주 : 광주 ———————————————————————— (   )
문제3-3) 전북 : 대구 ———————————————————————— (   )

《보기》   ① 0:3   ② 3:1   ③ 1:1   ④ 0:0   ⑤ 1:2

완전정복-02
문제에 대한 적절한 내용의 번호를 골라 답안지에 기재하시오. 각 10점

문제3 다음 2024년 발롱도르 시상식(Ballon d'Or) 수상자 이름을 〈보기〉에서 찾아 해당 번호를 답안지에 적으시오(번호).

문제3-1) 남성 수상자(Men's Ballon d'Or) ———————————————— (   )
문제3-2) 여성 수상자(Women's Ballon d'Or) ——————————————— (   )
문제3-3) 트로페 코파(Kopa Trophy) —————————————————— (   )

《보기》
① Lamine Yamal   ② Carlo Ancelotti   ③ Rodri
④ Emma Hayes   ⑤ Aitana Bonmatl

완전정복-03
문제에 대한 적절한 내용의 번호를 골라 답안지에 기재하시오. 각 10점

문제3 다음 국보 문화재는 어느 시대의 것인지 〈보기〉에서 찾아 해당 번호를 답안지에 적으시오(번호).

문제3-1) 구미 선산읍 금동여래입상 ——————————————————— (   )
문제3-2) 금동보살삼존입상 ——————————————————————— (   )
문제3-3) 금동연가7년명여래입상 ———————————————————— (   )

《보기》   ① 조선시대   ② 고려시대   ③ 통일신라시대   ④ 고구려시대   ⑤ 백제시대

완전정복-04 문제에 대한 적절한 내용의 번호를 골라 답안지에 기재하시오. 각 10점

문제3 국가보훈처 지정 이달의 독립운동가를 〈보기〉에서 찾아 해당 번호를 답안지에 적으시오(번호).

문제3-1) 2022년 3월 --- ( )

문제3-2) 2022년 5월 --- ( )

문제3-3) 2022년 8월 --- ( )

《보기》
① 김갑 ② 김영순 ③ 최흥식 ④ 이두열 ⑤ 백남준

완전정복-05 문제에 대한 적절한 내용의 번호를 골라 답안지에 기재하시오. 각 10점

문제3 다음 제75회 칸영화제(Cannes Film Festival, 2022)의 수상작품을 〈보기〉에서 찾아 해당 번호를 답안지에 적으시오(번호).

문제3-1) 황금종려상(Palme d'Or) --- ( )

문제3-2) 감독상(Best Director) --- ( )

문제3-3) 각본상(Best Screenplay) --- ( )

《보기》
① 보이 프롬 헤븐(Boy from Heaven) ② 브로커(Broker)
③ 스타스 앳 눈(Stars at Noon) ④ 트라이앵글 오브 새드니스(Triangle of Sadness)
⑤ 헤어질 결심(Decision to Leave)

완전정복-06 문제에 대한 적절한 내용의 번호를 골라 답안지에 기재하시오. 각 10점

문제3 태풍의 이름을 〈보기〉에서 찾아 해당 번호를 답안지에 적으시오(번호).

문제3-1) 2022년 제11호 태풍 --- ( )

문제3-2) 2022년 제12호 태풍 --- ( )

문제3-3) 2022년 제13호 태풍 --- ( )

《보기》
① 난마돌(NANMADOL) ② 힌남노(HINNAMNOR) ③ 무이파(MUIFA)
④ 탈라스(TALAS) ⑤ 므르복(MERBOK)

완전정복-07

문제에 대한 적절한 내용의 번호를 골라 답안지에 기재하시오.   각 10점

문제3 다음 제94회 아카데미 시상식(Academy Awards, 2022)의 수상작품을 〈보기〉에서 찾아 해당 번호를 답안지에 적으시오(번호).

문제3-1) 남우조연상 ──────────────────────── (　　)
문제3-2) 여우조연상 ──────────────────────── (　　)
문제3-3) 의상상 ────────────────────────── (　　)

《보기》
① 웨스트 사이드 스토리　② 코다　③ 킹 리차드
④ 타미 페이의 눈　⑤ 크루엘라

완전정복-08

문제에 대한 적절한 내용의 번호를 골라 답안지에 기재하시오.   각 10점

문제3 다음 광주디자인비엔날레의 주제를 〈보기〉에서 찾아 해당 번호를 답안지에 적으시오(번호).

문제3-1) 2021 광주디자인비엔날레 ─────────────────── (　　)
문제3-2) 2019 광주디자인비엔날레 ─────────────────── (　　)
문제3-3) 2017 광주디자인비엔날레 ─────────────────── (　　)

《보기》
① HUMANITY　② FUTURES　③ Design Shin Myeong
④ Anything, Something　⑤ d-Revolution

완전정복-09

문제에 대한 적절한 내용의 번호를 골라 답안지에 기재하시오.   각 10점

문제3 다음 '이달의 과학기술인상(한국연구재단 선정)'을 〈보기〉에서 찾아 해당 번호를 답안지에 적으시오(번호).

문제3-1) 2021년 10월의 과학기술인상 ───────────────── (　　)
문제3-2) 2021년 11월의 과학기술인상 ───────────────── (　　)
문제3-3) 2021년 12월의 과학기술인상 ───────────────── (　　)

《보기》
① 박훈철　② 김철홍　③ 양창덕　④ 이혁진　⑤ 이창하

완전정복-10 문제에 대한 적절한 내용의 번호를 골라 답안지에 기재하시오. 　　　각 10점

문제3 다음 책 제목의 ISBN을 〈보기〉에서 찾아 해당 번호를 답안지에 적으시오(번호).

문제3-1) 가는 날이 제철입니다 ———————————————————— (　　)

문제3-2) 하루쯤 나 혼자 어디라도 가야겠다 ———————————————— (　　)

문제3-3) 배낭 속 예술여행 ———————————————————————— (　　)

《보기》
① 9788968331862　　② 9791187265702　　③ 9791167821409
④ 9791191013320　　⑤ 9782067255425

MEMO

PART 02 출제유형 완전정복

인터넷 검색-일반검색 II

- ☑ 정보검색으로 정답이 포함된 페이지를 찾아 URL를 답안파일에 붙여넣기 합니다.
- ☑ 정보통신/ 통계자료/ 금융상식/ 기상관측자료/ 부동산자료 등 다양한 문제가 출제됩니다.

 미리보기

일반검색 II (각 50점)

문제4 '해커 잡는 덫'이란 뜻의 용어로 해커 공격에 대응할 수 있는 시간을 벌고 해커의 움직임을 면밀히 파악함으로써 사이버 테러를 방지하는 신기술로 관련 업계에서는 기대를 모으고 있다. 이것을 일컫는 용어를 검색하시오 (정답, URL).

문제5 한국농촌경제연구원이 발표한 2024식품소비행태조사에 따르면, 집에서 음식을 만들어 먹지 않는 가구 비중이 지속적으로 확대되고, 밥 대신 빵이나 샌드위치로 식사를 대체하는 추세가 늘어나면서 쌀 소비량이 급속도로 감소하고 있다. 통계청이 발표한 「2023년 양곡소비량조사」에서 2023년 가구 부문의 국민 1인당 연간 쌀 소비량(단위: kg, 소수첫째자리까지 표시)을 검색하시오(정답).

Skill 01 '일반검색 II' [문제4] 해결하기

❶ [문제4] 문제의 내용을 잘 읽고 인터넷 검색 사이트에서 문제의 핵심 키워드를 입력한 후 검색합니다.

> **TIP** 핵심 키워드를 입력할 때 띄어쓰기를 하지 않고 문장을 입력해도 되는데 간혹 검색이 안될 경우가 있으므로 단어가 여러 개라면 띄어쓰기하여 입력합니다.

❷ 검색된 페이지에서 문제의 정답과 관련이 있는 페이지를 클릭합니다.

> **TIP**
> - [문제4]의 경우 개인 홈페이지나 블로그, 지식 검색(지식iN, 위키피디아 등)과 같이 개인적 의견이 들어가 있는 사이트 및 첨부파일은 정답으로 인정하지 않으므로 주의합니다.
> - 네이버를 사용하는 경우에는 지식백과에서 먼저 검색하는 것이 좋습니다.
> - 뉴스 검색을 할 경우에는 네이버(Naver), 다음(Daum), 줌(ZUM) 등 다양한 포털사이트를 이용하면 원하는 자료를 효과적으로 검색할 수 있습니다.

❸ 페이지에 문제와 같은 설명이 포함되어 있는지 확인하고 답안파일에 정답을 입력합니다.

> **TIP**
> - 페이지의 내용이 너무 많아 다 읽어보지 못할 경우 Ctrl+F 키를 눌러 문제의 핵심 키워드를 검색창에 입력하여 검색하면 편리합니다.
> - 정답이 한글 또는 영문, 한문을 같이 입력하라는 별도의 지시사항이 없으면 조건에 맞는 정답으로 하나만 입력해도 됩니다.

④ 정답이 있는 페이지의 URL을 복사하기 위해 [공유(📤)]에서 〈복사〉 단추를 클릭합니다.

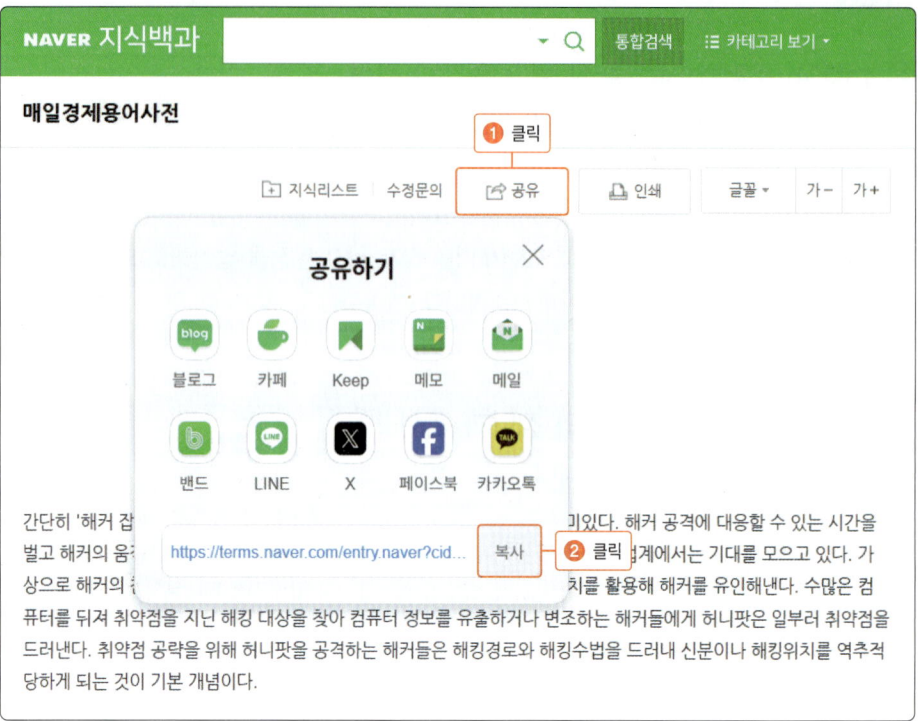

⑤ '주소가 복사되었습니다.' 알림창이 나오면 〈닫기〉 단추를 클릭합니다.

⑥ 답안파일의 입력란에 마우스 커서를 위치 시킨 후 [붙여넣기] 단축키인 Ctrl+V를 누릅니다.

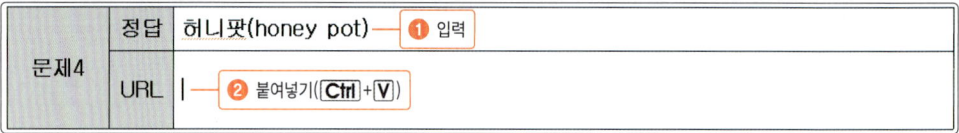

⑦ 이어서, [HTML 문서 붙이기] 창이 나오면 [데이터 형식 선택]에서 '텍스트 형식으로 붙이기'를 선택하고 〈확인〉 단추를 클릭합니다.

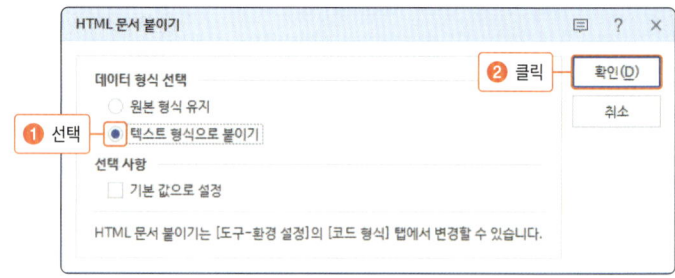

⑧ 답안파일의 정답이 입력된 것을 확인합니다.

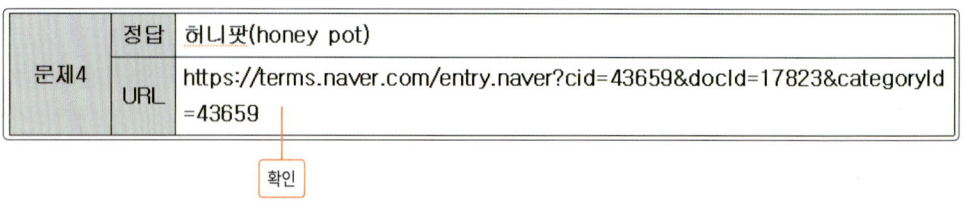

Skill 02 '일반검색 II' [문제5] 해결하기

① [문제5] 문제의 내용을 잘 읽고 인터넷 검색 사이트에서 통계청(kostat.go.kr)을 검색하여 사이트에 접속한 후 [국가통계포털]을 클릭합니다.

> TIP [문제5]의 경우 통계청이나 기상청 등의 자료를 검색하는 문제가 자주 출제됩니다.

② 국가통계포털 사이트에서 문제의 핵심 키워드를 입력한 후 Enter 키를 누릅니다.

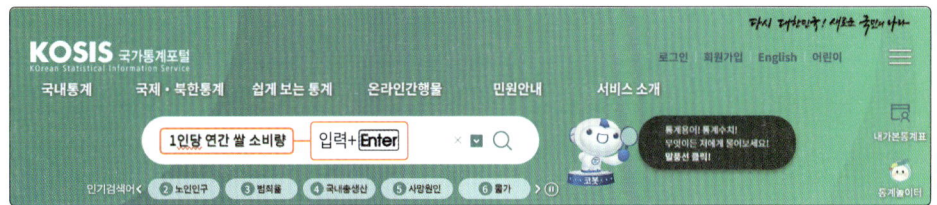

③ 검색된 결과에서 [통계표]-'1인당 연간 양곡소비량'을 클릭합니다.

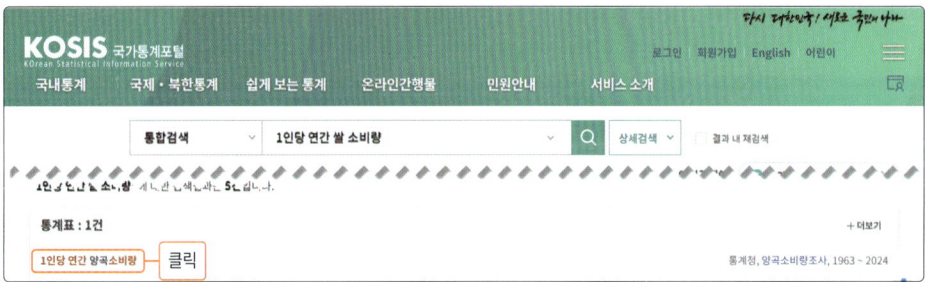

④ 통계표가 새창으로 열리면 문제에서 제시한 '2023년 가구 부문에서 1인당 연간 쌀 소비량'을 확인하고 답안파일에 정답을 입력합니다.

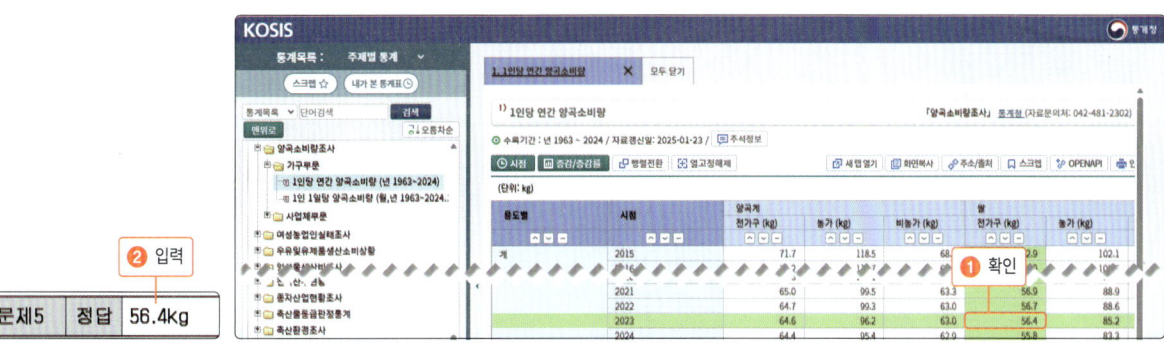

> TIP [문제5]의 경우 답안파일에 정답을 입력할 때 문제지에서 제시한 단위도 포함하여 입력합니다.

인터넷 검색-일반검색 II

완전정복- 01
문제에 대한 적절한 내용의 번호를 골라 답안지에 기재하시오. 각 50점

문제4 사용자를 대신해 자율적으로 작업을 수행하고 의사결정을 내릴 수 있는 지능형 소프트웨어 시스템을 말한다. 데이터 기반으로 필요한 정보를 제공하고 업무를 도와주는 일종의 개인비서로 주어진 환경에서 스스로 학습해 자율적으로 작업을 완료하도록 설계됐다. 이것을 일컫는 용어를 검색하시오(정답, URL).

문제5 표준지공시지가란 대한민국 전국의 개별토지 중 지가대표성 등이 있는 토지를 선정·조사하여 평가·공시하는 것으로서 매년 1월 1일 기준 표준지의 단위면적당 가격(원/㎡)을 말한다. 다음 소재지의 2024년 표준지공시지가(단위 : 원/㎡)를 검색하시오(정답).

> 울산광역시 중구 우정동 217 우정시장 동측 인근

완전정복- 02
문제에 대한 적절한 내용의 번호를 골라 답안지에 기재하시오. 각 50점

문제4 '마찬가지'를 뜻하는 영단어에서 파생된 용어로, 자신의 취향 또는 가치관과 비슷한 특정 인물이나 콘텐츠의 제안에 따라 제품을 구매하는 소비트렌드를 뜻한다. 이것을 일컫는 용어를 검색하시오(정답, URL).

문제5 겨울철 추위는 입동(立冬)에서 소설(小雪), 대설(大雪), 동지(冬至), 소한(小寒)으로 갈수록 추워진다. 소한 지나 대한이 일년 가운데 가장 춥다고 하지만 이는 중국의 기준이고 우리나라에서는 다소 사정이 달라 소한 무렵이 최고로 춥다. 창원 유인관서에서 관측한 2025년 소한인 날의 일최저기온(단위 : ℃, 소수첫째자리까지 표시)을 검색하시오(정답).

완전정복-03 문제에 대한 적절한 내용의 번호를 골라 답안지에 기재하시오.   각 50점

문제4 주요 인사와 인터뷰 약속을 잡기 어려울 때 주요 사안의 입장 등을 듣기 위해 집 앞 계단에 서서 상대가 나타날 때까지 자리를 지키는 취재 방법을 무엇이라 하는지 검색하시오(정답, URL).

문제5 지난달 경기도 지역에 기록적인 폭우가 쏟아져 곳곳에서 산사태가 발생고 하천이 범람하면서 인명피해와 주택침수, 도로통제 등 피해가 속출했다.
기상청 수원 유인관서에서 관측한 2022년 8월 총강수량(단위:mm, 소수 첫째자리까지 표시)을 검색하시오(정답).

완전정복-04 문제에 대한 적절한 내용의 번호를 골라 답안지에 기재하시오.   각 50점

문제4 불황에 빠져있던 경기가 일시적으로 회복되었다가 다시 침체되는 경제현상을 가리키는 용어를 검색하시오 (정답, URL).

문제5 장마전선의 영향으로 수도권을 비롯한 전국에 '물폭탄'이 쏟아졌으며 도와 저지대 주택이 침수되고, 폭우로 인한 피해가 속출했다. 기상청 동두천무인관서에서 관측한 2022년 7월 총강수량(단위:mm, 소수첫째자리까지 표시)을 검색하시오(정답).

완전정복-05 문제에 대한 적절한 내용의 번호를 골라 답안지에 기재하시오.   각 50점

문제4 인건비 절감 등 비용을 이유로 해외에 나간 자국 기업이, 다시 국내로 되돌아오는 현상을 일컫는 용어를 검색하시오 (정답, URL).

문제5 소서(小暑)는 서서히 더위가 시작되고 갖가지 과일과 채소가 선보이는 시기로 소서를 전후하여 장마가 지기 쉽다. 2022년 소서(小暑)인 날에 기상청 창원 유인관서에서 관측한 일 최고기온(단위 : ℃, 소수 첫째 자리까지 표시)을 검색하시오(정답).

완전정복-06 문제에 대한 적절한 내용의 번호를 골라 답안지에 기재하시오. 　각 50점

문제4 과시욕구와 허영심 등을 이유로 재화의 가격이 비싸도 수요가 증대하는 현상을 일컫는 용어를 검색하시오 (정답, URL).

문제5 단오(端午)는 시기적으로 더운 여름을 맞기 전의 초하(初夏)의 계절로 조상의 묘에 성묘를 가고, 창포 삶은 물에 머리를 감으며, 화채를 만들어 먹고 장명루 팔찌를 만들기도 했다. 2022년 단오(端午)인 날에 기상청 영광 무인관서에서 관측한 일 평균기온(단위 : ℃, 소수 첫째 자리까지 표시)을 검색하시오(정답).

완전정복-07 문제에 대한 적절한 내용의 번호를 골라 답안지에 기재하시오. 　각 50점

문제4 본래 달 탐사선 발사를 뜻했으나 불가능한 일에 도전하는 프로젝트라는 의미로도 쓰이는 용어를 검색하시오 (정답, URL).

문제5 청명(淸明)은 음력 3월에 드는 24절기의 다섯 번째 절기로 하늘이 차츰 아진다는 뜻을 지닌 말이다. 2022년 청명(淸明)인 날에 기상청 산청 무인관서에서 관측한 일 최고기온(단위:℃, 소수 첫째 자리까지 표시)을 검색하시오(정답).

완전정복-08 문제에 대한 적절한 내용의 번호를 골라 답안지에 기재하시오. 　각 50점

문제4 수소 생산 시 발생하는 이산화탄소를 대기로 방출하지 않고 포집해 따로 저장하며 생산한 수소를 일컫는 용어를 검색하시오(정답, URL).

문제5 통계청이 발표한 '2021년 12월 인구동향 보고서'에 따르면 2021년 12월 출생아는 17,084명으로 전년 동월 대비 13% 감소했다. 통계청에서 2021년 12월 경기도의 출생아 수(단위: 명)를 검색하시오(정답).

완전정복-09 문제에 대한 적절한 내용의 번호를 골라 답안지에 기재하시오. 각 50점

문제4 자신이 다니는 회사의 임금, 복지 등을 디지털 공간에서 공유하는 영향력이 큰 직원을 일컫는 용어를 검색하시오 (정답, URL).

문제5 한국표준직업분류는 국가 기본통계 작성을 위한 분류 기준이 되며, 직종별 급여 및 수당 지급의 결정, 사회보험 요율 적용 기준, 각종 법령 등에서 준용되고 있다. 제7차 개정 한국표준직업분류(KSCO)에서 '화이트해커'의 분류코드(세세분류)를 검색하시오(정답).

완전정복-10 문제에 대한 적절한 내용의 번호를 골라 답안지에 기재하시오. 각 50점

문제4 색채 연구소 팬톤이 2022년 한 해의 트렌드를 이끌어 갈 올해의 색상으로 파란색과 빨간색을 조합한 제비꽃 색에 가까운 밝은 청자색을 선정했다. 이 색의 이름을 검색하시오(정답, URL).

문제5 신적설은 정해진 시간에 내려 쌓인 눈의 높이를 말한다. 2022년 1월 중 기상청 울릉도 유인관서에서 관측한 일 최대 신적설(단위: cm, 소수 첫째 자리까지 표시)을 검색하시오(정답).

PART 02 출제유형 완전정복

출제유형 04 지능형 정보검색

- ☑ 설명하는 문장을 입력하여 정답을 찾습니다.
- ☑ 핵심 키워드를 이용해서 정답을 찾습니다.
- ☑ 인공지능의 잘못된 정보를 검증하여 틀린 설명을 찾습니다.

통합 문제 풀이

문제 미리보기

지능형 정보검색 (각 30점)

※ 인터넷 검색엔진과 생성형 인공지능(AI) 등 다양한 검색 도구를 사용하여 정답을 찾은 후 답안에 기재하시오 (정답).

문제6 다음 문장이 설명하는 대상을 검색하시오(정답).

- 나는 육식을 좋아하지 않습니다. 참나무 수액을 좋아합니다.
- 나는 알에서 태어나 애벌레, 번데기를 거쳐 성충이 됩니다.
- 나는 수사슴(stag)처럼 좌우로 뻗은 두 개의 멋진 뿔을 갖고 있습니다.
- 내 몸은 넓적하고 단단하며, 암컷에게는 뿔이 없습니다.
- 내 수명은 1~2년입니다.
- 나는 2n=20개의 염색체를 갖고 있으나, 간혹 2n=18부터 2n=24까지 추정되는 변이체가 발견되기도 합니다.
- 학계에서는 나의 Taxonomy 번호를 1227475로 분류했습니다.

문제7 다음 빈칸(괄호)에 적절한 기술의 명칭을 검색하시오(정답).

초등학교 3학년인 철수는 어느 날 AI와 AI를 경쟁시키면 더 똑똑한 AI를 만들 수 있다는 이야기를 듣고 흥미를 느껴 자료를 찾아봤으나, 다음과 같이 영어로 된 자료만 찾을 수 있었다.

https://en.wikipedia.org/wiki/Generative_adversarial_network

철수는 AI의 도움을 받아 자료를 읽던 도중, 이 방법이 최근에 뉴스에서 자주 본, 사람의 얼굴을 동영상에 합성하는 (　　)기술의 원리라는 것을 발견하고 깜짝 놀라게 되었다.

문제8 다음 생성형 인공지능(AI)과 나눈 대화에서 틀린 설명에 해당하는 번호를 찾아 적으시오(번호).

안티키테라 기계에 관해 설명해 줘

안티키테라 기계는 그리스 안티키테라섬 근처 난파선에서 발견된 ①강철제 유물로, 처음에는 정체를 알기 어려웠으나 ②X선 조사 결과 내부에 32개의 톱니바퀴로 구성된 복잡한 기계장치가 들어있다는 사실이 밝혀지며 크게 화제가 되었습니다. 이 기계의 정확한 용도가 밝혀지지는 않았지만, 과학자들은 ③행성의 위치를 예측하거나 ④올림픽 주기인 4년을 측정하기 위한 장치로 추정하고 있습니다. 당시 난파선에서는 ⑤이 기계장치와 함께 다양한 고대 유물이 인양되었습니다.

Skill 01 '지능형 정보검색' 문제 해결하기

❶ 인터넷 검색 사이트에서 검색 도구로 사용할 '재미나이'를 입력합니다.

주요 생성형 AI 종류
- 시험장에서 실행이 안될 경우 다른 생성형 AI를 사용합니다.
- 생성형 AI로는 'ChatGPT, Gemini, 뤼튼, Claude, CLOVA X' 등이 있습니다.

❷ 검색된 페이지에서 'Gemini(재미나이)'를 클릭합니다.

주의사항!!
각종 인터넷 검색엔진 및 생성형 인공지능(AI) 웹사이트에 로그인하여 사용 불가!!

❸ Gemini(재미나이) 페이지가 열리면 [문제6]에서 설명하는 문장을 입력합니다.

❹ 검색된 결과에서 정답을 확인하여 답안파일에 입력합니다.

❺ [문제7]의 내용도 잘 읽고 문제의 핵심 키워드를 입력한 후 검색하여 정답을 찾아 답안파일에 입력합니다.

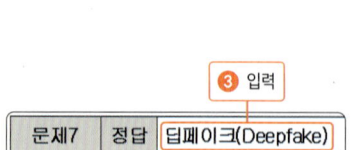

❻ [문제8]의 내용도 잘 읽고 설명에서 핵심 키워드와 관련된 문장을 입력한 후 검색하여 정답을 찾아 답안파일에 입력합니다.

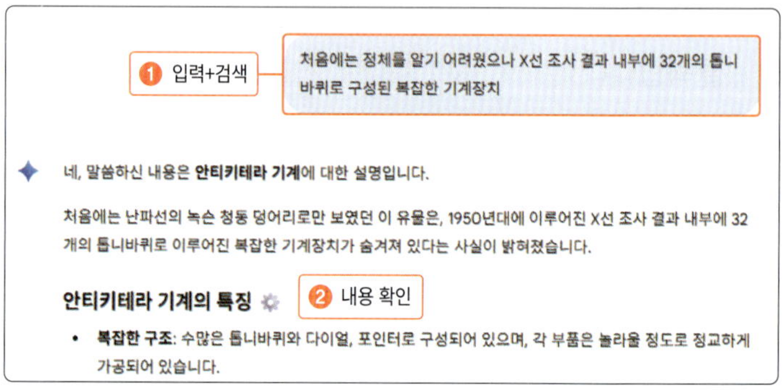

〈②에 대한 설명을 입력한 결과〉
옳게 설명된 것을 확인합니다.

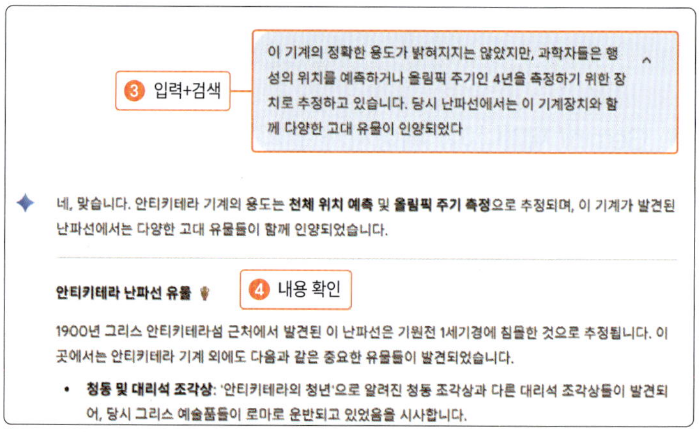

〈③~⑤에 대한 설명을 입력한 결과〉
옳게 설명된 것을 확인합니다.

〈①에 대한 설명을 입력한 결과〉
'**강철제**가 아닌 **청동**으로 만들어져' 틀린 설명에 해당되는 것을 확인합니다.

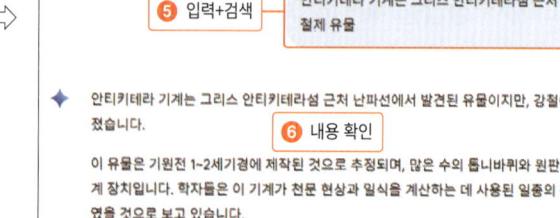

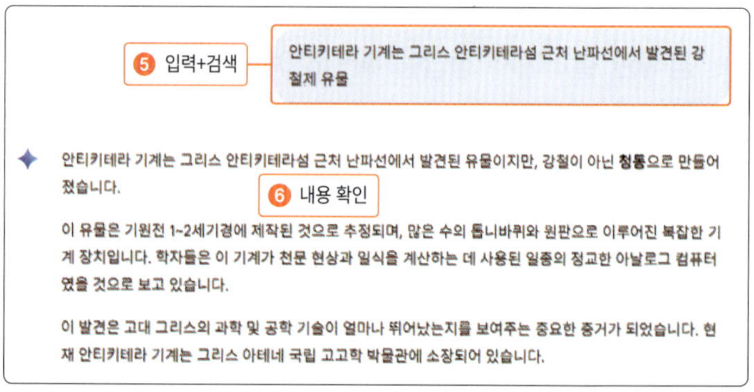

 질문을 할때에는 단어보다는 단어가 포함된 문장으로 검색하는 것이 효과적입니다.

지능형 정보검색

완전정복-01 문제에 대한 적절한 내용의 번호를 골라 답안지에 기재하시오. [각 30점]

※ 인터넷 검색엔진과 생성형 인공지능(AI) 등 다양한 검색 도구를 사용하여 정답을 찾은 후 답안에 기재하시오(정답).

문제6 다음 문장이 설명하는 대상을 검색하시오(정답).

- 나는 꽃에서 꿀과 꽃가루를 모읍니다.
- 나는 육각형 모양의 집을 짓고, 달콤한 액체를 만듭니다.
- 나는 날개가 있어 꽃과 꽃 사이를 날아다니며 식물의 번식을 돕습니다.
- 나는 다리가 여섯 개이고, 몸에는 털이 많으며, 암컷 중 일부는 침을 가지고 있습니다.

문제7 다음 빈칸(괄호)에 적절한 기술의 명칭을 검색하시오(정답).

민호는 블로그를 만들고 구글 검색 결과 상단에 노출되기를 원했다. 검색엔진이 어떤 방식으로 웹사이트를 찾고, 정보를 모으는지 궁금했다.

https://www.market-pedia.com/post/seo-1%ED%8E%B8-seo-%EC%9E%91%EB%8F%99-%EC%9B%90%EB%A6%AC

이 문서에 따르면, 검색 엔진이 특정 웹페이지를 방문하여 내용을 읽고, 다른 페이지로 연결된 링크를 따라가면서 웹 전체의 정보를 수집하는 과정을 한다. 이 역할을 수행하는 프로그램을 ( )이라고 부른다.

문제8 다음 생성형 인공지능(AI)과 나눈 대화에서 틀린 설명에 해당하는 번호를 찾아 적으시오(번호).

지구의 자전과 공전에 관해 설명해 줘

지구는 태양의 주위를 ①타원 궤도로 공전하며, 동시에 ②하루에 한 바퀴씩 자전하여 밤낮이 바뀝니다. 지구의 자전축은 약 ③23.5도 기울어져 있어서 ④계절의 변화는 자전에 의해 발생합니다.

완전정복-02 문제에 대한 적절한 내용의 번호를 골라 답안지에 기재하시오.   각 30점

※ 인터넷 검색엔진과 생성형 인공지능(AI) 등 다양한 검색 도구를 사용하여 정답을 찾은 후 답안에 기재하시오(정답).

문제6 다음 문장이 설명하는 <u>대상</u>을 검색하시오(정답).

> - 나는 밤에 어둠 속에서도 잘 볼 수 있습니다.
> - 나는 스스로 몸을 핥아 깨끗하게 하는 것을 좋아합니다.
> - 나는 독립적인 성향이 강하지만 때로는 애교가 많습니다.
> - 나는 때때로 주인의 무릎에 올라가 발로 꾹꾹 누르는 행동을 합니다.

문제7 다음 빈칸(괄호)에 적절한 기술의 <u>명칭</u>을 검색하시오(정답).

> 수지는 구글 검색에서 친구의 블로그가 자신의 것보다 훨씬 높은 순위에 있는 것을 발견했다. 그 이유를 알아보던 중 검색 엔진이 웹사이트의 중요도를 평가하는 방법을 알게 되었다.
>
> https://ko.wikipedia.org/wiki/%ED%8E%98%EC%9D%B4%EC%A7%80%EB%9E%AD%ED%81%AC
>
> 위 문서에 따르면, 구글의 창업자들이 개발한 (   ) 알고리즘은 웹페이지가 받는 링크의 수와 질을 고려하여 페이지의 중요도를 산출한다.

문제8 다음 생성형 인공지능(AI)과 나눈 대화에서 틀린 설명에 해당하는 <u>번호</u>를 찾아 적으시오(번호).

> 고구려와 광개토대왕에 관해 설명해 줘
>
> 광개토대왕은 고구려의 제19대 왕으로, 영토를 크게 확장한 정복 군주로 알려져 있습니다. ① <u>그는 백제를 공격해 한강 유역을 차지</u>했습니다. ② <u>신라에 침입한 왜군을 격퇴하여 신라를 도와주기도 했습니다</u>. ③ <u>그의 업적은 그의 아들 장수왕이 세운 광개토대왕릉비에 기록</u>되어 있습니다. ④ <u>광개토대왕은 만주 일대를 정벌하여 고구려를 동북아시아의 강자</u>로 만들었지만, ⑤ <u>그의 무덤은 현재 중국 랴오닝성 집안시에 위치</u>하고 있습니다.

완전정복-03 문제에 대한 적절한 내용의 번호를 골라 답안지에 기재하시오. 각 30점

※ 인터넷 검색엔진과 생성형 인공지능(AI) 등 다양한 검색 도구를 사용하여 정답을 찾은 후 답안에 기재하시오(정답).

문제6 다음 문장이 설명하는 대상을 검색하시오(정답).

- 1955년 미국에서 태어난 컴퓨터 프로그래머이자 기업가입니다.
- 1975년에 절친한 동료인 폴 앨런과 함께 마이크로소프트를 공동 설립했습니다.
- 소프트웨어 혁명을 이끌고 개인용 컴퓨터를 전 세계적으로 대중화에 기여했습니다.
- 은퇴 후 아내와 함께 전 세계의 빈곤과 질병 문제 해결을 위한 자선 활동을 하고 있습니다.

문제7 다음 빈칸(괄호)에 적절한 기술의 명칭을 검색하시오(정답).

민수는 '글래디에이터' 영화를 보고 고대 로마 제국에 대해 깊은 인상을 받았다. 로마 제국이 막강한 힘을 가졌음에도 불구하고 결국 멸망했다는 것을 알게 되었고, 그 원인에 대해 궁금해졌다.

https://ko.wikipedia.org/wiki/%EB%A1%9C%EB%A7%88_%EC%A0%9C%EA%B5%AD

이 문서에 따르면, 로마 제국의 멸망 원인 중 하나로, 서기 376년에 제국 영토로 들어온 동게르만족의 한 부족인 (   )의 대규모 이동을 꼽는다.

문제8 다음 생성형 인공지능(AI)과 나눈 대화에서 틀린 설명에 해당하는 번호를 찾아 적으시오(번호).

마하트마 간디에 관해 설명해 줘

마하트마 간디는 인도의 독립운동을 이끈 지도자입니다. ① 그는 '마하트마'라는 칭호는 간디가 2차 세계대전에 참전하여 세운 공로를 인정받아 얻은 것입니다. ② 영국 식민 통치에 저항하기 위해 비폭력, 불복종 운동을 전개했습니다. ③ 소금 제조를 금지한 법에 맞서 소금 행진을 주도했습니다. ④ 직접 물레를 돌려 옷을 짜는 등 자립 경제를 강조했습니다. ⑤ 그는 힌두교도와 이슬람교도 간의 화합을 위해 노력했으나, 종교적 갈등으로 인해 결국 힌두교 극단주의자에게 암살당했습니다.

 문제에 대한 적절한 내용의 번호를 골라 답안지에 기재하시오.

각 30점

※ 인터넷 검색엔진과 생성형 인공지능(AI) 등 다양한 검색 도구를 사용하여 정답을 찾은 후 답안에 기재하시오(정답).

문제6 다음 문장이 설명하는 대상을 검색하시오(정답).

- 나는 바다에 살지만 물고기가 아닌 포유류입니다.
- 나는 매우 똑똑하며, 복잡한 사회생활을 합니다.
- 나는 초음파를 사용하여 주변을 탐색하고 의사소통을 합니다.
- 나는 물 위로 멋지게 점프하는 모습을 보여주곤 합니다.
- 나는 무리를 지어 생활하며 서로 돕는 행동을 합니다.

문제7 다음 빈칸(괄호)에 적절한 기술의 인물을 검색하시오(정답).

준호는 인류의 발명품에 대해 알아보던 중 전화기를 발명한 알렉산더 그레이엄 벨에 대해 알게 되었다. 그는 영문 위키피디아에서 벨의 업적을 더 자세히 살펴보았다.

https://en.wikipedia.org/wiki/Alexander_Graham_Bell

이 자료에 따르면,
인류 역사상 최초로 전화 통화를 한 사람은 알렉산더 그레이엄 벨과 그의 조수인 (   )이다.

문제8 다음 생성형 인공지능(AI)과 나눈 대화에서 틀린 설명에 해당하는 번호를 찾아 적으시오(번호).

양파를 썰 때 눈물이 나는 이유를 알려주세요.

- 양파 속 성분 때문이에요. ① 양파 세포 속에는 황 성분을 포함한 여러 화합물과 효소가 들어있어요.
- 세포가 파괴되면서 효소가 분비돼요. ② 양파를 썰면 세포가 파괴되고, 이 과정에서 알리나아제(Alli-inase)라는 효소가 방출돼요.
- 눈물을 유발하는 기체가 발생해요. ③ 이 효소가 황 성분 화합물과 만나면 황화수소 가스가 만들어지고, 이 기체가 공기 중으로 퍼져나가요.
- 눈물샘을 자극해요. ④ 이 기체가 눈의 점막에 있는 수분과 만나면 '프로판티알 에스-옥사이드'라는 새로운 화학물질로 변하며, 이 물질이 눈물샘을 자극해 눈물이 나게 하는 것이에요.
- 눈에 닿으면 즉시 붉게 변해요. ⑤ 눈에 닿아 생성된 화학 물질은 즉시 눈을 자극하여 일시적인 따가움을 유발하고, 눈의 색깔을 붉게 변하게 해요.

완전정복-05 문제에 대한 적절한 내용의 번호를 골라 답안지에 기재하시오. 각 30점

※ 인터넷 검색엔진과 생성형 인공지능(AI) 등 다양한 검색 도구를 사용하여 정답을 찾은 후 답안에 기재하시오(정답).

문제6 다음 문장이 설명하는 인물을 검색하시오(정답).

- 저는 1935년 일본에서 태어났습니다.
- 저는 미야자키 하야오와 함께 스튜디오 지브리를 설립했습니다.
- 저는 '반딧불이의 묘', '추억은 방울방울', '가구야 공주 이야기' 등의 작품을 연출했습니다.
- 저는 독창적인 세계관과 깊이 있는 스토리텔링으로 애니메이션에 깊이를 더하는 감독으로 유명합니다.

문제7 다음 빈칸(괄호)에 적절한 전체 높이을 검색하시오(정답).

미나는 미국 여행을 계획하며 자유의 여신상에 대해 알아보았다. 자유의 여신상이 얼마나 큰지 궁금하여 영문 위키피디아에서 자료를 찾아보았다.

https://en.wikipedia.org/wiki/Statue_of_Liberty

이 자료에 따르면, 자유의 여신상 받침대부터 횃불 끝까지의 전체 높이는 약 (   ) 미터(m)이다.

문제8 다음 생성형 인공지능(AI)과 나눈 대화에서 틀린 설명에 해당하는 번호를 찾아 적으시오(번호).

지구의 계절이 변하는 이유를 알려주세요.

- 지구의 자전축 기울기 때문이에요. ① **지구의 자전축은 약 23.5도 기울어져 있어서 지구가 태양 주위를 공전**하는 동안 태양빛을 받는 각도가 달라져요.
- 여름과 겨울이 생겨나는 원리예요. ② **북반구가 태양 쪽으로 기울어지면 태양빛이 더 직각으로 비춰져 여름이 되고, 반대로 태양으로부터 기울어지면 빛을 비스듬하게 받아 겨울**이 되는 것이죠.
- 태양빛이 비추는 시간이 달라져요. ③ **자전축 기울기 때문에 태양빛이 비추는 시간도 달라져요.** 여름에는 해가 길고 겨울에는 해가 짧아지는 것도 이 때문입니다.
- 태양과의 거리는 계절 변화에 영향을 주지 않아요. ④ **태양과 지구 사이의 거리가 변하면서 계절이 바뀝니다. 지구가 태양에 가장 가까이 있을 때가 여름이고, 가장 멀리 있을 때가 겨울**이에요.
- 남반구와 북반구의 계절은 반대예요. ⑤ **북반구가 여름일 때 남반구는 태양에서 멀어져 겨울이 되고, 북반구가 겨울일 때 남반구는 여름**이 돼요.

완전정복-06 문제에 대한 적절한 내용의 번호를 골라 답안지에 기재하시오.

각 30점

※ 인터넷 검색엔진과 생성형 인공지능(AI) 등 다양한 검색 도구를 사용하여 정답을 찾은 후 답안에 기재하시오(정답).

문제6 다음 문장이 설명하는 대상을 검색하시오(정답).

- 이것은 2012년 출시된 소형 컴퓨터로, 손바닥만 한 크기에 저렴한 가격이 특징입니다.
- 교육용으로 개발되었으며, 프로그래밍 학습을 위해 주로 사용됩니다.
- 기본적인 웹서핑, 문서 작업, 게임 등 다양한 용도로 활용할 수 있습니다.
- 현재까지 여러 세대가 출시되었으며, 전 세계적으로 수백만 대가 팔렸습니다.

문제7 다음 빈칸(괄호)에 적절한 총 길이을 검색하시오(정답).

건우는 세계적으로 유명한 건축물에 대해 조사하고 있다. 특히 만리장성의 길이가 궁금하여 영문 위키피디아에서 자료를 찾아보았다.

https://en.wikipedia.org/wiki/Great_Wall_of_China

이 자료에 따르면 현재까지 알려진 만리장성의 총 길이는 약 (   )km이다.

문제8 다음 생성형 인공지능(AI)과 나눈 대화에서 틀린 설명에 해당하는 번호를 찾아 적으시오(번호).

선크림은 어떻게 자외선을 막아주는지 알려주세요.

- 자외선을 막는 두 가지 종류가 있어요. ① 선크림은 크게 자외선 차단 성분이 피부에 막을 형성하여 자외선을 튕겨내는 물리적 차단제와, 자외선을 흡수하여 열에너지로 바꾸는 화학적 차단제로 나눌 수 있어요.
- 물리적 차단제는 자외선을 반사해요. ② 물리적 차단제는 징크옥사이드(zinc oxide)나 티타늄디옥사이드(titanium dioxide) 같은 미네랄 성분으로 이루어져 거울처럼 자외선을 피부 밖으로 반사하는 원리예요.
- 화학적 차단제는 자외선을 흡수해요. ③ 화학적 차단제는 유기화합물 성분으로, 피부에 흡수되어 자외선을 반사시켜 소멸시킵니다.
- SPF는 UVB를 막는 정도를 나타내요. ④ SPF(Sun Protection Factor) 지수는 UVB를 차단하는 정도를 나타내며, PA 지수는 UVA를 차단하는 정도를 나타냅니다.
- ⑤ 자외선 A(UVA)는 피부 노화를 촉진하고, 자외선 B(UVB)는 피부 표면에 화상을 입히는 주된 원인이 됩니다.

완전정복 - 07   문제에 대한 적절한 내용의 번호를 골라 답안지에 기재하시오.

각 30점

※ 인터넷 검색엔진과 생성형 인공지능(AI) 등 다양한 검색 도구를 사용하여 정답을 찾은 후 답안에 기재하시오(정답).

문제6 다음 문장이 설명하는 대상을 검색하시오(정답).

- 이것은 1990년 개발된 웹 기반의 정보 시스템으로, 전 세계의 수많은 문서를 연결합니다.
- URL, HTTP, HTML의 세 가지 핵심 기술을 기반으로 합니다.
- 웹사이트, 웹페이지 등을 통해 다양한 정보를 검색하고 공유할 수 있게 합니다.
- 팀 버너스리가 개발하여 인류의 정보 접근 방식에 혁명을 가져왔습니다.

문제7 다음 빈칸(괄호)에 적절한 기술의 명칭을 검색하시오(정답).

민호는 '타이타닉' 영화를 보고 당시의 배와 항해 기술에 관심이 생겼다. 과거 사람들이 태양의 움직임을 보며 시간을 측정했고, 이를 기반으로 달력을 만들었다는 것을 알게 되었다.

https://ko.wikipedia.org/wiki/%EC%9C%A8%EB%A6%AC%EC%9A%B0%EC%8A%A4%EB%A0%A5

이 문서에 따르면, 기원전 46년 로마의 율리우스 카이사르가 이집트의 태양력을 참고하여 만든 이 달력은 ( )이라고 불렸다.

문제8 다음 생성형 인공지능(AI)과 나눈 대화에서 틀린 설명에 해당하는 번호를 찾아 적으시오(번호).

우리가 먹는 음식은 몸속에서 어떻게 소화되는지 알려주세요.

- 소화는 입에서 시작돼요. ① **음식물은 입에서 침과 섞여 부드러워지고, 아밀라아제라는 효소에 의해 탄수화물이 소화되기 시작해요.**
- 위에서는 단백질 소화가 주로 일어나요. ② **식도는 음식물을 위로 운반하고, 위에서는 위액과 위산이 분비되어 음식물을 더 잘게 부수고 단백질을 소화해요.**
- 소장에서 영양소를 흡수해요. ③ **음식물은 위를 지나 소장으로 이동하고, 소장에서 최종 소화가 이루어져요. 하지만 대부분의 물과 영양소 흡수는 대장에서 이루어집니다.**
- 대장에서 물을 흡수해요. ④ **소장에서 흡수되지 않은 찌꺼기는 대장으로 이동해요. 대장에서는 주로 남아 있는 수분과 일부 무기질을 흡수하고 변을 형성해요.**
- ⑤ **간은 소장에서 흡수된 영양소를 저장하고 관리하는 역할**을 해요. 간은 영양소가 혈액을 통해 온몸으로 전달되기 전, 필요한 영양소를 분배하거나 독소를 해독하는 중요한 기능을 합니다.

완전정복-08 문제에 대한 적절한 내용의 번호를 골라 답안지에 기재하시오. [각 30점]

※ 인터넷 검색엔진과 생성형 인공지능(AI) 등 다양한 검색 도구를 사용하여 정답을 찾은 후 답안에 기재하시오(정답).

문제6 다음 문장이 설명하는 대상을 검색하시오(정답).

- 이것은 1826년 프랑스의 조세프 니세포르 니엡스에 의해 처음 발명되었습니다.
- 빛을 감광 물질에 노출시켜 이미지를 기록하는 기술입니다.
- 처음에는 노출 시간이 매우 길었지만, 기술이 발전하면서 짧은 시간 안에 선명한 이미지를 얻을 수 있게 되었습니다.
- 현재는 예술, 과학, 언론 등 다양한 분야에서 필수적인 역할을 합니다.

문제7 다음 빈칸(괄호)에 적절한 기술의 대상을 검색하시오(정답).

수빈이는 '다빈치 코드' 소설을 읽고 레오나르도 다빈치가 화가일 뿐만 아니라 과학자, 발명가, 건축가이기도 했다는 것을 알게 되었다. 그가 남긴 수많은 발명 스케치 중 가장 유명한 것은 날개를 달아 사람이 날 수 있도록 설계한 비행기 모형이었다.

https://ko.wikipedia.org/wiki/%EB%A0%88%EC%98%A4%EB%82%98%EB%A5%B4%EB%8F%84_%EB%8B%A4_%EB%B9%88%EC%B9%98

위키피디아에 따르면, 레오나르도 다빈치의 가장 유명한 작품인 '모나리자'가 소장되어 있는 곳은 현재 프랑스 (   )이다.

문제8 다음 생성형 인공지능(AI)과 나눈 대화에서 틀린 설명에 해당하는 번호를 찾아 적으시오(번호).

소리는 어떻게 전달되는지 알려줘요.

- 소리는 진동을 통해 전달돼요. ① 소리는 공기나 물, 고체와 같은 물질을 구성하는 분자들이 서로 부딪히면서 발생하는 진동이에요.
- 진동은 파동의 형태로 퍼져나가요. ② 소리는 매질(공기, 물 등)을 통해 퍼져나가며, 이 진동이 공기 중에서는 밀한 부분과 소한 부분을 만들어 종파의 형태로 전달됩니다.
- 매질의 밀도에 따라 속도가 달라져요. ③ 소리는 매질을 이루는 입자들이 서로 가까이 있을수록 더 빠르게 진동을 전달해요. 그래서 소리의 속도는 일반적으로 고체 > 액체 > 기체 순으로 빨라요.
- 소리는 진공에서도 전달될 수 있어요. ④ 소리는 매질이 없어도 에너지의 형태로 전달되므로, 달과 같은 진공 상태에서도 소리를 들을 수 있습니다.
- 소리는 빛보다 훨씬 느려요. ⑤ 소리는 공기 중에서 초속 약 340m로 움직이지만, 빛은 초속 약 30만 km로 움직이므로 빛이 소리보다 훨씬 빠릅니다.

완전정복-09 문제에 대한 적절한 내용의 번호를 골라 답안지에 기재하시오.   각 30점

※ 인터넷 검색엔진과 생성형 인공지능(AI) 등 다양한 검색 도구를 사용하여 정답을 찾은 후 답안에 기재하시오(정답).

문제6 다음 문장이 설명하는 인물을 검색하시오(정답).

> - 저는 1940년 미국에서 태어났으며, 컴퓨터 과학 분야에서 큰 업적을 남겼습니다.
> - 저는 현대 개인용 컴퓨터의 개념을 제시하고, '객체 지향 프로그래밍(OOP)'의 초기 이론을 정립했습니다.
> - 저는 노트북 컴퓨터의 시초가 된 '다이나북(Dynabook)'이라는 휴대용 컴퓨터의 개념을 구상했습니다.
> - 저는 컴퓨터 과학 발전에 기여한 공로를 인정받아 2003년 튜링상을 수상했습니다.

문제7 다음 빈칸(괄호)에 적절한 기술의 명칭을 검색하시오(정답).

> 민경이는 한국 전통 의상인 한복에 대한 수업을 듣다가, 한복의 아름다움이 직선과 곡선이 어우러진 조화에서 나온다는 것을 배웠다. 특히 한복 소매의 곡선이 아름답게 휘어지는 모습을 보고 그 특징을 더 자세히 알고 싶어졌다.
>
> https://namu.wiki/w/%ED%95%9C%EB%B3%B5
>
> 이 문서에 따르면, 한복 저고리의 소매 끝동을 곡선으로 만들어 자연스러운 아름다움을 살린 부분을 (   )이라고 부른다.

문제8 다음 생성형 인공지능(AI)과 나눈 대화에서 틀린 설명에 해당하는 번호를 찾아 적으시오(번호).

> **화산은 왜 폭발하는지 알려주세요.**
>
> 마그마와 가스가 주된 원인이에요. ① 화산 아래에는 마그마라는 뜨거운 용암이 존재해요. 이 마그마에는 많은 가스가 녹아 있는데, 이 가스가 화산 내부에서 압력을 높여요.
>
> 압력이 높아지면 마그마가 솟아올라요. ② 마그마와 가스의 압력이 화산을 이루는 암석의 압력보다 높아지면, 마그마가 틈새를 뚫고 솟아오르기 시작해요.
>
> 지진 활동이 화산 폭발을 유발해요. ③ 지진이 발생하면 지각의 틈새가 벌어져 마그마가 지표면으로 올라올 수 있는 통로가 열리고, 이로 인해 화산 폭발이 발생할 수 있어요.
>
> 화산 폭발의 형태는 다양해요. ④ 화산 폭발은 마그마의 점성에 따라 폭발적인 분출이나 조용한 분출 등 다양한 형태로 나타납니다.
>
> ⑤ 화산 폭발은 오로지 화산 활동에 의해 발생하며, 인간의 활동은 화산 폭발에 아무런 영향을 주지 않습니다.

완전정복-10 문제에 대한 적절한 내용의 번호를 골라 답안지에 기재하시오. 각 30점

※ 인터넷 검색엔진과 생성형 인공지능(AI) 등 다양한 검색 도구를 사용하여 정답을 찾은 후 답안에 기재하시오(정답).

문제6 다음 문장이 설명하는 대상을 검색하시오(정답).

- 나는 양서류에 속하며, 어릴 때는 물속에서 아가미로 숨을 쉽니다.
- 나는 자라면서 허파로 숨을 쉬고 육지에서도 생활합니다.
- 나는 매우 긴 혀를 사용하여 빠르게 날아다니는 곤충을 잡습니다.
- 나는 뒷다리가 발달하여 멀리 뛰어오를 수 있습니다.
- 나는 습한 곳이나 물가 근처에서 주로 발견됩니다.

문제7 다음 빈칸(괄호)에 적절한 기술의 명칭을 검색하시오(정답).

은서는 그리스 로마 신화를 좋아한다. 특히 헤라클레스의 12과업에 대해 알아보던 중 첫 번째 과업이 무엇인지 궁금해졌다. 영문 위키피디아에서 자료를 찾았다.

https://en.wikipedia.org/wiki/Heracles

이 자료에 따르면 헤라클레스의 12과업 중 첫 번째 과업은 (   )를 처치하는 것이었다.

문제8 다음 생성형 인공지능(AI)과 나눈 대화에서 틀린 설명에 해당하는 번호를 찾아 적으시오(번호).

무지개는 어떻게 만들어지는지 알려주세요.

- 햇빛과 물방울이 만나 만들어져요. ① 무지개는 햇빛이 공기 중의 물방울을 통과할 때 나타나는 자연 현상이에요.
- 햇빛의 분산. ② 햇빛이 물방울 속으로 들어가면 빛의 굴절과 반사가 일어나요. 이때 빛의 파장마다 꺾이는 정도가 달라서, 햇빛이 여러 색깔로 나뉘는 분산(Dispersion) 현상이 나타납니다.
- 물방울 속에서 빛이 반사돼요. ③ 물방울 안으로 들어간 빛은 물방울의 뒷면에서 반사되어 다시 밖으로 나와요.
- 굴절과 반사 과정을 거쳐요. ④ 무지개가 만들어지는 기본 과정은 두 번의 반사와 한 번의 굴절을 거치는 것입니다.
- ⑤ 무지개는 항상 해의 반대편에 만들어지는데, 해가 뜨는 동쪽에서 무지개를 보려면 서쪽을 바라봐야 합니다.

MEMO

PART 02 출제유형 완전정복

인터넷 검색-실용검색

☑ [문제9]는 실생활에서 활용되는 정보를 검색하여 이미지로 캡처한 후 답안파일에 삽입합니다.
☑ [문제10], [문제11]에서 정보 검색할 때 핵심 키워드를 잘 이용해야 합니다.

문제 미리보기

문제9 길 찾기 서비스(포털 및 전문 검색사이트)를 이용하여 서울 **고속터미널역 4번출구**에서 **국립중앙도서관**을 도보로 가는 지도 경로를 찾아 전체화면(길 찾기 검색 화면, 경로 포함)을 캡처하여 답안 파일에 붙여 넣으시오(이미지 크기 150 mm x 100 mm).

문제10 축산물이력제는 소·돼지·닭·오리·계란을 도축부터 판매에 이르기까지 정보를 기록·관리하여 위생·안전의 문제를 사전에 방지하고, 문제가 발생할 경우 그 이력을 추적하여 신속하게 대처하기 위한 제도이다. 이 력번호 「002173905582」인 소 개체의 <u>출생년월일</u>을 검색하시오(정답).

문제11 국가숲길은 산림청장이 산림휴양법 제23조에 따라 조성된 숲길 중 산림생태적 가치나 역사·문화적 가치가 높아 체계적인 운영·관리가 필요한 숲길을 지정하여 고시한 숲길을 말한다.
2022년 11월 8일에 지정된 국가숲길의 <u>명칭(2가지)</u>을 검색하시오(정답).

Skill 01 '실용검색' [문제9] 해결하기

① 인터넷 검색 사이트에서 [지도] 메뉴를 선택합니다.

② 지도 페이지가 나오면 왼쪽의 [길 찾기]-[도보]를 선택하고 문제의 출발지(고속터미널역 4번출구)와 도착지(국립중앙도서관)를 입력한 후 〈길 찾기〉 단추를 클릭합니다.

> **TIP** 지명 또는 도착지가 지도에서 검색이 되지 않을 경우에는 관련 내용을 인터넷 검색창에서 위치를 확인한 후 지도에서 검색하면 됩니다.

③ 결과가 표시되면 경로 검색화면이 표시되도록 전체화면으로 배율을 조절한 후 Print Screen 키를 누릅니다.

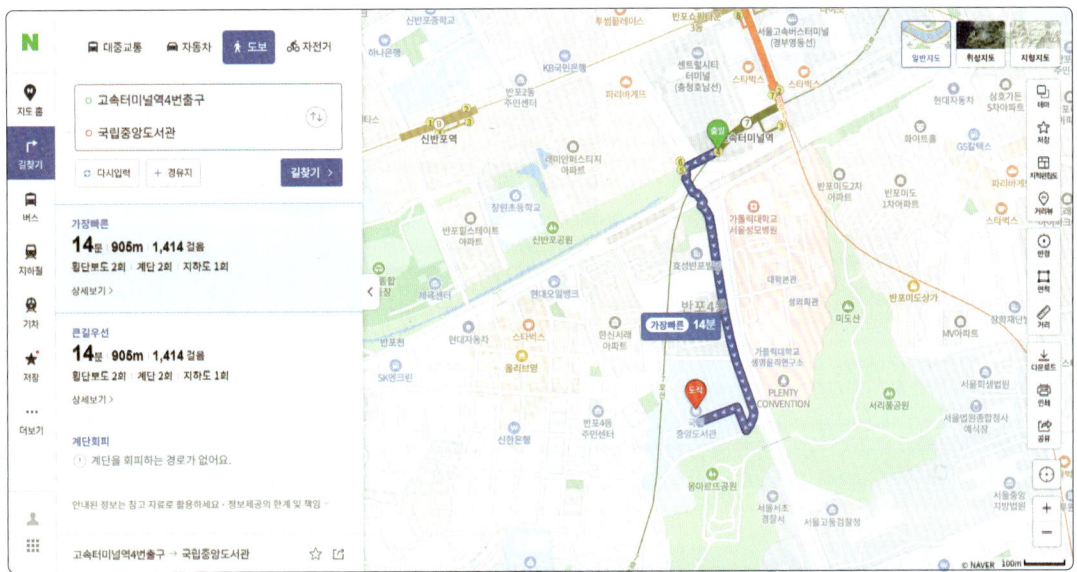

- 화면 캡처시 문제의 지시사항과 지도의 경로(출발지, 도착지)가 반드시 나와야 합니다.
- [문제9]는 제시한 조건에 맞는 서비스를 이용해 정답을 찾고 정답 화면을 캡처한 후 답안파일에 캡처한 이미지를 붙이기 합니다.

④ 답안파일에서 이미지를 삽입할 위치에 커서를 위치한 후 Ctrl+V 키를 눌러 붙이기 합니다.

⑤ 삽입된 이미지를 지시사항에 따라 크기를 조절하기 위해 이미지 위에서 마우스를 더블 클릭하여 [개체 속성]을 불러옵니다.

⑥ [개체 속성] 대화상자가 나오면 [기본] 탭-[크기] 항목에서 '너비(150)', '높이(100)'를 입력하고 '크기 고정' 선택을 체크한 후 〈설정〉 단추를 클릭합니다.

- 답안파일에 삽입할 이미지는 문제의 지시 사항에 맞춰 크기를 조절합니다.
- 이미지 크기가 바뀔수도 있기 때문에 '크기 고정'을 체크해 주는 것이 좋습니다.
- '글자처럼 취급'의 체크 여부는 감점 항목이 아니므로 체크하지 않아도 됩니다.

⑦ 설정된 크기에 맞춰 이미지 크기가 조절된 것을 확인합니다.

'실용검색' [문제10] 해결하기

① 문제의 내용을 잘 읽고 인터넷 검색 사이트에서 문제의 핵심 키워드를 입력한 후 검색합니다.

② 검색된 페이지에서 문제의 정답과 관련이 있는 페이지를 클릭합니다.

③ 검색된 사이트에서 문제의 내용과 관련이 있는 내용(이력번호)을 찾기 위해 '빠른 이력번호 조회'를 클릭합니다. 이어서, 이력번호(002173905582)를 입력한 후 〈조회〉 단추를 클릭합니다.

④ [이력번호 조회] 창이 나오면 문제에서 제시한 출생년월일을 확인하여 답안파일에 입력합니다.

Skill 03 '실용검색' [문제11] 해결하기

❶ 문제의 내용을 잘 읽고 인터넷 검색 사이트에서 문제의 핵심 키워드를 입력한 후 검색합니다.

❷ 검색된 페이지에서 문제의 정답과 관련이 있는 페이지를 클릭합니다.

❸ 열린 페이지에서 [국가숲길]을 클릭한 후 문제에서 제시한 명칭을 답안파일에 입력합니다.

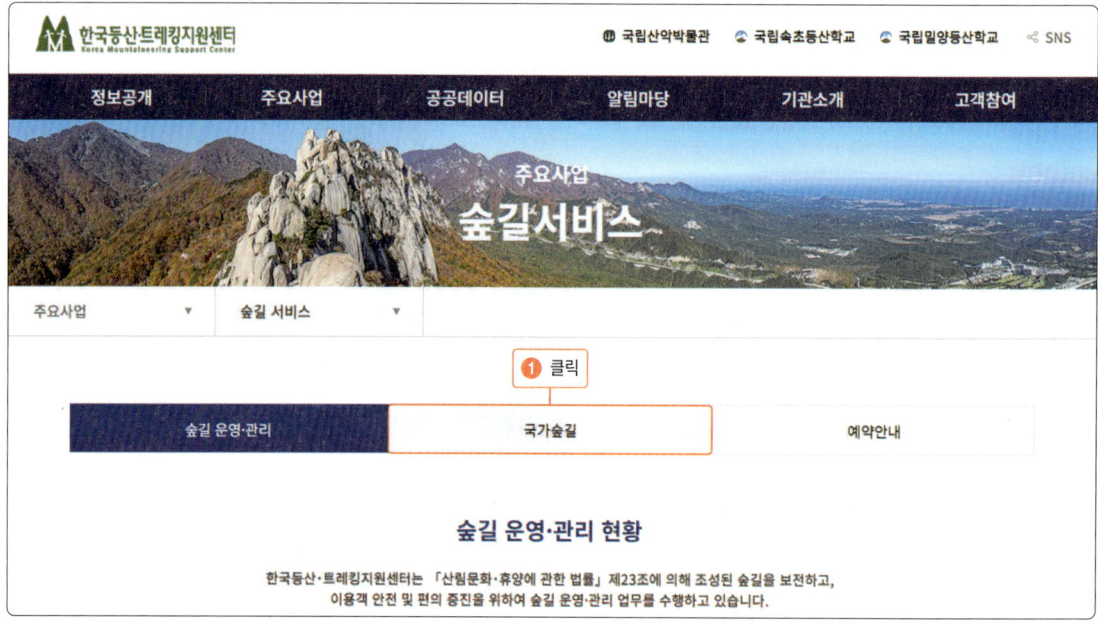

출제유형 완전정복: 인터넷 검색-실용검색

완전정복-01
문제에 대한 적절한 내용의 번호를 골라 답안지에 기재하시오. (각 50점)

문제9 길 찾기 서비스(포털 및 전문 검색사이트)를 이용하여 **대구 중앙로역 4번출구**에서 **대구근대역사관**을 도보로 가는 지도 경로를 찾아 전체화면(길 찾기 검색화면, 경로 포함)을 캡처하여 답안 파일에 붙여 넣으시오(이미지 크기 150 mm x 100 mm).

문제10 한국도로공사 홈페이지에서 통행요금조회를 찾아 남제천(출발요금소)-동광주(도착요금소) 간 312.34km를 고속도로를 이용할 경우 1종(소형차)으로 구분되는 일반승용차의 **통행 요금**(정상요금, 단위 : 원)을 검색하시오(정답).

문제11 해양수산부는 2025년 9월 이달의 수산물, 어촌여행지, 해양생물, 등대, 무인도서를 선정하였다. 이번(9월)에 지정한 이달의 해양생물 **이름**을 검색하시오(정답).

완전정복-02
문제에 대한 적절한 내용의 번호를 골라 답안지에 기재하시오. (각 50점)

문제9 길 찾기 서비스(포털 및 전문 검색사이트)를 이용하여 **서울 서울숲역 3번출구**에서 **수도박물관**을 도보로 가는 지도 경로를 찾아 전체화면(길 찾기 검색화면, 경로 포함)을 캡처하여 답안 파일에 붙여 넣으시오(이미지 크기 150 mm x 100 mm).

문제10 현대어린이책미술관은 국내 최초 '책'을 주제로 한 어린이 미술관으로 상상력을 자극하는 기획전시와 연계프로그램, 다양한 우수 그림책을 만나볼 수 있다. 현재(2025년 9월 15일 기준) 전시 중인 '기억, 시드니 스미스' 전의 **전시기간**(년월일 ~ 년월일)을 검색하시오(정답).

문제11 백남준아트센터는 상호 이해를 증진하고 세계평화에 기여하는 예술의 힘을 실현하며 현대미술의 발전에 기여한 아티스트에게 '백남준 예술상'을 수여하고 있다. 2024년 백남준 예술상을 수상한 **작가**(성명)를 검색하시오(정답).

완전정복 - 03

문제에 대한 적절한 내용의 번호를 골라 답안지에 기재하시오.

각 50점

문제9 길 찾기 서비스(포털 및 전문 검색사이트)를 이용하여 **거제시 공설운동장**에서 **거제포로수용소유적공원**을 도보로 가는 지도 경로를 찾아 전체화면(길 찾기 검색화면, 경로 포함)을 캡처하여 답안 파일에 붙여 넣으시오(이미지 크기 150 mm x 100 mm).

문제10 노작문학상은 일제 치하에서 동인지 '백조'를 창간해 낭만주의 시 운동을 주도했던 노작 홍사용의 정신을 기리고자 2001년 제정됐다. 2022년 노작문학상 **수상작**(작품명)을 검색하시오(정답).

문제11 제1급~제4급 감염병으로 나누는 '급(級)' 체계 개편을 포함하는 개정된 『감염병의 예방 및 관리에 관한 법률』이 시행되고 있다. 제1급 감염병 두창(Smallpox)의 한국표준질병분류(KCD) **부호**를 검색하시오(정답).

완전정복 - 04

문제에 대한 적절한 내용의 번호를 골라 답안지에 기재하시오.

각 50점

문제9 길 찾기 서비스(포털 및 전문 검색사이트)를 이용하여 **울산시민공원**에서 **태화강 국가정원 만남의광장**을 도보로 가는 지도 경로를 찾아 전체화면(길 찾기 검색화면, 경로 포함)을 캡처하여 답안 파일에 붙여 넣으시오(이미지 크기 150 mm x 100 mm).

문제10 세계 미술계에서 권위 있는 상으로 꼽히는 영국의 터너상(Turner Prize)은 매년 5월에 최종 후보들을 지명한 뒤 10월부터 후보들의 전시회를 개최하고, 12월에 수상자를 선정한다. 2021년 터너상 **수상자**(단체명)를 검색하시오(정답).

문제11 청해 부대(소말리아 해역호송전대)는 대한민국 해군이 소말리아 해역에서 한국 선박들을 해적들로부터 보호하기 위해 아덴만에 파견된 부대이다. 2022년 3월 30일 ~ 2022년 9월 2일까지 임무를 수행한 청해 부대 파견함의 **이름**을 검색하시오(정답).

완전정복-05 문제에 대한 적절한 내용의 번호를 골라 답안지에 기재하시오.   각 50점

문제9 길 찾기 서비스(포털 및 전문 검색사이트)를 이용하여 경기도의 **성복역 신분당선 3번 출구**에서 **심곡서원**을 도보로 가는 지도 경로를 찾아 전체화면(길 찾기 검색화면, 경로 포함)을 캡처하여 답안 파일에 붙여 넣으시오(이미지 크기 150 mm x 100 mm).

문제10 바다의 날(매년 5월 31일)은 국민들에게 바다의 중요성을 널리 알리고, 해양수산인들의 자긍심을 높이기 위해 지정된 국가 기념일로 해양수산부는 5월 31일(화), 부산 국제 여객터미널 크루즈 부두에서 제27회 바다의 날 기념식을 개최했다. 제27회 바다의 날 기념식의 **주제**를 검색하시오(정답).

문제11 미국 서부 애리조나주 메사시가 한국에서 시행되는 '한복의 날'과 날짜를 맞추어 '한복의 날(Hanbok Day)'을 기념하기로 선언했다. 한국에서 시행되는 '한복의 날'은 **언제**(월일)인지 검색하시오(정답).

완전정복-06 문제에 대한 적절한 내용의 번호를 골라 답안지에 기재하시오.   각 50점

문제9 길 찾기 서비스(포털 및 전문 검색사이트)를 이용하여 **충남 홍성군의 조양문**에서 **홍주성역사공원**을 도보로 가는 지도 경로를 찾아 전체화면(길 찾기 검색화면, 경로 포함)을 캡처하여 답안 파일에 붙여 넣으시오(이미지 크기 150 mm x 100 mm).

문제10 국립농산물품질관리원 친환경 인증관리정보시스템에서는 무농약, 유기농산물, 유기축산물, 무항생제축산물, 친환경인증을 받은 농축산물에 대한 인증정보를 알아볼 수 있다. 인증번호 "03100005"의 **인증품목**(품목명)을 검색하시오(정답).

문제11 직장가입자 국민건강 보험료는 근로자와 사용자가 50%를 각각 부담한다. 관련기관에서 제공하는 모의계산기로 2023년에는 사업장 가입자인 근로자 신고소득월액이 3,200,000원일 경우 국민건강보험 가입자 보수월액보험료(건강보험료+장기요양보험료)는 **얼마**(단위:원)인지 구하시오(정답).

완전정복-07
문제에 대한 적절한 내용의 번호를 골라 답안지에 기재하시오.   각 50점

문제9 길 찾기 서비스(포털 및 전문 검색사이트)를 이용하여 **제주서귀포경찰서**에서 **한국야구명예전당**을 도보로 가는 지도 경로를 찾아 전체화면(길 찾기 검색화면, 경로 포함)을 캡처하여 답안 파일에 붙여 넣으시오(이미지 크기 150mm x 100 mm).

문제10 깃대종은 특정지역의 생태·지리·문화적 특성을 반영하는 상징적인 야생 동·식물로서 사람들이 보호해야 할 필요성이 인정되는 종을 말한다. 지리산국립공원의 **깃대종**(2종)을 검색하시오(정답).

문제11 SRT(수서고속철도) 홈페이지에서 승차권 예약을 위해 요금을 조회하려고 한다. 매주 금요일 오전 9시 5분에 수서역에서 출발하여 서대구역에 도착하는 SRT(특실 좌석) 어른 1명의 **편도 요금**(단위:원)을 검색하시오(정답).

완전정복-08
문제에 대한 적절한 내용의 번호를 골라 답안지에 기재하시오.   각 50점

문제9 길 찾기 서비스(포털 및 전문 검색사이트)를 이용하여 **부산 지하철 2호선 장산역**에서 **청사포다릿돌전망대**를 도보로 가는 지도 경로를 찾아 전체화면(길 찾기 검색화면, 경로 포함)을 캡처하여 답안 파일에 붙여 넣으시오(이미지 크기 150 mm x 100 mm).

문제10 축산물이력제는 소·돼지·닭·오리·계란을 도축부터 판매에 이르기까지 정보를 기록·관리하여 위생·안전의 문제를 사전에 방지하고, 문제가 발생할 경우 그 이력을 추적하여 신속하게 대처하기 위한 제도이다. 이력번호 「002173905582」인 소 개체의 **출생년월일**을 검색하시오(정답).

문제11 국가숲길은 산림청장이 산림휴양법 제23조에 따라 조성된 숲길 중 산림생태적 가치나 역사·문화적 가치가 높아 체계적인 운영·관리가 필요한 숲길을 지정하여 고시한 숲길을 말한다.
2022년 11월 8일에 지정된 국가숲길의 **명칭**(2가지)을 검색하시오(정답).

완전정복-09

문제에 대한 적절한 내용의 번호를 골라 답안지에 기재하시오.

각 50점

문제9 길 찾기 서비스(포털 및 전문 검색사이트)를 이용하여 서울의 **뮤지엄한미 삼청별관**에서 **북촌생활사박물관**을 도보로 가는 지도 경로를 찾아 전체화면(길 찾기 검색화면, 경로 포함)을 캡처하여 답안 파일에 붙여 넣으시오(이미지 크기 150 mm x 100 mm).

문제10 2025년 1월 국가유산청은 우정사업본부와 함께 국내로 환수한 문화유산 4종을 담은 '다시 찾은 소중한 문화유산' 기념우표를 발행했다. 기념우표에 담긴 문화유산 중에서 **건물**에 해당하는 것을 검색하시오(정답).

문제11 제3회 강릉국제아트페스티벌(GIAF25)은 국가유산이자 유네스코 인류무형유산으로 등재된 강릉단오제에 전해져 내려오는 천년 너머의 두터운 이야기와 더불어 다양한 문화권의 민담, 의식에 담긴 공동체의 역사와 개개인의 삶이 공명하는 지점을 조명하고자 한다. 제3회 강릉국제아트페스티벌 강연 프로그램의 4회차 **강연자**(성명)를 검색하시오(정답).

완전정복-10

문제에 대한 적절한 내용의 번호를 골라 답안지에 기재하시오.

각 50점

문제9 길 찾기 서비스(포털 및 전문 검색사이트)를 이용하여 경남 남해군 **남해 척화비**에서 **거북선전시관**을 도보로 가는 지도 경로를 찾아 전체화면(길 찾기 검색화면, 경로 포함)을 캡처하여 답안 파일에 붙여 넣으시오(이미지 크기 150 mm x 100 mm).

문제10 서울시는 치열한 입시와 경제적 이유 등으로 문화예술을 누릴 기회가 부족했던 서울 거주 청년들에게 문화 향유 기회를 제공하고자 '서울청년문화패스'를 시행하고 있다. '2025 서울청년문화패스' 문화관람비 연간 **지원금액**(단위: 원)을 검색하시오(정답).

문제11 '산의 날'은 국제연합(UN)이 2002년을 '세계 산의 해(the International Year of Mountains)'로 선언한 것을 계기로, 산림청이 '국민이 산에 직접 가서 산을 느끼고 체험하는 기회를 가짐으로써 산의 가치와 소중함에 대한 인식을 높이기 위해' 제정했다. 한국의 **산의 날**(월일)을 검색하시오(정답).

PART 02 출제유형 완전정복

정보 가공

- ☑ 주어진 문제와 관련된 이미지를 찾고 정보를 검색한 후 정답을 찾아 답안파일에 입력합니다.
- ☑ 제시된 문제를 검색한 후 정답을 보고서 형식으로 답안 파일에 입력합니다.

 **미리보기**

정보 가공 (70점)
※ 제시된 주제에 따라 답안을 완성하시오.

문제12 수원시립미술관은 수원시립만석전시관, 수원시립북수원전시관, 수원시립아트스페이스를 포함하여 총 4개의 공간의 특색을 살린 다양하고 수준 높은 전시, 즐기면서 감상할 수 있는 전시, 지역을 소재로 한 특색 있는 전시 등을 통해 수도권을 대표하는 미술관으로 발전하고 있다. 수원시립미술관에 대한 정보를 검색하여 다음의 안내문 내용을 완성하시오.

(답안)

수원시립미술관	
(12-1) 수원시립미술관 MI 심벌마크 이미지	(12-2) 수원시립미술관 기획전 '토끼를 따라가면 달걀을 찾을 수 있을지도 몰라'의 관람료(개인, 할인 없음, 단위 : 원)
	(12-3) 수원시립미술관 기획전 '세컨드 임팩트' 전시기간 (년월일 ~ 년월일)
	(12-4) 수원시립미술관 주소(도로명 주소)

'정보 가공' [문제12] 해결하기

① 문제의 내용을 잘 읽고 인터넷 검색 사이트에서 문제의 핵심 키워드를 입력한 후 검색합니다.

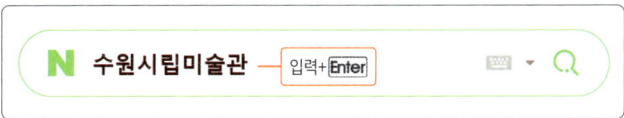

② 검색된 페이지에서 문제와 관련된 사이트를 클릭하여 접속합니다.

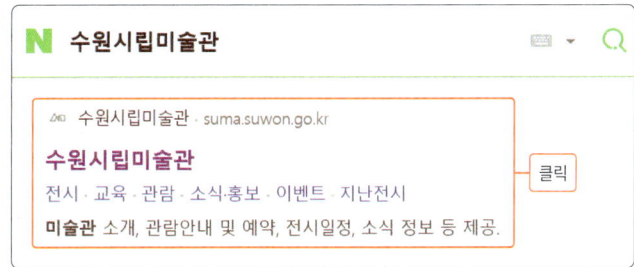

③ 수원시립미술관 사이트에서 [미술관소개]-'MI소개'를 클릭합니다.

④ '(12-1)' 문제의 이미지를 찾기 위해 문제에서 제시한 심벌마크 이미지 위에서 마우스 오른쪽 단추를 눌러 [이미지 복사]를 클릭합니다.

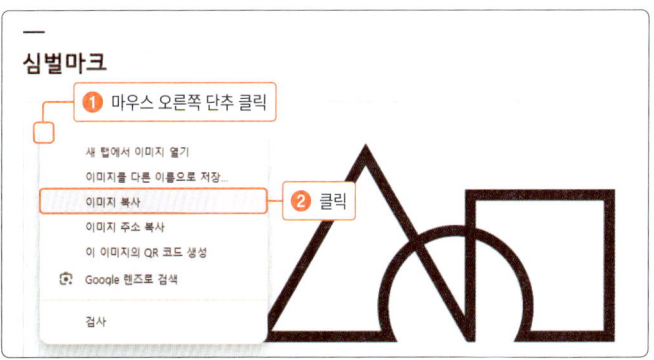

- 이미지 복사가 가능한 경우 : 이미지 위에서 마우스 오른쪽 단추를 눌러 바로가기 메뉴에서 [이미지 복사]를 선택하고 이미지를 삽입할 부분에 커서를 이동한 후 Ctrl + V 키를 눌러 붙이기 합니다.
- 이미지 복사가 금지된 사이트인 경우 I
  ① 이미지가 포함되어 있는 전체 페이지를 캡처(Print Screen 키) 합니다.
  ② [그림판]을 실행하여 Ctrl + V 키를 눌러 붙이기 합니다.
  ③ 필요한 부분만 선택 도구를 이용하여 선택한 후 Ctrl + C 키를 눌러 복사한 후 답안파일에 붙이기 합니다.
- 이미지 복사가 금지된 사이트인 경우 II
  ① 이미지가 포함되어 있는 전체 페이지를 캡처(Print Screen 키) 합니다.
  ② 답안파일에 붙이기한 후 자르기 기능을 이용하여 필요한 부분만 남깁니다.

❺ 답안파일에서 그림을 삽입할 부분에 커서를 위치한 후 Ctrl+V 키를 누릅니다. 이어서, [HTML 문서 붙이기] 창이 나오면 '원본 형식 유지'를 선택하고 〈확인〉 단추를 클릭합니다.

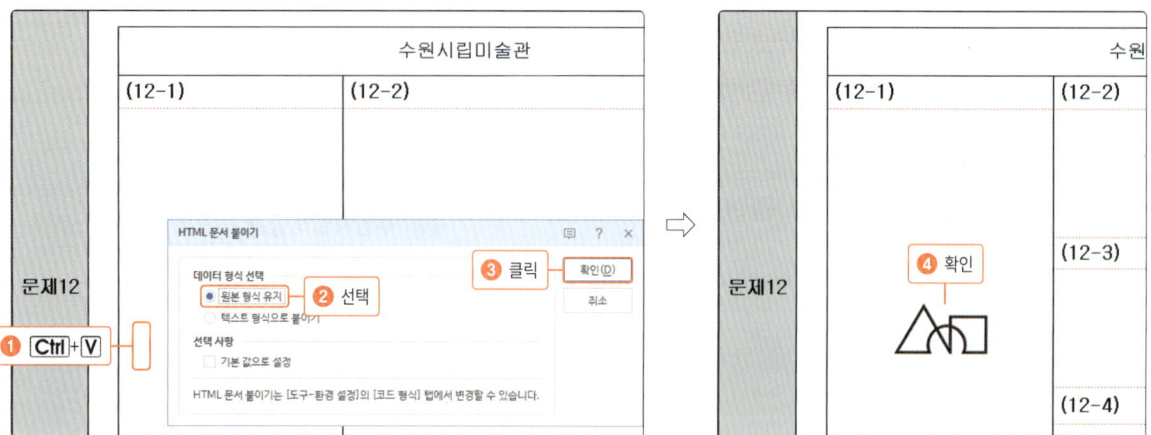

❻ '(12-2)' 문제의 정답을 찾기 위해 [전시]-[지난전시]를 클릭합니다.

❼ 지난전시 페이지가 열리면 문제에서 제시한 기획전을 검색하여 클릭한 후 정답을 확인하고 답안파일에 입력합니다.

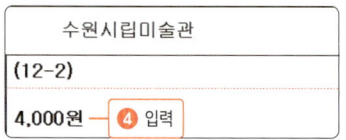

⑧ 같은 방법으로 '(12-3)' 문제의 정답을 찾기 위해 [전시]-[지난전시]를 클릭합니다.

⑨ 지난전시 페이지가 열리면 문제에서 제시한 기획전을 검색하여 클릭한 후 정답을 확인하고 답안파일에 입력합니다.

> **TIP** 문제를 잘 읽고 검색 시점에 따라 '현재전시', '예정전시', '지난전시'에서 해당되는 전시를 찾아 문제를 해결합니다.

⑩ '12-4' 문제의 정답을 찾기 위해 [관람]-[오시는길]를 클릭하여 정답을 확인합니다.

⑪ 확인한 정답을 답안파일에 입력합니다.

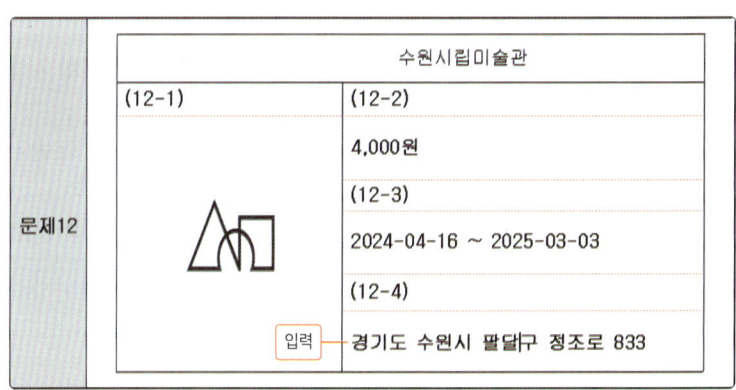

출제유형 완전정복 > 정보가공

완전정복-01 문제에 대한 적절한 내용의 번호를 골라 답안지에 기재하시오. [70점]

※ 제시된 주제에 따라 답안을 완성하시오.

문제12 국립공주박물관은 백제의 비상을 꿈꾸었던 웅진에 자리하여 웅진 백제 문화를 중심으로 충청남도의 역사와 문화를 보존, 전시하고 전시실활동과 작가지원 프로그램을 실시하고 있다. 역사와 문화를 체험할 수 있는 열린 문화공간인 국립공주박물관에 대한 정보를 검색하여 다음의 안내문 내용을 완성하시오.

(답안)

국립공주박물관	
(12-1) 국립공주박물관 특별전시 '한성 475, 두 왕의 승부수' 포스터 **이미지**	(12-2) 국립공주박물관 소장품 공주의당금동보살입상 **크기** (높이, 단위 : cm)
	(12-3) 국립공주박물관 웅진 백제 어린이체험실 회차당 **입장인원** (단위 : 명)
	(12-4) 국립공주박물관 **주소**(도로명)

완전정복-02 문제에 대한 적절한 내용의 번호를 골라 답안지에 기재하시오. [70점]

※ 제시된 주제에 따라 답안을 완성하시오.

문제12 서울동물영화제는 세계와 지역의 경계를 벗어나 동물, 환경, 기후변화에 관심을 가진 다양한 관람객이 참여하는 영화제로 전 세계 동물권 이슈와 비인간 존재를 새로운 시각으로 포착하는 영화들을 오프라인, 온라인으로 상영하고 있다. 제7회 서울동물영화제에 대한 정보를 검색하여 다음의 안내문 내용을 완성하시오.

(답안)

제7회 서울동물영화제	
(12-1) 제7회 서울동물영화제 포스터 **이미지**	(12-2) 제7회 서울동물영화제의 **폐막작**(작품명)
	(12-3) 제7회 서울동물영화제의 **슬로건**
	(12-4) 제7회 서울동물영화제 쟁점 포럼의 **제목**

완전정복 - 03

문제에 대한 적절한 내용의 번호를 골라 답안지에 기재하시오. (70점)

※ 제시된 주제에 따라 답안을 완성하시오.

문제12 수원광교박물관은 광교신도시 개발지역에서 발굴된 선사시대부터 근현대 시기의 유물을 전시하여 다양한 역사와 문화를 살펴볼 수 있도록 건립되었다. 수원광교박물관에 대하여 검색하여 다음의 안내문 내용을 완성하시오.

(답안)

수원광교박물관	
(12-1) 수원특례시 CI 심벌(Symbol) **이미지**	(12-2) 광복80주년 특별기획전 〈보이지 않는 전선 – 대한민국 동해 독도〉 **전시기간**(연월일~연월일)
	(12-3) 수원광교박물관 4시간 관람 시 **주차요금**(단위 : 원, 할인없음)
	(12-4) 수원광교박물관의 **주소**(도로명)

완전정복 - 04

문제에 대한 적절한 내용의 번호를 골라 답안지에 기재하시오. (70점)

※ 제시된 주제에 따라 답안을 완성하시오.

문제12 경남 거창군은 월성우주창의과학관 내부 시설을 우주 체험공간으로 개선해 재개관했다. 과학관은 가변중력·월면 걷기·평형감각 체험, 4D 영상관 및 천체관측관 등을 갖추고 2014년 개관해 경남 서북부지역에서 우주과학을 전파하는 중추적 역할을 수행해 왔다. 거창월성우주창의 과학관에 대한 정보를 검색하여 다음의 안내문 내용을 완성하시오.

(답안)

거창월성우주창의과학관	
(12-1) 거창군 심볼마크 **이미지**	(12-2) 거창월성우주창의과학관 토요야간별자리여행 **참가 요금** (성인, 단위:원)
	(12-3) 거창월성우주창의과학관 최초 **개관년월**(연월)
	(12-4) 거창월성우주창의과학관 **주소**(도로명 주소)

완전정복-05 문제에 대한 적절한 내용의 번호를 골라 답안지에 기재하시오. [70점]

※ 제시된 주제에 따라 답안을 완성하시오.

문제12 예천박물관은 개관을 위해 30여 기관·개인·문중으로부터 보물 268점과 도지정문화재 33점을 포함한 2만여 점 유물을 확보해 국내 공립박물관 중 가장 많은 보물을 소장한 박물관이 됐다.

박물관을 대표하는 조선 최초 금속활자본, 국내 가장 오래된 거문고, 국내 첫 백과사전의 목판 및 고본, 국내 최고 서양식 세계지도 등은 희소성과 역사성, 예술성을 갖춰 문화 가치가 뛰어난 것으로 평가를 받는다고 한다. 예천박물관에 대한 정보를 검색하여 다음의 안내문 내용을 완성하시오.

(답안)

예천박물관	
(12-1) 사단법인 한국박물관협회 로고(CI) **이미지**	(12-2) 예천박물관의 명칭 변경 이전의 박물관 **이름** (12-3) 예천박물관 **주소**(도로명 주소) (12-4) 국내 최초 백과사전의 목판 및 고본의 보물 문화재 **지정일** (년월일)

완전정복-06 문제에 대한 적절한 내용의 번호를 골라 답안지에 기재하시오. [70점]

※ 제시된 주제에 따라 답안을 완성하시오.

문제12 광명동굴은 1912년 일제가 자원수탈을 목적으로 개발되어 일제강점기 징용과 수탈의 현장이자 해방 후 근대화·산업화의 흔적을 고스란히 간직한 산업유산이다. 1972년 폐광된 후 40여 년간 새우젓 창고로 쓰이며 잠들어 있던 광명동굴을 2011년 광명시가 매입하여 역사·문화 관광명소로 탈바꿈하였으며 산업유산과 문화적 가치가 결합된 대한민국 최고의 동굴테마크라는 평가를 받고 있다. 광명동굴에 대한 정보를 검색하여 다음의 안내문 내용을 완성하시오.

(답안)

광명동굴	
(12-1) 광명시 기본형 CI **이미지**	(12-2) 광명동굴의 **설립일**(년월일) (12-3) 광명동굴의 와인동굴의 **길이**(m) (12-4) 광명동굴의 **주소**(도로명)

완전정복-07

문제에 대한 적절한 내용의 번호를 골라 답안지에 기재하시오. [70점]

※ 제시된 주제에 따라 답안을 완성하시오.

문제12 서울에는 세계 12개 도시 식물과 식물문화를 함께 보고 즐길 수 있는 서울식물원과 자원재생산업 운영, 육성, 홍보 기관인 서울새활용플라자, 서울하수도과학관, 서울도시금속회수센터(SR센터) 등이 있다. 서울의 생태와 자원 재생 유관기관에 대한 정보를 검색하여 다음의 안내문 내용을 완성하시오.

(답안)

서울의 생태와 자원 재생	
(12-1) 서울새활용플라자의 심볼마크(또는 로고) **이미지**	(12-2) 서울식물원 온실 및 주제정원 **이용요금**(개인, 대인 일반 기준) (12-3) 서울하수도과학관 **개관일**(연월일) (12-4) 서울도시금속회수센터(SR센터) **주소**(도로명 주소)

완전정복-08

문제에 대한 적절한 내용의 번호를 골라 답안지에 기재하시오. [70점]

※ 제시된 주제에 따라 답안을 완성하시오.

문제12 산림청과 유엔식량농업기구(FAO)가 공동으로 주관하는 제15차 세계산림총회(World Forestry Congress, WFC)가 서울 코엑스에서 개최된다. 제15차 총회에서는 코로나19 사태를 극복하고 지속가능개발목표(SDGs)를 달성하기 위한 방안을 논의할 것이다. 제15차 세계산림총회에 대한 정보를 검색하여 다음의 안내문 내용을 완성하시오.

(답안)

제15차 세계산림총회	
(12-1) 산림청 캐릭터 '그루' **이미지**	(12-2) 제15차 세계산림총회 **개최기간**(월일~월일) (12-3) 제15차 세계산림총회 **주제**(한글 또는 영문) (12-4) 서울 코엑스 **주소**(도로명 주소)

완전정복-09

문제에 대한 적절한 내용의 번호를 골라 답안지에 기재하시오.　　70점

※ 제시된 주제에 따라 답안을 완성하시오.

문제12 독서대전은 매년 시군 한 곳을 책의 도시로 선포해 다양한 독서 체험 기회를 제공하는 행사로 '2022 대한민국 독서대전'이 강원도 원주에서 비대면 온라인 방식으로 열리고 있으며 본행사는 가을에 개최한다. 2022 대한민국 독서대전 원주에 대한 정보를 검색하여 다음의 안내문 내용을 완성하시오.

(답안)

2022 대한민국 독서대전 원주	
(12-1) 원주시 심벌마크 (대표상징) **이미지**	(12-2) 2022 대한민국 독서대전 원주 본행사 **개막일**(월일) (12-3) 박경리 뮤지엄 **관람요금**(개인, 일반) (12-4) 중천철학도서관 **주소**(도로명 주소)

완전정복-10

문제에 대한 적절한 내용의 번호를 골라 답안지에 기재하시오.　　70점

※ 제시된 주제에 따라 답안을 완성하시오.

문제12 수원시립미술관은 수원시립만석전시관, 수원시립북수원전시관, 수원시립아트스페이스를 포함하여 총 4개의 공간의 특색을 살린 다양하고 수준 높은 전시, 즐기면서 감상할 수 있는 전시, 지역을 소재로 한 특색 있는 전시 등을 통해 수도권을 대표하는 미술관으로 발전하고 있다. 수원시립미술관에 대한 정보를 검색하여 다음의 안내문 내용을 완성하시오.

(답안)

수원시립미술관	
(12-1) 수원시립미술관 MI 심벌마크 **이미지**	(12-2) 수원시립미술관 기획전 '네가 4시에 온다면 난 3시부터 행복할 거야'의 **관람료**(개인, 할인 없음, 단위 : 원) (12-3) 수원시립미술관 기획전 '모두의 인쌩쌩쌩 : 도시와 아이' **전시기간**(년월일 ~ 년월일) (12-4) 수원시립미술관 **주소**(도로명 주소)

PART 03
출제예상 모의고사

- ☑ 제 01 회 출제예상 모의고사
- ☑ 제 02 회 출제예상 모의고사
- ☑ 제 03 회 출제예상 모의고사
- ☑ 제 04 회 출제예상 모의고사
- ☑ 제 05 회 출제예상 모의고사
- ☑ 제 06 회 출제예상 모의고사
- ☑ 제 07 회 출제예상 모의고사
- ☑ 제 08 회 출제예상 모의고사
- ☑ 제 09 회 출제예상 모의고사
- ☑ 제 10 회 출제예상 모의고사

제 01 회 정보기술자격(ITQ) 출제예상 모의고사

과목	코드	문제유형	시험시간	수험번호	성명
인터넷	1152	A	60분		

· 수험자 유의사항 ·

- 수험자는 문제지를 받는 즉시 **응시하고자 하는 과목의 문제지가 맞는지 확인**하여야 합니다.
- 시험과 직접 관련이 없는 행위(댓글 게시, 자료 업로드, 동영상 시청 등) 적발 시 실격으로 처리되며, 답안 내역을 보조기억장치 및 기타 통신수단(게시판, 이메일, 메신저, 네트워크 등)을 이용하여 타인에게 전달 또는 외부로 반출하는 경우 적발 시 자격기본법 제32에 의거 부정행위로 처리됩니다.
- 내 PC\문서\ITQ 폴더의 "답안파일-인터넷.hwpx" 파일을 열고 파일 이름을 "수험번호-성명-인터넷.hwpx"로 답안폴더에 다시 저장한 후 답안 작성을 시작하여야 하며, 답안문서 파일명이 일치하지 않을 경우, 실격 처리됩니다(예 : 12345678-홍길동-인터넷.hwpx).
  (시험에서 제공되는 답안파일 양식을 사용하지 않으면 0점 처리됨)
- 답안 작성을 마치면 파일을 저장하고, '답안 전송' 버튼을 선택하여 감독위원 PC로 답안을 전송하십시오. 수험자 정보와 저장한 파일명이 다를 경우 전송되지 않으므로 주의하시기 바랍니다.
- 답안 작성 중에도 **주기적으로 저장하고 답안을 전송**하여야 문제 발생을 줄일 수 있습니다. 작업한 내용을 저장하지 않고 전송할 경우, 이전에 저장된 내용이 전송되오니 이 점 유의하시기를 바랍니다.
- 시험 중 부주의 또는 고의로 시스템을 파손한 경우는 수험자가 변상해야 하며, 〈수험자 유의사항〉에 기재된 방법대로 이행하지 않아 생기는 불이익은 수험자 당사자의 책임임을 알려 드립니다.
- 시험을 완료한 수험자는 답안파일이 전송되었는지 확인한 후 감독위원의 지시에 따라 문제지를 제출하고 퇴실합니다.

· 답안 작성요령 ·

- **온라인 답안 작성 절차**
  수험자 등록 ⇒ 시험 시작 ⇒ 답안 파일 저장 ⇒ 답안 전송 ⇒ 시험 종료
- 시험 시작 전 시험과 무관한 프로그램의 실행을 중지시켜 주시기를 바랍니다(채팅, 파일공유 등).
- 문제에 (번호)라고 표시되어 있으면 번호만을 작성란에 기재하고, (정답)이라고 표시되어 있으면 정답만을 작성관에 기재하고, (정답, URL)이라고 표시되어 있으면 정답과 함께 URL을 반드시 기재하시기 바랍니다. 이를 준수하지 않으면 감점, 오답 처리 등 불이익이 있을 수 있습니다.
- [문제1], [문제2], [문제3], [문제8]은 정답의 번호만 아래와 같이 답안 파일에 정확히 기록하십시오.

문제 번호		답 안
문제1	정답	1

- 문제 번호에 따라 정답을 아래와 같이 답안 파일에 정확히 기록하십시오.

문제5	정답	대한민국

- [문제4]는 정답과 URL을 아래와 같이 답안 파일에 정확히 기록하십시오.
  (URL은 정답을 확인할 수 있는 최종 URL을 기재하십시오.)

문제4	정답	정보기술자격(ITQ)
	URL	https://www.kpc.or.kr/certification/index.asp

- [문제4]의 경우 개인 홈페이지나 블로그, 지식 검색(예 : 지식iN 등)과 같이 개인 사견이 포함된 웹사이트, 첨부파일은 정답으로 인정하지 않습니다.
- [문제9]의 이미지 파일은 인터넷 답안 파일에 삽입한 후 반드시 지정된 이미지 크기로 변경하시기를 바랍니다.
- 문제에서 제시한 단위, Full name 등의 조건에 맞도록 답안을 작성하시기를 바랍니다.

인터넷 윤리　　　　　　　　　　　　　　　　　　　　　　　　　60점, 각 30점

※ 문제에 대한 적절한 내용의 번호를 골라 답안지에 기재하시오.

문제1 정보통신망을 통하여 유통되는 유해정보 중에서 권리침해정보에 해당하지 <u>않는</u> 것은?

① 명예훼손 정보
② 사생활침해 정보
③ 사행성 정보
④ 초상권침해 정보

문제2 다음 중 인터넷 중독 예방지침으로 옳지 <u>않은</u> 것은?

① 인터넷 사용 이외에 운동이나 취미활동 시간을 늘린다.
② 인터넷 사용 조절이 어려우면 시간 관리 프로그램을 설치한다.
③ 컴퓨터 사용시간은 가족과 상의하여 결정한다.
④ 컴퓨터는 절전모드를 해제하고 사용하기 편하게 항상 켜놓는다.

인터넷 검색　　　　　　　　　　　　　　　　　　　　　　　　　370점

● 일반검색 I　　　　　　　　　　　　　　　　　　　　　　　　(각 10점)

문제3 G7(Group of Seven)의 정상회의 개최국(의장국)을 〈보기〉에서 찾아 해당 번호를 답안지에 적으시오(번호).

　문제3-1) G7 2023 ──────────────────────────── (　　)
　문제3-2) G7 2024 ──────────────────────────── (　　)
　문제3-3) G7 2025 ──────────────────────────── (　　)

《보기》　　① 캐나다　　② 일본　　③ 미국　　④ 독일　　⑤ 이탈리아

● 일반검색 II　　　　　　　　　　　　　　　　　　　　　　　　(각 50점)

문제4 고물가로 오른 상품 가격표를 소비자가 보고 놀라 소비가 줄어드는 현상으로 기대 이상의 비싼 가격으로 소비자가 받는 충격을 일컫는 말이다. 이것을 일컫는 <u>용어</u>를 검색하시오(정답, URL).

문제5 칠석(七夕)은 한국, 중국, 일본 민간전설 중 견우와 직녀 전설에서 견우와 직녀가 1년에 한 번 만나는 날로, 칠석날로도 불린다. 2022년 칠석(七夕)에 기상청 남원 무인관서에서 관측한 **평균 기온**(단위:℃, 소수 첫째 자리까지 표시)을 검색하시오(정답).

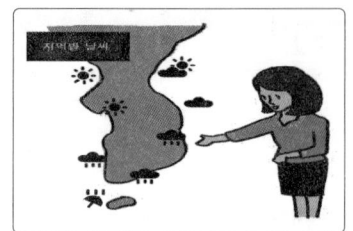

● **지능형 정보검색** (각 30점)

※ 인터넷 검색엔진과 생성형 인공지능(AI) 등 다양한 검색 도구를 사용하여 정답을 찾은 후 답안에 기재하시오(정답).

문제6 다음 문장이 설명하는 **대상**을 검색하시오(정답).

- 나는 다리가 없어 몸을 구불구불 움직여서 이동합니다.
- 나는 파충류에 속하며, 종류에 따라 독을 가지고 있기도 합니다.
- 나는 주기적으로 낡은 껍질을 벗어 새 몸으로 바꿉니다.
- 나는 혀를 날름거리며 냄새를 맡습니다.
- 나는 숲, 사막, 물 등 다양한 환경에서 살 수 있습니다.

문제7 다음 빈칸(괄호)에 적절한 기술의 **명칭**을 검색하시오(정답).

서진이는 역사 탐험을 좋아한다. 특히 콜럼버스의 신대륙 발견에 대해 궁금하여 그의 항해에 사용된 배들의 이름을 알아보기로 했다. 영문 위키피디아에서 관련 자료를 찾았다.

https://ko.wikipedia.org/wiki/%ED%81%AC%EB%A6%AC%EC%8A%A4%ED%86%A0%ED%8D%BC_%EC%BD%9C%EB%9F%BC%EB%B2%84%EC%8A%A4

이 자료에 따르면, 크리스토퍼 콜럼버스의 1차 항해에 사용된 3척의 배 중 기함(flagship)의 이름은 (   )이다.

문제8 다음 생성형 인공지능(AI)과 나눈 대화에서 **틀린** 설명에 해당하는 번호를 찾아 적으시오(번호).

한글 창제에 관해 설명해 줘

한글은 조선 시대 ① 세종대왕이 창제한 글자로, ② 1446년 『훈민정음』이라는 이름으로 반포되었습니다. 한글은 ③ 기존의 한자를 개량하여 만든 것이며, ④ 자음과 모음이 결합하여 글자를 이루는 과학적인 체계를 가지고 있습니다.

● **실용검색** (각 50점)

문제9 길 찾기 서비스(포털 및 전문 검색사이트)를 이용하여 **순천역**에서 **순천만 국가정원**을 도보로 가는 지도 경로를 찾아 전체화면(길 찾기 검색화면, 경로 포함)을 캡처하여 답안 파일에 붙여 넣으시오(이미지 크기 150 mm x 100 mm).

문제10 마리나 비아조우스카 스위스 로잔연방공과대 교수, 위고 뒤미닐코팽 프랑스 고등과학원 교수, 제임스 메이나드 영국 옥스퍼드대 교수, 허준이 미국 프린스턴대 교수 4명이 2022년 공동으로 수상한 상(賞)의 **이름**(명칭)을 검색하시오(정답).

문제11 '서울 한 주제로 함께 읽기'는 서울시가 2005년부터 시작한 '한 도서관 한 책 읽기' 독서운동의 일환으로 '함께 읽기'의 가치를 확산하는 사회적 독서운동이다. 서울도서관 선정 2022년의 독서토론 **주제**를 검색하시오(정답).

정보 가공 70점

※ 제시된 주제에 따라 답안을 완성하시오.

문제12 600년 서울의 역사를 담고 있는 서울역사박물관이 개관 20주년을 맞이해 상설전시실의 전면 개편을 완료하였다. 서울역사박물관에 대한 정보를 검색하여 다음의 안내문 내용을 완성하시오.

(답안)

서울역사박물관	
(12-1) 서울역사박물관 로고(국영문 상하조합(기본)) **이미지**	(12-2) 서울역사박물관 2002년 **개관일**(월일) (12-3) 2025년 9월 서울역사박물관 기획전시실A에서의 **전시명** (12-4) 서울역사박물관 **주소**(도로명 주소)

제 02 회 정보기술자격(ITQ) 출제예상 모의고사

과목	코드	문제유형	시험시간	수험번호	성명
인터넷	1152	A	60분		

· 수험자 유의사항 ·

- 수험자는 문제지를 받는 즉시 **응시하고자 하는 과목의 문제지가 맞는지 확인**하여야 합니다.
- 시험과 직접 관련이 없는 행위(댓글 게시, 자료 업로드, 동영상 시청 등) 적발 시 실격으로 처리되며, 답안 내역을 보조기억장치 및 기타 통신수단(게시판, 이메일, 메신저, 네트워크 등)을 이용하여 타인에게 전달 또는 외부로 반출하는 경우 적발 시 자격기본법 제32에 의거 부정행위로 처리됩니다.
- 내 PC₩문서₩ITQ 폴더의 "답안파일-인터넷.hwpx" 파일을 열고 파일 이름을 "수험번호-성명-인터넷.hwpx"로 답안폴더에 다시 저장한 후 답안 작성을 시작하여야 하며, 답안문서 파일명이 일치하지 않을 경우, 실격 처리됩니다(예 : 12345678-홍길동-인터넷.hwpx).
  (시험에서 제공되는 답안파일 양식을 사용하지 않으면 0점 처리됨)
- 답안 작성을 마치면 파일을 저장하고, '답안 전송' 버튼을 선택하여 감독위원 PC로 답안을 전송하십시오. 수험자 정보와 저장한 파일명이 다를 경우 전송되지 않으므로 주의하시기 바랍니다.
- 답안 작성 중에도 **주기적으로 저장하고 답안을 전송**하여야 문제 발생을 줄일 수 있습니다. 작업한 내용을 저장하지 않고 전송할 경우, 이전에 저장된 내용이 전송되오니 이 점 유의하시기를 바랍니다.
- 시험 중 부주의 또는 고의로 시스템을 파손한 경우는 수험자가 변상해야 하며, 〈수험자 유의사항〉에 기재된 방법대로 이행하지 않아 생기는 불이익은 수험자 당사자의 책임임을 알려 드립니다.
- 시험을 완료한 수험자는 답안파일이 전송되었는지 확인한 후 감독위원의 지시에 따라 문제지를 제출하고 퇴실합니다.

· 답안 작성요령 ·

- 온라인 답안 작성 절차
  수험자 등록 ⇒ 시험 시작 ⇒ 답안 파일 저장 ⇒ 답안 전송 ⇒ 시험 종료
- 시험 시작 전 시험과 무관한 프로그램의 실행을 중지시켜 주시기를 바랍니다(채팅, 파일공유 등).
- 문제에 (번호)라고 표시되어 있으면 번호만을 작성란에 기재하고, (정답)이라고 표시되어 있으면 정답만을 작성관에 기재하고, (정답, URL)이라고 표시되어 있으면 정답과 함께 URL을 반드시 기재하시기 바랍니다. 이를 준수하지 않으면 감점, 오답 처리 등 불이익이 있을 수 있습니다.
- [문제1], [문제2], [문제3], [문제8]은 정답의 번호만 아래와 같이 답안 파일에 정확히 기록하십시오.

문제 번호	답 안
문제1 정답	1

- 문제 번호에 따라 정답을 아래와 같이 답안 파일에 정확히 기록하십시오.

문제5 정답	대한민국

- [문제4]는 정답과 URL을 아래와 같이 답안 파일에 정확히 기록하십시오.
  (URL은 정답을 확인할 수 있는 최종 URL을 기재하십시오.)

문제4	정답	정보기술자격(ITQ)
	URL	https://www.kpc.or.kr/certification/index.asp

- [문제4]의 경우 개인 홈페이지나 블로그, 지식 검색(예 : 지식iN 등)과 같이 개인 사견이 포함된 웹사이트, 첨부파일은 정답으로 인정하지 않습니다.
- [문제9]의 이미지 파일은 인터넷 답안 파일에 삽입한 후 반드시 지정된 이미지 크기로 변경하시기를 바랍니다.
- 문제에서 제시한 단위, Full name 등의 조건에 맞도록 답안을 작성하시기를 바랍니다.

인터넷 윤리　　　　　　　　　　　　　　　　　　　　　　　60점, 각 30점

※ 문제에 대한 적절한 내용의 번호를 골라 답안지에 기재하시오.

문제1 다음 중 스미싱(smishing) 예방법으로 옳지 <u>않은</u> 것은?

① 백신프로그램 설치하기
② 보안을 이유로 금융정보를 요구하면 절대 입력하지 않기
③ 스마트폰 홈 화면에 바로가기 아이콘은 설치하지 않기
④ 출처 미확인 문자메시지 링크 클릭하지 않기

문제2 다음 중 인터넷 중독 증상을 나타내고 있는 것은?

① 상대방과 전화 통화시간이 길어진다.
② 아바타에 의존하고 대인관계가 줄어든다.
③ 인터넷을 이용하여 쇼핑과 자료검색을 한다.
④ 인터넷을 하루에 2시간 사용한다.

인터넷 검색　　　　　　　　　　　　　　　　　　　　　　　　370점

● 일반검색 I　　　　　　　　　　　　　　　　　　　　　　　(각 10점)

문제3 다음 케이블카의 이용요금을 〈보기〉에서 찾아 해당 번호를 답안지에 적으시오(번호).

문제3-1) 여수해상케이블카 크리스탈 캐빈(개인/일반성인/왕복) ──────────── (　　)
문제3-2) 울진왕피천케이블카 크리스탈 캐빈(개인/일반성인/왕복) ──────────── (　　)
문제3-3) 춘천삼악산호수케이블카 크리스탈 캐빈(개인/일반성인/왕복) ────────── (　　)

《보기》　① 12,000원　② 18,000원　③ 20,000원　④ 24,000원　⑤ 28,000원

● 일반검색 II　　　　　　　　　　　　　　　　　　　　　　　(각 50점)

문제4 남들에게 밝히기 힘들어 함부로 드러내지 않았던 자신만의 의미나 취향 또는 정치적·사회적 신념 등을 소비행위를 통해 적극적으로 표출하는 현상을 일컫는 **용어**를 검색하시오(정답, URL).

문제5 처서(處暑)는 입추(立秋)와 백로(白露) 사이의 절기로 여름이 지나면 더위도 가시고 선선한 가을을 맞이하게 된다는 의미로, 더위가 그친다는 뜻에서 붙여진 이름이다. 2022년 처서(處暑)에 기상청 대관령 무인관서에서 관측한 **최저기온**(단위:℃, 소수 첫째 자리까지 표시)을 검색하시오(정답).

● **지능형 정보검색** (각 30점)

※ 인터넷 검색엔진과 생성형 인공지능(AI) 등 다양한 검색 도구를 사용하여 정답을 찾은 후 답안에 기재하시오(정답).

문제6 다음 문장이 설명하는 **대상**을 검색하시오(정답).

> - 나는 꽃을 피우는 식물입니다.
> - 나는 아침에는 동쪽을, 저녁에는 서쪽을 향해 고개를 돌립니다.
> - 나의 꽃잎은 주로 밝은 노란색입니다.
> - 나의 씨앗은 크고 검으며, 식용으로 사용되거나 기름을 짜는 데 쓰입니다.
> - 나는 키가 크게 자라며, 여름에 활짝 핍니다.

문제7 다음 빈칸(괄호)에 적절한 기술의 **명칭**을 검색하시오(정답).

> 현우는 웹페이지를 볼 때마다 주소창 앞에 'https'라는 문자가 붙는 것을 보았다. 'http'와 달리 보안이 강화된 통신 방식이라는 것을 알게 되었다.
>
> https://docs.tosspayments.com/resources/glossary/http-protocol
>
> 이 문서에 따르면, 웹 서버와 웹 클라이언트(웹 브라우저) 간에 정보를 주고받을 때 사용되는 통신 규약을 (   )이라고 한다.

문제8 다음 생성형 인공지능(AI)과 나눈 대화에서 **틀린** 설명에 해당하는 번호를 찾아 적으시오(번호).

> **거울을 보면 좌우가 바뀌는 이유를 알려주세요.**
>
> - 좌우가 바뀌는 것이 아니라 앞뒤가 바뀌는 거예요. ① 거울을 보면 좌우가 바뀌는 것처럼 느껴지지만, 사실은 앞뒤가 뒤집힌 것이에요.
> - 거울의 반사 원리 때문이에요. ② 거울은 표면에 빛을 반사하는 물질이 코팅되어 있어서, 거울을 향해 나아가던 빛이 거울에 반사되어 돌아와 우리 눈에 들어와요.
> - 모든 방향으로 빛을 반사해요. ③ 거울은 모든 각도에서 들어온 빛을 입사각과 동일한 반사각으로 반사해요.
> - 좌우 반전은 우리의 인식 때문이에요. ④ 우리가 거울 속의 이미지를 볼 때, 좌우 반전이라고 느끼는 이유는 우리 뇌가 이미지를 좌우로 회전시켜 인식하기 때문이에요.
> - ⑤ 거울에 비친 이미지는 실제 물체의 크기보다 항상 크게 보이며, 이는 빛의 굴절 현상 때문입니다.

● **실용검색** (각 50점)

문제9 길 찾기 서비스(포털 및 전문 검색사이트)를 이용하여 **강화도 외규장각**에서 **성공회 강화성당**을 도보로 가는 지도 경로를 찾아 전체화면(길 찾기 검색화면, 경로 포함)을 캡처하여 답안 파일에 붙여 넣으시오(이미지 크기 150 mm x 100 mm).

문제10 김승옥문학상은 1960년대 대표 소설가 중 한 명인 김승옥의 문학 정신을 기리는 상으로 등단 10년 이상 작가들이 전년 7월부터 당해 6월까지 발표한 단편소설을 대상으로 심사해 선정한다.
2025년 김승옥문학상 대상 **수상작**(작품명)을 검색하시오(정답).

문제11 국립중앙박물관 분청사기·백자실에서 전시 중인 전시회(특별전시)의 **제목**을 검색하시오(정답).

정보 가공 70점

※ 제시된 주제에 따라 답안을 완성하시오.

문제12 철도박물관 야외전시관에는 철도운영 초기에 운행했던 증기기관차 등 20여 대의 실제차량이 숲을 이루어 TV 드라마, 다큐, 신문, 영화촬영 등 다양한 야외 세트장으로 이용되고 있다.
철도박물관에 대한 정보를 검색하여 다음의 안내문 내용을 완성하시오.

(답안)

철도박물관	
(12-1) 한국철도공사 심볼마크 **이미지**	(12-2) 수도권전철(서울역앞역~지하 청량리역 구간) **개통일**(연월일)
	(12-3) 철도박물관 **입장료**(개인일반, 1인기준, 할인 없음)
	(12-4) 철도박물관에서 가장 가까운 **전철역**(역 이름)

제 03 회 정보기술자격(ITQ) 출제예상 모의고사

과목	코드	문제유형	시험시간	수험번호	성명
인터넷	1152	A	60분		

• 수험자 유의사항 •

- 수험자는 문제지를 받는 즉시 **응시하고자 하는 과목의 문제지가 맞는지 확인**하여야 합니다.
- 시험과 직접 관련이 없는 행위(댓글 게시, 자료 업로드, 동영상 시청 등) 적발 시 실격으로 처리되며, 답안 내역을 보조기억장치 및 기타 통신수단(게시판, 이메일, 메신저, 네트워크 등)을 이용하여 타인에게 전달 또는 외부로 반출하는 경우 적발 시 자격기본법 제32에 의거 부정행위로 처리됩니다.
- 내 PC₩문서₩ITQ 폴더의 "답안파일-인터넷.hwpx" 파일을 열고 파일 이름을 "수험번호-성명-인터넷.hwpx"로 답안폴더에 다시 저장한 후 답안 작성을 시작하여야 하며, 답안문서 파일명이 일치하지 않을 경우, 실격 처리됩니다(예 : 12345678-홍길동-인터넷.hwpx).
(시험에서 제공되는 답안파일 양식을 사용하지 않으면 0점 처리됨)
- 답안 작성을 마치면 파일을 저장하고, '답안 전송' 버튼을 선택하여 감독위원 PC로 답안을 전송하십시오. 수험자 정보와 저장한 파일명이 다를 경우 전송되지 않으므로 주의하시기 바랍니다.
- 답안 작성 중에도 **주기적으로 저장하고 답안을 전송**하여야 문제 발생을 줄일 수 있습니다. 작업한 내용을 저장하지 않고 전송할 경우, 이전에 저장된 내용이 전송되오니 이 점 유의하시기를 바랍니다.
- 시험 중 부주의 또는 고의로 시스템을 파손한 경우는 수험자가 변상해야 하며, 〈수험자 유의사항〉에 기재된 방법대로 이행하지 않아 생기는 불이익은 수험자 당사자의 책임임을 알려 드립니다.
- 시험을 완료한 수험자는 답안파일이 전송되었는지 확인한 후 감독위원의 지시에 따라 문제지를 제출하고 퇴실합니다.

• 답안 작성요령 •

- **온라인 답안 작성 절차**
수험자 등록 ⇒ 시험 시작 ⇒ 답안 파일 저장 ⇒ 답안 전송 ⇒ 시험 종료
- 시험 시작 전 시험과 무관한 프로그램의 실행을 중지시켜 주시기를 바랍니다(채팅, 파일공유 등).
- 문제에 (번호)라고 표시되어 있으면 번호만을 작성란에 기재하고, (정답)이라고 표시되어 있으면 정답만을 작성관에 기재하고, (정답, URL)이라고 표시되어 있으면 정답과 함께 URL을 반드시 기재하시기 바랍니다. 이를 준수하지 않으면 감점, 오답 처리 등 불이익이 있을 수 있습니다.
- [문제1], [문제2], [문제3], [문제8]은 정답의 번호만 아래와 같이 답안 파일에 정확히 기록하십시오.

문제 번호		답 안
문제1	정답	1

- 문제 번호에 따라 정답을 아래와 같이 답안 파일에 정확히 기록하십시오.

문제5	정답	대한민국

- [문제4]는 정답과 URL을 아래와 같이 답안 파일에 정확히 기록하십시오.
(URL은 정답을 확인할 수 있는 최종 URL을 기재하십시오.)

문제4	정답	정보기술자격(ITQ)
	URL	https://www.kpc.or.kr/certification/index.asp

- [문제4]의 경우 개인 홈페이지나 블로그, 지식 검색(예 : 지식iN 등)과 같이 개인 사견이 포함된 웹사이트, 첨부파일은 정답으로 인정하지 않습니다.
- [문제9]의 이미지 파일은 인터넷 답안 파일에 삽입한 후 반드시 지정된 이미지 크기로 변경하시기를 바랍니다.
- 문제에서 제시한 단위, Full name 등의 조건에 맞도록 답안을 작성하시기를 바랍니다.

인터넷 윤리 — 60점, 각 30점

※ 문제에 대한 적절한 내용의 번호를 골라 답안지에 기재하시오.

문제1 다음 중 랜섬웨어 감염증상으로 옳은 것은?

① 바탕화면이 검은색으로 변한다.
② 인터넷 연결이 되지 않는다.
③ 컴퓨터 부팅이 되지 않는다.
④ 파일들이 열리지 않는다.

문제2 다음 중 인터넷 중독 예방지침으로 옳지 <u>않은</u> 것은?

① 주로 방문하는 사이트를 파악하고 사용시간과 방문횟수를 기록한다.
② 컴퓨터 사용은 집에서 사용하지 말고 공공기관이나 PC방을 이용한다.
③ 컴퓨터 옆에 알람시계를 두어 사용시간을 수시로 확인한다.
④ 특별한 목적 없이 컴퓨터를 켜지 않는다.

인터넷 검색 — 370점

● 일반검색Ⅰ (각 10점)

문제3 제77회 프라임타임 에미 시상식(Primetime Emmy Awards)의 수상작을 〈보기〉에서 찾아 해당 번호를 답안지에 적으시오(번호).

문제3-1) 드라마-최우수작품상(Best Drama) ---------------------------------- (   )
문제3-2) 드라마-감독상(Directing, Drama) ---------------------------------- (   )
문제3-3) 드라마-여우주연상(Lead Actress, Drama) ---------------------------------- (   )

《보기》
① 슬로 호시스(Slow Horses)   ② 세브란스: 단절(Severance)
③ 유포리아(Euphoria)   ④ 더 피트(The Pitt)   ⑤ 오자크(Ozark)

● 일반검색Ⅱ (각 50점)

문제4 어떤 페이지(문서, html 등)에서 내가 원하는 데이터를 특정 패턴이나 순서로 추출해 가공하는 것을 말한다. 이것을 일컫는 <u>용어</u>를 검색하시오(정답, URL).

문제5 대구지방기상청에 따르면 지난 8월 하순 경 대구·경북은 북서쪽에서 내려온 찬 공기로 밤사이 지표면이 냉각돼 아침 최저기온이 8월 최저기온 기록을 경신했다. 기상청 봉화 무인관서에서 관측한 2022년 8월의 **일최저기온**(단위:℃, 소수 첫째 자리까지 표시)을 검색하시오(정답).

● **지능형 정보검색** (각 30점)

※ 인터넷 검색엔진과 생성형 인공지능(AI) 등 다양한 검색 도구를 사용하여 정답을 찾은 후 답안에 기재하시오(정답).

문제6 다음 문장이 설명하는 **대상**을 검색하시오(정답).

> – 나는 사계절 내내 푸른 잎을 가지고 있는 나무입니다.
> – 나의 잎은 길고 뾰족한 바늘 모양입니다.
> – 나는 "솔방울"이라는 열매를 맺습니다.
> – 나는 우리나라 산에서 흔히 볼 수 있으며, 강인한 생명력을 상징합니다.
> – 나의 껍질은 거칠고 주름져 있습니다.

문제7 다음 빈칸(괄호)에 적절한 기술의 **명칭**을 검색하시오(정답).

> 민호는 축구공을 찰 때 공이 왜 날아가고, 왜 멈추는지 궁금해졌다. 물체의 움직임을 설명하는 법칙들을 찾아보던 중 뉴턴의 운동 법칙에 대해 알게 되었다.
>
> https://ko.wikipedia.org/wiki/%EB%89%B4%ED%84%B4_%EC%9A%B4%EB%8F%99_%EB%B2%95%EC%B9%99
>
> 이 문서에 따르면, 물체에 힘이 작용하지 않으면 정지해 있거나 등속 직선 운동을 계속한다는 법칙을 (   )이라고 부른다.

문제8 다음 생성형 인공지능(AI)과 나눈 대화에서 **틀린** 설명에 해당하는 번호를 찾아 적으시오(번호).

> **DNA의 구조에 관해 설명해 줘**
>
> DNA는 생명체의 유전 정보를 담고 있는 물질로, ①단일 나선 구조를 가지고 있습니다. DNA의 염기쌍은 ②A(아데닌)–T(티민), ③G(구아닌)–C(사이토신)로만 결합하며, 이 염기서열에 따라 ④단백질의 종류가 결정됩니다.

● 실용검색 (각 50점)

문제9 길 찾기 서비스(포털 및 전문 검색사이트)를 이용하여 **주한아제르바이잔 대사관**에서 **주한우크라이나 대사관**을 도보로 가는 지도 경로를 찾아 전체화면(길 찾기 검색화면, 경로 포함)을 캡처하여 답안 파일에 붙여 넣으시오(이미지 크기 150 mm x 100 mm).

문제10 COFIX(Cost of Funds Index)는 은행들의 자금조달 관련 정보를 기초로 산출되는 자금조달비용 지수로 최근 하락 추세이다. COFIX는 '신규취급액기준 COFIX', '잔액기준 COFIX', '신 잔액기준 COFIX', '단기 COFIX'로 구분하여 공시된다. 대상월 2025년 8월(공시일: 2025년 9월 15일)의 잔액기준 **COFIX**(단위 : %)를 검색하시오(정답).

문제11 부산국제영화제는 1996년 제1회를 시작으로 2025년 30회를 맞이한, 대한민국 최대 규모의 영화제이다. 제30회 부산국제영화제(BIFF) **개막작**(작품명)을 검색하시오(정답).

정보 가공   70점

※ 제시된 주제에 따라 답안을 완성하시오.

문제12 지식재산의 날은 국가의 핵심 경쟁력이라 할 수 있는 지식재산의 중요성을 공유하고, 지식 재산에 대한 국민의 이해와 관심을 높이기 위해 지정된 법정기념일이다. 지식재산의 날에 대한 정보를 검색하여 다음의 안내문 내용을 완성하시오.

(답안)

	2025 제8회 지식재산의 날
(12-1) 국가지식재산위원회 심볼마크(문자 좌우조합형) **이미지**	(12-2) 직지심체요절의 유네스코 세계기록유산 **등재일**(월일) (12-3) 2025 지식재산의 날 **슬로건** (12-4) 국가지식재산위원회 **주소**(도로명)

제 04 회 정보기술자격(ITQ) 출제예상 모의고사

과목	코드	문제유형	시험시간	수험번호	성명
인터넷	1152	A	60분		

· 수험자 유의사항 ·

- 수험자는 문제지를 받는 즉시 **응시하고자 하는 과목의 문제지가 맞는지 확인**하여야 합니다.
- 시험과 직접 관련이 없는 행위(댓글 게시, 자료 업로드, 동영상 시청 등) 적발 시 실격으로 처리되며, 답안 내역을 보조기억 장치 및 기타 통신수단(게시판, 이메일, 메신저, 네트워크 등)을 이용하여 타인에게 전달 또는 외부로 반출하는 경우 적발 시 자격기본법 제32에 의거 부정행위로 처리됩니다.
- 내 PC₩문서₩ITQ 폴더의 "답안파일-인터넷.hwpx" 파일을 열고 파일 이름을 "수험번호-성명-인터넷.hwpx"로 답안폴더에 다시 저장한 후 답안 작성을 시작하여야 하며, 답안문서 파일명이 일치하지 않을 경우, 실격 처리됩니다(예 : 12345678-홍길동-인터넷.hwpx).
  (시험에서 제공되는 답안파일 양식을 사용하지 않으면 0점 처리됨)
- 답안 작성을 마치면 파일을 저장하고, '답안 전송' 버튼을 선택하여 감독위원 PC로 답안을 전송하십시오. 수험자 정보와 저장한 파일명이 다를 경우 전송되지 않으므로 주의하시기 바랍니다.
- 답안 작성 중에도 **주기적으로 저장하고 답안을 전송**하여야 문제 발생을 줄일 수 있습니다. 작업한 내용을 저장하지 않고 전송할 경우, 이전에 저장된 내용이 전송되오니 이 점 유의하시기를 바랍니다.
- 시험 중 부주의 또는 고의로 시스템을 파손한 경우는 수험자가 변상해야 하며, 〈수험자 유의사항〉에 기재된 방법대로 이행하지 않아 생기는 불이익은 수험자 당사자의 책임임을 알려 드립니다.
- 시험을 완료한 수험자는 답안파일이 전송되었는지 확인한 후 감독위원의 지시에 따라 문제지를 제출하고 퇴실합니다.

· 답안 작성요령 ·

- 온라인 답안 작성 절차
  수험자 등록 ⇒ 시험 시작 ⇒ 답안 파일 저장 ⇒ 답안 전송 ⇒ 시험 종료
- 시험 시작 전 시험과 무관한 프로그램의 실행을 중지시켜 주시기를 바랍니다(채팅, 파일공유 등).
- 문제에 (번호)라고 표시되어 있으면 번호만을 작성란에 기재하고, (정답)이라고 표시되어 있으면 정답만을 작성관에 기재하고, (정답, URL)이라고 표시되어 있으면 정답과 함께 URL을 반드시 기재하시기 바랍니다. 이를 준수하지 않으면 감점, 오답 처리 등 불이익이 있을 수 있습니다.
- [문제1], [문제2], [문제3], [문제8]은 정답의 번호만 아래와 같이 답안 파일에 정확히 기록하십시오.

문제 번호	답안	
문제1	정답	1

- 문제 번호에 따라 정답을 아래와 같이 답안 파일에 정확히 기록하십시오.

문제5	정답	대한민국

- [문제4]는 정답과 URL을 아래와 같이 답안 파일에 정확히 기록하십시오.
  (URL은 정답을 확인할 수 있는 최종 URL을 기재하십시오.)

문제4	정답	정보기술자격(ITQ)
	URL	https://www.kpc.or.kr/certification/index.asp

- [문제4]의 경우 개인 홈페이지나 블로그, 지식 검색(예 : 지식iN 등)과 같이 개인 사견이 포함된 웹사이트, 첨부파일은 정답으로 인정하지 않습니다.
- [문제9]의 이미지 파일은 인터넷 답안 파일에 삽입한 후 반드시 지정된 이미지 크기로 변경하시기를 바랍니다.
- 문제에서 제시한 단위, Full name 등의 조건에 맞도록 답안을 작성하시기를 바랍니다.

인터넷 윤리 　　　　　60점, 각 30점

※ 문제에 대한 적절한 내용의 번호를 골라 답안지에 기재하시오.

문제1 다음 중 개인정보보호법에 위배되지 <u>않는</u> 것은?

① 게시판에 익명으로 글을 작성
② 공공기관 자유게시판에 작성자 성명, 생년월일 노출
③ 동아리 회원의 개인정보(성명, 전화번호)를 인터넷 블로그에 공개
④ 정보주체의 동의 없이 개인정보를 제3자에게 제공

문제2 다음 중 안전한 금융거래를 위한 수칙으로 옳은 것은?

① PC방 등 공용 장소에서 인터넷 금융 거래를 한다.
② 금융 계좌, 공인인증서 등의 각종 비밀번호는 모두 동일하게 변경한다.
③ 보안카드 분실을 대비해 이미지로 스캔하여 하드디스크에 보관한다.
④ 신뢰할 수 없는 웹사이트는 방문하지 않는다.

인터넷 검색 　　　　　370점

● 일반검색 Ⅰ 　　　　　(각 10점)

문제3 다음 노벨상 부문의 수상자 이름을 〈보기〉에서 찾아 해당 번호를 답안지에 적으시오(번호).

문제3-1) The Nobel Prize in Physics 2024(물리학상) ──────────────── (　　)
문제3-2) The Nobel Prize in Chemistry 2024(화학상) ──────────────── (　　)
문제3-3) The Nobel Prize in Physiology or Medicine 2024(생리의학상) ─────── (　　)

《보기》
① David Baker　　② Ben Bernanke　　③ Victor Ambros
④ John J. Hopfield　　⑤ Douglas Diamond

● 일반검색 Ⅱ 　　　　　(각 50점)

문제4 '신념'과 '벽장 속에서 나온다'라는 뜻이 결합된 단어로 자신만의 취향, 정치적·사회적 신념 등을 소비행위를 통해 표출하는 현상이다. 이것을 일컫는 용어를 검색하시오(정답, URL).

문제5 상강(霜降)은 24절기 중 하나로 서리가 내린다는 뜻으로 아침저녁으로 쌀쌀해지기 시작하며, 반면 낮의 날씨는 매우 쾌청하다. 2024년 상강(霜降)인 날 기상청 상주 무인관서에서 관측한 **일최저기온**(단위:℃, 소수 첫째 자리까지 표시)을 검색하시오(정답).

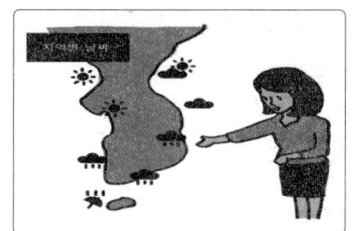

● **지능형 정보검색** (각 30점)

※ 인터넷 검색엔진과 생성형 인공지능(AI) 등 다양한 검색 도구를 사용하여 정답을 찾은 후 답안에 기재하시오(정답).

문제6 다음 문장이 설명하는 **대상**을 검색하시오(정답).

> - 나는 하늘에 떠다니는 하얀 덩어리입니다.
> - 나는 작은 물방울이나 얼음 결정으로 이루어져 있습니다.
> - 나는 다양한 모양으로 변하며, 때로는 동물이나 사물처럼 보이기도 합니다.
> - 나는 비, 눈, 우박 등을 내리게 할 수 있습니다.
> - 나는 햇빛을 가리거나 반사하여 날씨에 영향을 줍니다.

문제7 다음 빈칸(괄호)에 적절한 기술의 **명칭**을 검색하시오(정답).

> 영철이는 우주에 대한 기사를 읽다가, 중력이 매우 강해서 빛조차 빠져나올 수 없는 영역이 존재한다는 것을 알게 되었다.
>
> https://www.kasi.re.kr/kor/publication/post/newsMaterial/29983
>
> 이 문서에 따르면, 중력이 매우 커서 빛마저도 흡수되는 우주의 한 영역을 (   )이라고 한다.

문제8 다음 생성형 인공지능(AI)과 나눈 대화에서 **틀린** 설명에 해당하는 번호를 찾아 적으시오(번호).

> **번개가 치는 이유는 무엇인가요?**
>
> - ① 구름 속 전하 분리 때문이에요. 번개는 뇌운(천둥 번개를 동반하는 구름) 속에서 전하가 분리되어 발생해요. 구름 내부의 작은 얼음 알갱이들이 서로 충돌하면서 전하를 띠게 되는데, 가벼운 양전하(+)는 위로 올라가고 무거운 음전하(-)는 아래로 내려와요.
> - ② 대전된 구름이 방전돼요. 전하가 분리된 구름은 마치 거대한 배터리처럼 돼요. 구름 속의 음전하가 너무 많이 쌓이면, 이 전하가 다른 구름이나 지상으로 순식간에 이동하면서 방전되는데, 이 과정이 바로 번개예요.
> - ③ 번개는 전기적 현상이에요. 번개는 거대한 정전기 방전 현상으로, 엄청난 양의 전하가 이동하면서 매우 강렬한 빛을 내는 것이죠.
> - ④ 번개와 천둥은 동시에 발생해요. 번개는 빛이고 천둥은 소리입니다. 두 가지 모두 번개라는 동일한 현상에서 발생하지만, 빛이 소리보다 훨씬 빠르기 때문에 우리는 번개를 먼저 보고 천둥을 나중에 들어요.
> - ⑤ 번개는 지면으로만 떨어져요. 번개는 구름과 구름 사이, 구름 내부, 그리고 구름과 지면 사이 등 여러 곳에서 발생할 수 있어요.

• 실용검색 (각 50점)

문제9 길 찾기 서비스(포털 및 전문 검색사이트)를 이용하여 **전주자연생태박물관**에서 **국립무형유산원**을 도보로 가는 지도 경로를 찾아 전체화면(길 찾기 검색화면, 경로 포함)을 캡처하여 답안 파일에 붙여 넣으시오(이미지 크기 150 mm x 100 mm).

문제10 부산 갈맷길은 9개 코스, 23개 구간 278.8km의 걷기 좋은 탐방로이다. 용두산공원은 부산 갈맷길 9개 코스 중 **몇 코스**에서 방문할 수 있는지 검색하시오(정답).

문제11 2025년 9월 13일(토) 예술의 전당 오페라극장의 **공연명**(행사명)을 검색하시오(정답).

정보 가공　　70점

※ 제시된 주제에 따라 답안을 완성하시오.

문제12 2013년에는 한국과 페루의 수교 50주년을 축하하기 위해 우정사업본부와 페루우정은 유네스코세계자연유산인 한국의 '성산 일출봉'과 페루의 '마추픽추'를 소재로 공동우표를 발행했다.
성산일출봉에 대한 정보를 검색하여 다음의 안내문 내용을 완성하시오.

(답안)

	제주 화산섬과 용암동굴 : 성산일출봉
(12-1) 한국-페루 수교 50주년 기념우표 (성산일출봉 메인디자인) **이미지**	(12-2) 제주 화산섬과 용암동굴의 유네스코세계자연유산 **등재연도** (12-3) 성산일출봉 천연보호구역의 천연기념물 **지정일** (12-4) 성산일출봉의 **입장료**(성인 일반개인, 단위:원)

제 05 회 정보기술자격(ITQ) 출제예상 모의고사

과목	코드	문제유형	시험시간	수험번호	성명
인터넷	1152	A	60분		

• 수험자 유의사항 •

- 수험자는 문제지를 받는 즉시 **응시하고자 하는 과목의 문제지가 맞는지 확인**하여야 합니다.
- 시험과 직접 관련이 없는 행위(댓글 게시, 자료 업로드, 동영상 시청 등) 적발 시 실격으로 처리되며, 답안 내역을 보조기억장치 및 기타 통신수단(게시판, 이메일, 메신저, 네트워크 등)을 이용하여 타인에게 전달 또는 외부로 반출하는 경우 적발 시 자격기본법 제32에 의거 부정행위로 처리됩니다.
- 내 PC₩문서₩ITQ 폴더의 "답안파일-인터넷.hwpx" 파일을 열고 파일 이름을 "수험번호-성명-인터넷.hwpx"로 답안폴더에 다시 저장한 후 답안 작성을 시작하여야 하며, 답안문서 파일명이 일치하지 않을 경우, 실격 처리됩니다(예 : 12345678-홍길동-인터넷.hwpx).
  (시험에서 제공되는 답안파일 양식을 사용하지 않으면 0점 처리됨)
- 답안 작성을 마치면 파일을 저장하고, '답안 전송' 버튼을 선택하여 감독위원 PC로 답안을 전송하십시오. 수험자 정보와 저장한 파일명이 다를 경우 전송되지 않으므로 주의하시기 바랍니다.
- 답안 작성 중에도 **주기적으로 저장하고 답안을 전송**하여야 문제 발생을 줄일 수 있습니다. 작업한 내용을 저장하지 않고 전송할 경우, 이전에 저장된 내용이 전송되오니 이 점 유의하시기를 바랍니다.
- 시험 중 부주의 또는 고의로 시스템을 파손한 경우는 수험자가 변상해야 하며, 〈수험자 유의사항〉에 기재된 방법대로 이행하지 않아 생기는 불이익은 수험자 당사자의 책임임을 알려 드립니다.
- 시험을 완료한 수험자는 답안파일이 전송되었는지 확인한 후 감독위원의 지시에 따라 문제지를 제출하고 퇴실합니다.

• 답안 작성요령 •

- **온라인 답안 작성 절차**
  수험자 등록 ⇒ 시험 시작 ⇒ 답안 파일 저장 ⇒ 답안 전송 ⇒ 시험 종료
- 시험 시작 전 시험과 무관한 프로그램의 실행을 중지시켜 주시기를 바랍니다(채팅, 파일공유 등).
- 문제에 (번호)라고 표시되어 있으면 번호만을 작성란에 기재하고, (정답)이라고 표시되어 있으면 정답만을 작성관에 기재하고, (정답, URL)이라고 표시되어 있으면 정답과 함께 URL을 반드시 기재하시기 바랍니다. 이를 준수하지 않으면 감점, 오답 처리 등 불이익이 있을 수 있습니다.
- [문제1], [문제2], [문제3], [문제8]은 정답의 번호만 아래와 같이 답안 파일에 정확히 기록하십시오.

문제 번호		답 안
문제1	정답	1

- 문제 번호에 따라 정답을 아래와 같이 답안 파일에 정확히 기록하십시오.

문제5	정답	대한민국

- [문제4]는 정답과 URL을 아래와 같이 답안 파일에 정확히 기록하십시오.
  (URL은 정답을 확인할 수 있는 최종 URL을 기재하십시오.)

문제4	정답	정보기술자격(ITQ)
	URL	https://www.kpc.or.kr/certification/index.asp

- [문제4]의 경우 개인 홈페이지나 블로그, 지식 검색(예 : 지식iN 등)과 같이 개인 사견이 포함된 웹사이트, 첨부파일은 정답으로 인정하지 않습니다.
- [문제9]의 이미지 파일은 인터넷 답안 파일에 삽입한 후 반드시 지정된 이미지 크기로 변경하시기를 바랍니다.
- 문제에서 제시한 단위, Full name 등의 조건에 맞도록 답안을 작성하시기를 바랍니다.

인터넷 윤리 > 60점, 각 30점

※ 문제에 대한 적절한 내용의 번호를 골라 답안지에 기재하시오.

문제1 청소년 인터넷 중독의 예방 수칙으로 옳지 <u>않은</u> 것은?

① 유해정보로 의심되면 열어 보고 확인 후 바로 지운다.
② 인터넷 이외의 취미 생활, 운동, 문화 활동을 늘린다.
③ 컴퓨터는 가족이 공유하는 장소에 둔다.
④ 하루에 사용하는 컴퓨터 시간을 미리 정해둔다.

문제2 안전한 금융거래를 위한 방법이 아닌 것은?

① 금융회사에서 제공하는 보안 프로그램을 반드시 설치한다.
② 보안 설정이 없는 무선랜보다 이동통신망을 이용해 거래한다.
③ PC방 등 공용 장소의 컴퓨터로 인터넷 금융 거래를 가급적 이용한다.
④ 전자금융거래 이용 내역을 본인에게 즉시 알려주는 휴대폰 서비스를 이용한다.

인터넷 검색 > 370점

● 일반검색 I (각 10점)

문제3 다음 책 제목의 ISBN을 〈보기〉에서 찾아 해당 번호를 답안지에 적으시오(번호).

문제3-1) 코딩 스토리 ──────────────────────── (　　)
문제3-2) 악마는 꼴찌부터 잡아먹는다 ──────────────── (　　)
문제3-3) 그냥 하지 말라 ─────────────────────── (　　)

《보기》
① 9791198272256　② 9791191211924　③ 9791191211917
④ 9788959897094　⑤ 9791191183207

● 일반검색 II (각 50점)

문제4 포털 사이트에서 검색한 정보를 클릭하면 해당 정보를 제공한 본래 사이트로 이동해 검색 결과를 보여주는 방식으로 포털 사이트에서 뉴스를 검색해 클릭하면 해당 언론사 사이트로 연결해주는 것을 말한다. 이것을 일컫는 **용어**를 검색하시오(정답, URL).

문제5 대설(大雪)은 24절기의 21번째로, 이 무렵 많은 눈이 내린다 하여 이런 이름이 붙었다. 2024년 대설에 기상청 정선군 무인관서에서 관측한 **일평균기온**(단위:℃, 소수 첫째 자리까지 표시)을 검색하시오(정답).

● **지능형 정보검색** (각 30점)

※ 인터넷 검색엔진과 생성형 인공지능(AI) 등 다양한 검색 도구를 사용하여 정답을 찾은 후 답안에 기재하시오(정답).

문제6 다음 문장이 설명하는 **대상**을 검색하시오(정답).

> - 수많은 연습과 땀으로 만들어집니다.
> - 팀으로 움직이며, 각자의 포지션이 있어요.
> - 팬덤과 함께 성장하며, 굿즈를 만들기도 합니다.
> - 음악뿐만 아니라 춤, 패션으로도 소통합니다.

문제7 다음 빈칸(괄호)에 적절한 기술의 **명칭**을 검색하시오(정답).

> 수빈이는 유럽의 중세 시대를 배경으로 한 게임을 하다가, 기독교 성지인 예루살렘을 되찾기 위한 전쟁에 대해 알게 되었다. 이 전쟁이 유럽과 이슬람 세계에 큰 영향을 미쳤다는 것을 알았다.
>
> https://ko.wikipedia.org/wiki/%EC%8B%AD%EC%9E%90%EA%B5%B0_%EC%A0%84%EC%9F%81
>
> 위키피디아에 따르면, 예루살렘의 회복을 목표로 기독교도들이 일으킨 이 전쟁은 (　　　)이라고 불린다.

문제8 다음 생성형 인공지능(AI)과 나눈 대화에서 **틀린** 설명에 해당하는 번호를 찾아 적으시오(번호).

> **이순신 장군에 관해 설명해 줘**
>
> ① 거북선은 판옥선보다 속도가 빠르고 선회 능력이 뛰어나서 해전에서 기습 작전에 주로 활용되었습니다.
> ② 임진왜란이 일어나기 전 전라좌수사였으며, 전쟁 중 뛰어난 공로를 인정받아 삼도수군통제사에 임명되어 왜군을 격퇴하는 데 큰 공을 세웠습니다.
> ③ 적의 전력을 정확히 파악하고, 지형을 활용한 학익진(鶴翼陣) 등의 뛰어난 전술로 수많은 해전에서 승리를 이끌었습니다.
> ④ 뛰어난 공적에도 불구하고, 조정의 정치적 모함에 의해 관직을 잃고 한동안 백의종군해야 했습니다.
> ⑤ 1597년 이순신은 단 12척의 배로 명량 해협에서 왜군 함대 133척을 격파하는 명량 해전의 기적적인 승리를 거두었습니다.

● **실용검색** (각 50점)

문제9 길 찾기 서비스(포털 및 전문 검색사이트)를 이용하여 **김유정역**(경춘선)에서 **김유정 문학촌**을 도보로 가는 지도 경로를 찾아 전체화면(길 찾기 검색 화면, 경로 포함)을 캡처하여 답안 파일에 붙여 넣으시오(이미지 크기 150 mm x 100 mm).

문제10 2009년부터 시작하여 16회차를 맞이하는 서울의 대표 야간 빛 축제인 2024 서울빛초롱축제가 어제부터 청계광장 및 청계천 일대에서 시작되었다. 2024 서울빛초롱축제의 **주제**를 검색하시오(정답).

문제11 한국은행이 우리나라 독자 기술로 개발된 한국형 우주발사체 누리호의 발사 성공을 축하하기 위해 기념주화(은화) 2종을 발행한다. 기념주화 한 개에 표시된 **액면가격**(단위 : 원)을 검색하시오(정답).

정보 가공 70점

※ 제시된 주제에 따라 답안을 완성하시오.

문제12 서울시립미술관은 미술작품을 체계적으로 수집 및 보존하고, 다양한 기획전을 통해 미술을 일반 시민들에게 알리며, 현대미술의 발전을 위해 다양한 출판활동과 작가지원 프로그램을 실시하고 있으며, 본관 외에도 남서울, 북서울 분관과 난지창작스튜디오 등을 운영하고 있다. 서울시립미술관에 대한 정보를 검색하여 다음의 안내문 내용을 완성하시오.

(답안)

서울시립미술관	
(12-1) 서울시립미술관 종합미술관-새로운 예술의 흐름 SeMI(4개 중 1개) **이미지**	(12-2) 서울시립북서울미술관 전시 '유휴공간 전시 《지구울림 – 헤르츠앤도우》'의 **전시기간**(년월일~년월일) (12-3) 서울시립미술관 소장품 하용주 작가의 **작품명**(2가지) (12-4) 서울시립남서울미술관 **주소**(도로명 주소)

제 06 회 정보기술자격(ITQ) 출제예상 모의고사

과목	코드	문제유형	시험시간	수험번호	성명
인터넷	1152	A	60분		

• 수험자 유의사항 •

- 수험자는 문제지를 받는 즉시 **응시하고자 하는 과목의 문제지가 맞는지 확인**하여야 합니다.
- 시험과 직접 관련이 없는 행위(댓글 게시, 자료 업로드, 동영상 시청 등) 적발 시 실격으로 처리되며, 답안 내역을 보조기억장치 및 기타 통신수단(게시판, 이메일, 메신저, 네트워크 등)을 이용하여 타인에게 전달 또는 외부로 반출하는 경우 적발 시 자격기본법 제32에 의거 부정행위로 처리됩니다.
- 내 PC\문서\ITQ 폴더의 "답안파일-인터넷.hwpx" 파일을 열고 파일 이름을 "수험번호-성명-인터넷.hwpx"로 답안폴더에 다시 저장한 후 답안 작성을 시작하여야 하며, 답안문서 파일명이 일치하지 않을 경우, 실격 처리됩니다(예 : 12345678-홍길동-인터넷.hwpx).
  (시험에서 제공되는 답안파일 양식을 사용하지 않으면 0점 처리됨)
- 답안 작성을 마치면 파일을 저장하고, '답안 전송' 버튼을 선택하여 감독위원 PC로 답안을 전송하십시오. 수험자 정보와 저장한 파일명이 다를 경우 전송되지 않으므로 주의하시기 바랍니다.
- 답안 작성 중에도 **주기적으로 저장하고 답안을 전송**하여야 문제 발생을 줄일 수 있습니다. 작업한 내용을 저장하지 않고 전송할 경우, 이전에 저장된 내용이 전송되오니 이 점 유의하시기를 바랍니다.
- 시험 중 부주의 또는 고의로 시스템을 파손한 경우는 수험자가 변상해야 하며, 〈수험자 유의사항〉에 기재된 방법대로 이행하지 않아 생기는 불이익은 수험자 당사자의 책임임을 알려 드립니다.
- 시험을 완료한 수험자는 답안파일이 전송되었는지 확인한 후 감독위원의 지시에 따라 문제지를 제출하고 퇴실합니다.

• 답안 작성요령 •

- 온라인 답안 작성 절차
  수험자 등록 ⇒ 시험 시작 ⇒ 답안 파일 저장 ⇒ 답안 전송 ⇒ 시험 종료
- 시험 시작 전 시험과 무관한 프로그램의 실행을 중지시켜 주시기를 바랍니다(채팅, 파일공유 등).
- 문제에 (번호)라고 표시되어 있으면 번호만을 작성란에 기재하고, (정답)이라고 표시되어 있으면 정답만을 작성관에 기재하고, (정답, URL)이라고 표시되어 있으면 정답과 함께 URL을 반드시 기재하시기 바랍니다. 이를 준수하지 않으면 감점, 오답 처리 등 불이익이 있을 수 있습니다.
- [문제1], [문제2], [문제3], [문제8]은 정답의 번호만 아래와 같이 답안 파일에 정확히 기록하십시오.

문제 번호	답 안
문제1 정답	1

- 문제 번호에 따라 정답을 아래와 같이 답안 파일에 정확히 기록하십시오.

문제5 정답	대한민국

- [문제4]는 정답과 URL을 아래와 같이 답안 파일에 정확히 기록하십시오.
  (URL은 정답을 확인할 수 있는 최종 URL을 기재하십시오.)

문제4	정답	정보기술자격(ITQ)
	URL	https://www.kpc.or.kr/certification/index.asp

- [문제4]의 경우 개인 홈페이지나 블로그, 지식 검색(예 : 지식iN 등)과 같이 개인 사견이 포함된 웹사이트, 첨부파일은 정답으로 인정하지 않습니다.
- [문제9]의 이미지 파일은 인터넷 답안 파일에 삽입한 후 반드시 지정된 이미지 크기로 변경하시기를 바랍니다.
- 문제에서 제시한 단위, Full name 등의 조건에 맞도록 답안을 작성하시기를 바랍니다.

인터넷 윤리　　　　　　　　　　　　　　　　　60점, 각 30점

※ 문제에 대한 적절한 내용의 번호를 골라 답안지에 기재하시오.

문제1 다음 중 이메일 스팸방지 수칙으로 옳지 않은 것은?

① 불법스팸은 불법스팸대응센터 ☎118로 신고하기
② 광고메일에 개인정보 동의 후 열어보기
③ 웹사이트, 게시판 등에 이메일주소를 남기지 않기
④ 이메일 프로그램 자체에 내장된 스팸차단 기능을 적극적으로 활용하기

문제2 다음 중 소셜 네트워크 서비스(SNS) 이용에 대한 네티켓으로 옳지 않은 것은?

> ① 공유된 글의 책임은 원작자에게 있으므로 비방하는 글을 공유해도 책임은 없다.
> ② 자기가 쓴 글에 의해 평가되고 소통하므로 신중하게 글을 쓴다.
> ③ 제목을 보고 내용을 알 수 있도록 말머리를 사용한다.
> ④ 한꺼번에 많은 글을 올리는 것을 자제한다.

인터넷 검색　　　　　　　　　　　　　　　　　370점

● 일반검색 I　　　　　　　　　　　　　　　　　(각 10점)

문제3 국가무형문화재 보유자를 〈보기〉에서 찾아 해당 번호를 답안지에 적으시오(번호).

문제3-1) 안동차전놀이 ─────────────────────── (　　)
문제3-2) 좌수영어방놀이 ────────────────────── (　　)
문제3-3) 봉산탈춤 ──────────────────────── (　　)

《보기》　① 김선엽　　② 이재춘　　③ 김애선　　④ 이상호　　⑤ 김태롱

● 일반검색 II　　　　　　　　　　　　　　　　　(각 50점)

문제4 개인이나 회사, 단체가 배출한 만큼의 온실가스(탄소)를 다시 흡수해 실질 배출량을 '0'으로 만드는 것으로 지구온난화를 막기 위한 움직임의 하나이다. 이것을 무엇이라 하는지 검색하시오(정답, URL).

문제5 2022년 11월 13일 10시 00분 제주도(제주도 서부, 제주도 북부, 제주도 동부)에 강풍주의보가 발령한 후, 당일 19시 00분에 해제되었다. 기상청 고산 무인관서에서 관측한 2022년 11월 13일의 **일평균풍속**(m/s, 소수 첫째 자리까지 표시)을 검색하시오(정답).

● **지능형 정보검색** (각 30점)

※ 인터넷 검색엔진과 생성형 인공지능(AI) 등 다양한 검색 도구를 사용하여 정답을 찾은 후 답안에 기재하시오(정답).

문제6 다음 문장이 설명하는 **인물**을 검색하시오(정답).

> - 저는 프랑스 혁명기의 위대한 군인입니다.
> - 저는 이탈리아 원정과 이집트 원정을 통해 명성을 얻었습니다.
> - 저는 쿠데타를 일으켜 정권을 잡고 스스로 황제에 올랐습니다.
> - 저는 유럽 전역을 정복하며 나의 영향력을 떨쳤습니다.
> - 저는 워털루 전투에서 패배한 후 세인트헬레나 섬에 유배되었습니다.

문제7 다음 빈칸(괄호)에 적절한 기계의 **명칭**을 검색하시오(정답).

> 지민이는 영국 산업 혁명에 대해 조사하다가, 면직물 생산량이 폭발적으로 폭발적으로 증가하는 데 기여한 발명품에 대해 알게 되었다.
>
> https://ko.wikipedia.org/wiki/%EC%A1%B0%EB%A9%B4%EA%B8%B0
>
> 위키피디아에 따르면, 씨앗과 솜을 분리하는 기계인 (　　)의 발명은 면직물 생산량을 크게 늘리는 데 기여했다.

문제8 다음 생성형 인공지능(AI)과 나눈 대화에서 **틀린** 설명에 해당하는 번호를 찾아 적으시오(번호).

> **한옥에 관해 알려주세요.**
>
> ① 자연 지형을 활용하고, 배산임수(뒤에는 산, 앞에는 물)의 원칙처럼 풍수지리 사상을 반영하여 지었습니다.
> ② 온돌은 뜨거운 공기로 겨울을 따뜻하게 보내게 하고, 대청마루는 바람이 잘 통해 여름을 시원하게 보낼 수 있게 합니다.
> ③ 처마는 곡선이 아름답지만, 단순히 미적인 요소일 뿐 실용적인 기능은 없습니다.
> ④ 기와집은 주로 양반이나 부유층이, 초가집은 일반 서민들이 살았습니다.
> ⑤ 기둥, 보, 서까래 등의 목재를 짜 맞춰 골격을 세운 후, 그 사이를 흙이나 벽돌 등으로 채워 벽을 만드는 목조 건축이 발달했습니다.

● **실용검색** (각 50점)

문제9 길 찾기 서비스(포털 및 전문 검색사이트)를 이용하여 **목포근대역사관 1관**에서 **목포근대역사관 2관**을 도보로 가는 지도 경로를 찾아 전체화면(길 찾기 검색화면, 경로 포함)을 캡처하여 답안 파일에 붙여 넣으시오(이미지 크기 150 mm x 100 mm).

문제10 우정사업본부는 질병으로 지친 국민의 안녕과 회복을 기원하기 위해, 2009년에 유네스코 인류 무형문화유산으로 등재된 문화유산을 주제로 2022년 11월 18일 기념우표를 발행했다. 이 우표의 소재로 사용된 유네스코 인류무형문화유산은 **무엇**(명칭)인지 검색하시오(정답).

문제11 올해 창립 50주년을 맞이한 국토지리정보원은 우리나라 국토의 정확한 위치를 측정하고, 다양한 형태의 지도를 제작하며, 대규모 공간정보를 체계적으로 관리하는 국가기관이다. 우정사업본부에서 발행한 '국토지리정보원 창립 50주년' 기념우표의 **디자이너**(성명)를 검색하시오(정답).

정보 가공   70점

※ 제시된 주제에 따라 답안을 완성하시오.

문제12 진주대첩의 현장, 진주성에 자리 잡은 국립진주박물관은 임진왜란을 중심으로 경남지역의 역사와 문화를 연구하고 전시하면서 다양한 학습 기회를 제공하고 있다. 국립진주박물관에 대한 정보를 검색하여 다음의 안내문 내용을 완성하시오.

(답안)

	국립진주박물관
(12-1) 진주시 관광캐릭터 하모 **이미지**	(12-2) 국립진주박물관 **설계자**(성명)
	(12-3) 함양박물관에 전시되어 있는 2025년 9월 전시하고 있는 작품에 **이름**(명칭)
	(12-4) 국립진주박물관 **주소**(도로명 주소)

제 07 회 정보기술자격(ITQ) 출제예상 모의고사

과목	코드	문제유형	시험시간	수험번호	성명
인터넷	1152	A	60분		

· 수험자 유의사항 ·

- 수험자는 문제지를 받는 즉시 **응시하고자 하는 과목의 문제지가 맞는지 확인**하여야 합니다.
- 시험과 직접 관련이 없는 행위(댓글 게시, 자료 업로드, 동영상 시청 등) 적발 시 실격으로 처리되며, 답안 내역을 보조기억장치 및 기타 통신수단(게시판, 이메일, 메신저, 네트워크 등)을 이용하여 타인에게 전달 또는 외부로 반출하는 경우 적발 시 자격기본법 제32에 의거 부정행위로 처리됩니다.
- 내 PC₩문서₩ITQ 폴더의 "답안파일-인터넷.hwpx" 파일을 열고 파일 이름을 "수험번호-성명-인터넷.hwpx"로 답안폴더에 다시 저장한 후 답안 작성을 시작하여야 하며, 답안문서 파일명이 일치하지 않을 경우, 실격 처리됩니다(예 : 12345678-홍길동-인터넷.hwpx).
  (시험에서 제공되는 답안파일 양식을 사용하지 않으면 0점 처리됨)
- 답안 작성을 마치면 파일을 저장하고, '답안 전송' 버튼을 선택하여 감독위원 PC로 답안을 전송하십시오. 수험자 정보와 저장한 파일명이 다를 경우 전송되지 않으므로 주의하시기 바랍니다.
- 답안 작성 중에도 **주기적으로 저장하고 답안을 전송**하여야 문제 발생을 줄일 수 있습니다. 작업한 내용을 저장하지 않고 전송할 경우, 이전에 저장된 내용이 전송되오니 이 점 유의하시기를 바랍니다.
- 시험 중 부주의 또는 고의로 시스템을 파손한 경우는 수험자가 변상해야 하며, 〈수험자 유의사항〉에 기재된 방법대로 이행하지 않아 생기는 불이익은 수험자 당사자의 책임임을 알려 드립니다.
- 시험을 완료한 수험자는 답안파일이 전송되었는지 확인한 후 감독위원의 지시에 따라 문제지를 제출하고 퇴실합니다.

· 답안 작성요령 ·

- **온라인 답안 작성 절차**
  수험자 등록 ⇒ 시험 시작 ⇒ 답안 파일 저장 ⇒ 답안 전송 ⇒ 시험 종료
- 시험 시작 전 시험과 무관한 프로그램의 실행을 중지시켜 주시기를 바랍니다(채팅, 파일공유 등).
- 문제에 (번호)라고 표시되어 있으면 번호만 작성란에 기재하고, (정답)이라고 표시되어 있으면 정답만을 작성관에 기재하고, (정답, URL)이라고 표시되어 있으면 정답과 함께 URL을 반드시 기재하시기 바랍니다. 이를 준수하지 않으면 감점, 오답 처리 등 불이익이 있을 수 있습니다.
- [문제1], [문제2], [문제3], [문제8]은 정답의 번호만 아래와 같이 답안 파일에 정확히 기록하십시오.

문제 번호		답 안
문제1	정답	1

- 문제 번호에 따라 정답을 아래와 같이 답안 파일에 정확히 기록하십시오.

문제5	정답	대한민국

- [문제4]는 정답과 URL을 아래와 같이 답안 파일에 정확히 기록하십시오.
  (URL은 정답을 확인할 수 있는 최종 URL을 기재하십시오.)

문제4	정답	정보기술자격(ITQ)
	URL	https://www.kpc.or.kr/certification/index.asp

- [문제4]의 경우 개인 홈페이지나 블로그, 지식 검색(예 : 지식iN 등)과 같이 개인 사견이 포함된 웹사이트, 첨부파일은 정답으로 인정하지 않습니다.
- [문제9]의 이미지 파일은 인터넷 답안 파일에 삽입한 후 반드시 지정된 이미지 크기로 변경하시기를 바랍니다.
- 문제에서 제시한 단위, Full name 등의 조건에 맞도록 답안을 작성하시기를 바랍니다.

kpc 한국생산성본부

인터넷 윤리　　　　　　　　　　　　　　　　　　　　　60점, 각 30점

※ 문제에 대한 적절한 내용의 번호를 골라 답안지에 기재하시오.

문제1 코로나19로 인한 재택, 원격근무자의 정보보호 실천수칙으로 옳지 <u>않은</u> 것은?

① 가정용 공유기 보안 설정
② 개인 PC 보안 최신 업데이트
③ 개인 메일 이용 권장 및 회사 메일 사용 주의
④ 파일 다운로드 주의

문제2 안전한 금융거래를 위한 비밀번호의 안전관리수칙으로 옳지 <u>않은</u> 것은?

① 인터넷포털, 금융계좌, 공인인증서 등의 비밀번호는 각각 다르게 설정한다.
② 생년월일, 전화번호 등 쉽게 유추할 수 있는 번호를 사용하지 않는다.
③ 비밀번호를 수첩, 웹하드 등에 남긴다.
④ 비밀번호는 주기적으로 변경하고 타인에게 알려주지 않는다.

인터넷 검색　　　　　　　　　　　　　　　　　　　　　370점

● 일반검색Ⅰ　　　　　　　　　　　　　　　　　　　　　(각 10점)

문제3 다음 노벨상 부문의 수상자 이름을 〈보기〉에서 찾아 해당 번호를 답안지에 적으시오(번호).

문제3-1) The Nobel Prize in Literature 2024(문학상) ------------------------------ (　　)
문제3-2) The Nobel Peace Prize 2024(평화상) ---------------------------------- (　　)
문제3-3) The Sveriges Riksbank Prize in Economic Sciences in Memory of Alfred
　　　　Nobel 2024(경제학상) --- (　　)

《보기》
① Alain Aspect　　② Nihon Hidankyo　　③ Morten Meldal
④ James A. Robinson　　⑤ Han Kang

● 일반검색Ⅱ　　　　　　　　　　　　　　　　　　　　　(각 50점)

문제4 빠른 변화로 인해 기존에 존재하던 것들의 경계가 모호하게 되는 현상으로 첨단 기술의 발전, 사회 환경의 변화 등이 이 현상을 촉진시켰다. 이 현상을 <u>무엇</u>이라 하는지 검색하시오(정답, URL).

문제5 입동(立冬)은 24절기 중 하나이다. 겨울이 시작하는 시기로 입동을 시작으로 김장을 담갔다. 2024년 입동(立冬)인 날 기상청 안동 유인관서에서 관측한 **일평균기온**(단위:℃, 소수 첫째 자리까지 표시)을 검색하시오(정답).

● 지능형 정보검색 (각 30점)

※ 인터넷 검색엔진과 생성형 인공지능(AI) 등 다양한 검색 도구를 사용하여 정답을 찾은 후 답안에 기재하시오 (정답).

문제6 다음 문장이 설명하는 **지역**을 검색하시오(정답).

> − 통일 신라의 수도입니다.
> − 오늘날 경상북도에 위치하고 있습니다.
> − '지붕 없는 박물관'이라는 별칭을 가지고 있습니다.
> − 불국사, 석굴암 등 뛰어난 불교 문화유산이 남아 있습니다.
> − 동궁과 월지(옛 안압지), 첨성대, 대릉원 등 많은 유적을 간직하고 있습니다.
> − 삼국통일 이후, 통일 신라의 정치, 문화, 종교 중심지로서 가장 번성했던 도시입니다.

문제7 다음 빈칸(괄호)에 적절한 기술의 **명칭**을 검색하시오(정답).

> 준영이는 제2차 세계대전에 대한 다큐멘터리를 보다가 연합군이 독일로부터 유럽을 해방시키기 위해 해안에 대규모 상륙 작전을 감행했다는 것을 알게 되었다.
>
> https://ko.wikipedia.org/wiki/%EB%85%B8%EB%A5%B4%EB%A7%9D%EB%94%94_%EC%83%81%EB%A5%99%EC%9E%91%EC%A0%84
>
> 이 문서에 따르면, 1944년 6월 6일 연합군이 프랑스 북부 (   ) 해안에 상륙하여 독일군과 싸운 이 작전은 인류 역사상 가장 큰 규모의 상륙 작전이었다.

문제8 다음 생성형 인공지능(AI)과 나눈 대화에서 **틀린** 설명에 해당하는 번호를 찾아 적으시오(번호).

> **베르사유 궁전에 관해 설명해 줘**
>
> 베르사유 궁전은 ① 프랑스 혁명 이전에 프랑스 국왕들이 거주했던 대표적인 궁전입니다.
> 이 궁전은 ② 루이 14세의 명령으로 건설되기 시작했으며,
> ③ 초기에는 사냥용 별궁으로 사용되다가 ④ 점차 확장되어 화려한 왕궁이 되었습니다.
> ⑤ 현재는 프랑스 정부 청사로 사용되고 있습니다.

● 실용검색 (각 50점)

문제9 길 찾기 서비스(포털 및 전문 검색사이트)를 이용하여 **국립공주박물관**에서 **웅진백제문화역사관(웅진백제역사관)**을 도보로 가는 지도 경로를 찾아 전체화면(길 찾기 검색화면, 경로 포함)을 캡처하여 답안 파일에 붙여 넣으시오(이미지 크기 150 mm x 100 mm).

문제10 국내선 유류할증료는 1개월 단위로 사전 고지되며, 탑승일이 아닌 발권일을 기준으로 적용된다. 대한항공, 아시아나항공, 진에어, 에어서울, 에어부산, 제주항공, 티웨이항공의 2022년 11월(2022년 11월 1일 ~ 11월 30일, 편도) 국내선 **유류할증료**(단위:원)를 검색하시오(정답).

문제11 2025년 10월 11일(토) 부산 드림씨어터의 **공연명**(행사명)을 검색하시오(정답).

정보 가공　　　　　　　　　　　　　　　　　　　　　　70점

※ 제시된 주제에 따라 답안을 완성하시오.

문제12 한국수목원정원관리원은 수목유전자원의 보전 및 자원화를 위해 기후 및 식생대별로 조성한 국립수목원을 운영·관리하고 정원산업 진흥 및 정원문화 활성화에 기여하고 있다. 한국수목원정원관리원에 대한 정보를 검색하여 다음의 안내문 내용을 완성하시오.

(답안)

한국수목원정원관리원	
(12-1) 한국수목원정원관리원 국문상하조합 CI **이미지**	(12-2) 대한민국의 국가정원 **명칭**(2개)
	(12-3) 국립백두대간수목원의 **입장료**(어른, 개인, 할인없음)
	(12-4) 한국수목원정원관리원의 **주소**(도로명 주소)

제 08 회 정보기술자격(ITQ) 출제예상 모의고사

과목	코드	문제유형	시험시간	수험번호	성명
인터넷	1152	A	60분		

· 수험자 유의사항 ·

- 수험자는 문제지를 받는 즉시 **응시하고자 하는 과목의 문제지가 맞는지 확인**하여야 합니다.
- 시험과 직접 관련이 없는 행위(댓글 게시, 자료 업로드, 동영상 시청 등) 적발 시 실격으로 처리되며, 답안 내역을 보조기억 장치 및 기타 통신수단(게시판, 이메일, 메신저, 네트워크 등)을 이용하여 타인에게 전달 또는 외부로 반출하는 경우 적발 시 자격기본법 제32에 의거 부정행위로 처리됩니다.
- 내 PC₩문서₩ITQ 폴더의 "답안파일-인터넷.hwpx" 파일을 열고 파일 이름을 "수험번호-성명-인터넷.hwpx"로 답안폴더에 다시 저장한 후 답안 작성을 시작하여야 하며, 답안문서 파일명이 일치하지 않을 경우, 실격 처리됩니다(예 : 12345678-홍길동-인터넷.hwpx).
  (시험에서 제공되는 답안파일 양식을 사용하지 않으면 0점 처리됨)
- 답안 작성을 마치면 파일을 저장하고, '답안 전송' 버튼을 선택하여 감독위원 PC로 답안을 전송하십시오. 수험자 정보와 저장한 파일명이 다를 경우 전송되지 않으므로 주의하시기 바랍니다.
- 답안 작성 중에도 **주기적으로 저장하고 답안을 전송**하여야 문제 발생을 줄일 수 있습니다. 작업한 내용을 저장하지 않고 전송할 경우, 이전에 저장된 내용이 전송되오니 이 점 유의하시기를 바랍니다.
- 시험 중 부주의 또는 고의로 시스템을 파손한 경우는 수험자가 변상해야 하며, 〈수험자 유의사항〉에 기재된 방법대로 이행하지 않아 생기는 불이익은 수험자 당사자의 책임임을 알려 드립니다.
- 시험을 완료한 수험자는 답안파일이 전송되었는지 확인한 후 감독위원의 지시에 따라 문제지를 제출하고 퇴실합니다.

· 답안 작성요령 ·

- 온라인 답안 작성 절차
  수험자 등록 ⇒ 시험 시작 ⇒ 답안 파일 저장 ⇒ 답안 전송 ⇒ 시험 종료
- 시험 시작 전 시험과 무관한 프로그램의 실행을 중지시켜 주시기를 바랍니다(채팅, 파일공유 등).
- 문제에 (번호)라고 표시되어 있으면 번호만을 작성란에 기재하고, (정답)이라고 표시되어 있으면 정답만을 작성관에 기재하고, (정답, URL)이라고 표시되어 있으면 정답과 함께 URL을 반드시 기재하시기 바랍니다. 이를 준수하지 않으면 감점, 오답 처리 등 불이익이 있을 수 있습니다.
- [문제1], [문제2], [문제3], [문제8]은 정답의 번호만 아래와 같이 답안 파일에 정확히 기록하십시오.

문제 번호		답 안
문제1	정답	1

- 문제 번호에 따라 정답을 아래와 같이 답안 파일에 정확히 기록하십시오.

문제5	정답	대한민국

- [문제4]는 정답과 URL을 아래와 같이 답안 파일에 정확히 기록하십시오.
  (URL은 정답을 확인할 수 있는 최종 URL을 기재하십시오.)

문제4	정답	정보기술자격(ITQ)
	URL	https://www.kpc.or.kr/certification/index.asp

- [문제4]의 경우 개인 홈페이지나 블로그, 지식 검색(예 : 지식iN 등)과 같이 개인 사견이 포함된 웹사이트, 첨부파일은 정답으로 인정하지 않습니다.
- [문제9]의 이미지 파일은 인터넷 답안 파일에 삽입한 후 반드시 지정된 이미지 크기로 변경하시기를 바랍니다.
- 문제에서 제시한 단위, Full name 등의 조건에 맞도록 답안을 작성하시기를 바랍니다.

인터넷 윤리   60점, 각 30점

※ 문제에 대한 적절한 내용의 번호를 골라 답안지에 기재하시오.

문제1 다음 중 스마트폰 보안 수칙으로 옳지 <u>않은</u> 것은?

① ID, 패스워드 등을 스마트폰의 메모장에 저장하지 않는다.
② 백신의 패치 여부를 확인해서 최신 백신 엔진을 유지한다.
③ 임의로 개조하거나 복제방지 등을 풀어서 사용하지 않는다.
④ 자동 업데이트를 위해 블루투스 기능을 항상 켜놓는다.

문제2 다음 중 인터넷 게시판 사용에 대한 네티켓으로 옳은 것은?

① 게시판 작성자의 전자우편주소, 전화번호는 반드시 함께 작성한다.
② 게시판의 글을 간결하게 작성하면 성의가 없으므로 무조건 길게 작성한다.
③ 관심을 끌기 위해 자극적인 제목으로 글을 올린다.
④ 남을 비방하고 험담하는 내용은 올리지 않는다.

인터넷 검색   370점

● 일반검색 Ⅰ   (각 10점)

문제3 제82회 베니스국제영화제(Venice International Film Festival)의 수상작을 〈보기〉에서 찾아 해당 번호를 답안지에 적으시오(번호).

문제3-1) 황금사자상(Golden Lion) ------------------------------------- (   )
문제3-2) 은사자상-심사위원대상(Silver Lion-Grand Jury Prize)------------------ (   )
문제3-3) 경쟁부분 초청작(Competition Section Invited Films)------------------ (   )

《보기》
① 힌드의 목소리(The voice of Hind Rajab) ② 어쩔수가 없다(No Other Choice)
③ 노 베어스(No Bears) ④ 본즈 앤 올(Bones And All)
⑤ 파더 마더 시스터 브라더(Father Mother Sister Brother)

● 일반검색 Ⅱ   (각 50점)

문제4 아이디어를 빠르게 최소요건제품, 즉 시제품으로 제조한 뒤 시장의 반응을 본 후 즉각 제품을 개선하려는 경영 전략을 <u>무엇</u>이라 하는지 검색하시오(정답, URL).

문제5 2025년 7월에는 상층의 찬공기를 동반한 기압골의 영향을 지속적으로 받아 전국적으로 200~700㎜의 매우 많은 비가 내렸다. 기상청 산청 무인관서에서 관측한 2025년 7월 **총강수량**(단위:㎜, 소수 첫째 자리까지 표시)을 검색하시오(정답).

● **지능형 정보검색** (각 30점)

※ 인터넷 검색엔진과 생성형 인공지능(AI) 등 다양한 검색 도구를 사용하여 정답을 찾은 후 답안에 기재하시오(정답).

문제6 다음 문장이 설명하는 **대상**을 검색하시오(정답).

> - 나는 밤하늘에 뜨는 가장 밝은 천체 중 하나입니다.
> - 나는 매일 밤 모양이 조금씩 변합니다.
> - 나는 스스로 빛을 내지 못하고, 다른 별의 빛을 반사하여 빛납니다.
> - 나는 지구의 유일한 자연 위성입니다.
> - 나는 밀물과 썰물 현상에 영향을 줍니다.

문제7 다음 빈칸(괄호)에 적절한 기술의 **명칭**을 검색하시오(정답).

> 지민이는 고대 그리스 역사에 대해 공부하다가 아테네가 시민들이 직접 정치에 참여하는 독특한 시스템을 가졌다는 것을 알게 되었다.
>
> https://nec.go.kr/site/nec/ex/bbs/View.do?cbIdx=1175&bcIdx=9087&relCbIdx=1097
>
> 위키피디아에 따르면, 아테네의 모든 시민이 직접 정책을 결정하고 법을 제정하는 이 정치 시스템은 (   )의 시초가 되었다.

문제8 다음 생성형 인공지능(AI)과 나눈 대화에서 **틀린** 설명에 해당하는 번호를 찾아 적으시오(번호).

> **스마트폰의 등장과 영향에 관해 설명해 줘**
>
> 스마트폰은 ① 2000년대 초반에 처음 등장하여 전 세계인의 삶을 변화시켰습니다.
> 스마트폰은 ② 인터넷 접속, ③ 다양한 앱 활용, ④ 고화질 사진 촬영 등 다양한 기능을 제공하며, 이로 인해 ⑤ 개인 간의 대면 소통이 활발해지는 데 기여했습니다.

● 실용검색 (각 50점)

문제9 길 찾기 서비스(포털 및 전문 검색사이트)를 이용하여 **주한앙골라대사관**에서 **주한네팔대사관**을 도보로 가는 지도 경로를 찾아 전체화면(길 찾기 검색화면, 경로 포함)을 캡처하여 답안 파일에 붙여 넣으시오(이미지 크기 150 mm x 100 mm).

문제10 행정안전부와 한국섬진흥원은 섬 인지도 제고를 위하여 월별로 '이달의 섬'을 선정하고 있다. '이달의 섬'은 '알아두면 쓸모있는 이달의 섬(이하 알쓸섬)'을 테마로, 섬의 역사, 문화, 전통 등 흥미 있는 정보가 담겨 있다. 2025년 9월 '이달의 섬'으로 선정된 섬의 **이름**을 검색하시오(정답).

문제11 국가중요농업유산은 지역의 환경·사회·풍습 등에 적응하면서 오랫동안 형성시켜온 유형·무형의 농업자원 중에서 보전할 가치가 있는 농업을 말한다. 세계중요농업유산에도 등재된 국가중요농업유산 제4호의 **등록명칭**을 검색하시오(정답).

정보 가공 70점

※ 제시된 주제에 따라 답안을 완성하시오.

문제12 민방위는 민방위 사태로부터 주민의 생명과 재산을 보호하기 위하여 정부의 지도하에 주민이 수행하여야 할 방공, 응급적인 방재·구조·복구 및 군사 작전상 필요한 노력 지원 등의 모든 자위적 활동이다. 민방위에 대한 정보를 검색하여 다음의 안내문 내용을 완성하시오.

(답안)

	민방위
(12-1) 제네바 협약 제1의정서에 규정된 국제적 민방위 표장 **이미지**	(12-2) 대한민국 민방위대 **창설년도**(년)
	(12-3) 중앙민방위협의회 **위원장**(직책)
	(12-4) 행정안전부 정부세종2청사의 **주소**(도로명 주소)

제 08 회 **107** 출제예상 모의고사

제09회 정보기술자격(ITQ) 출제예상 모의고사

과목	코드	문제유형	시험시간	수험번호	성명
인터넷	1152	A	60분		

• 수험자 유의사항 •

- 수험자는 문제지를 받는 즉시 **응시하고자 하는 과목의 문제지가 맞는지 확인**하여야 합니다.
- 시험과 직접 관련이 없는 행위(댓글 게시, 자료 업로드, 동영상 시청 등) 적발 시 실격으로 처리되며, 답안 내역을 보조기억장치 및 기타 통신수단(게시판, 이메일, 메신저, 네트워크 등)을 이용하여 타인에게 전달 또는 외부로 반출하는 경우 적발 시 자격기본법 제32에 의거 부정행위로 처리됩니다.
- 내 PC₩문서₩ITQ 폴더의 "답안파일-인터넷.hwpx" 파일을 열고 파일 이름을 "수험번호-성명-인터넷.hwpx"로 답안폴더에 다시 저장한 후 답안 작성을 시작하여야 하며, 답안문서 파일명이 일치하지 않을 경우, 실격 처리됩니다(예 : 12345678-홍길동-인터넷.hwpx).
  (시험에서 제공되는 답안파일 양식을 사용하지 않으면 0점 처리됨)
- 답안 작성을 마치면 파일을 저장하고, '답안 전송' 버튼을 선택하여 감독위원 PC로 답안을 전송하십시오. 수험자 정보와 저장한 파일명이 다를 경우 전송되지 않으므로 주의하시기 바랍니다.
- 답안 작성 중에도 **주기적으로 저장하고 답안을 전송**하여야 문제 발생을 줄일 수 있습니다. 작업한 내용을 저장하지 않고 전송할 경우, 이전에 저장된 내용이 전송되오니 이 점 유의하시기를 바랍니다.
- 시험 중 부주의 또는 고의로 시스템을 파손한 경우는 수험자가 변상해야 하며, 〈수험자 유의사항〉에 기재된 방법대로 이행하지 않아 생기는 불이익은 수험자 당사자의 책임임을 알려 드립니다.
- 시험을 완료한 수험자는 답안파일이 전송되었는지 확인한 후 감독위원의 지시에 따라 문제지를 제출하고 퇴실합니다.

• 답안 작성요령 •

- **온라인 답안 작성 절차**
  수험자 등록 ⇒ 시험 시작 ⇒ 답안 파일 저장 ⇒ 답안 전송 ⇒ 시험 종료
- 시험 시작 전 시험과 무관한 프로그램의 실행을 중지시켜 주시기를 바랍니다(채팅, 파일공유 등).
- 문제에 (번호)라고 표시되어 있으면 번호만을 작성란에 기재하고, (정답)이라고 표시되어 있으면 정답만을 작성관에 기재하고, (정답, URL)이라고 표시되어 있으면 정답과 함께 URL을 반드시 기재하시기 바랍니다. 이를 준수하지 않으면 감점, 오답 처리 등 불이익이 있을 수 있습니다.
- [문제1], [문제2], [문제3], [문제8]은 정답의 번호만 아래와 같이 답안 파일에 정확히 기록하십시오.

문제 번호		답 안
문제1	정답	1

- 문제 번호에 따라 정답을 아래와 같이 답안 파일에 정확히 기록하십시오.

문제5	정답	대한민국

- [문제4]는 정답과 URL을 아래와 같이 답안 파일에 정확히 기록하십시오.
  (URL은 정답을 확인할 수 있는 최종 URL을 기재하십시오.)

문제4	정답	정보기술자격(ITQ)
	URL	https://www.kpc.or.kr/certification/index.asp

- [문제4]의 경우 개인 홈페이지나 블로그, 지식 검색(예 : 지식iN 등)과 같이 개인 사견이 포함된 웹사이트, 첨부파일은 정답으로 인정하지 않습니다.
- [문제9]의 이미지 파일은 인터넷 답안 파일에 삽입한 후 반드시 지정된 이미지 크기로 변경하시기를 바랍니다.
- 문제에서 제시한 단위, Full name 등의 조건에 맞도록 답안을 작성하시기를 바랍니다.

인터넷 윤리　　　　　　　　　　　　　　　　　　　　　60점, 각 30점

※ 문제에 대한 적절한 내용의 번호를 골라 답안지에 기재하시오.

문제1 다음 중 전자상거래에서의 소비자보호제도인 것은?

① 카피레프트(copyleft)
② 간편결제 서비스
③ 열차지연보상제도
④ 결제대금예치제도

문제2 다음 중 금융기관의 고객정보보호 헌장의 내용으로 적절하지 않은 것은?

① 고객정보를 목적에 필요한 최소한의 범위 안에서 적법, 정당하게 수집한다.
② 고객정보를 안전하게 보호하기 위하여 제3자 마케팅 활용 동의서에 반드시 승낙을 받는다.
③ 고객정보를 수집된 목적으로만 이용하며, 다른 목적으로 이용하지 않는다.
④ 고객정보를 수집, 제공할 때는 그 목적과 방법을 명확하게 밝힌다.

인터넷 검색　　　　　　　　　　　　　　　　　　　　　370점

● 일반검색 I　　　　　　　　　　　　　　　　　　　　　(각 10점)

문제3 다음 책 제목의 ISBN을 〈보기〉에서 찾아 해당 번호를 답안지에 적으시오(번호).

문제3-1) 왼손잡이 우주 ―――――――――――――――――――――――― (　　)
문제3-2) 구글 엔지니어는 이렇게 일한다 ―――――――――――――――― (　　)
문제3-3) 물고기는 존재하지 않는다 ―――――――――――――――――― (　　)

《보기》
① 9791162245620　　② 9791191043754　　③ 9788962624304
④ 9791189327156　　⑤ 9791167960221

● 일반검색 II　　　　　　　　　　　　　　　　　　　　　(각 50점)

문제4 물건 구매를 망설이던 소비자가 다른 사람들이 구매하기 시작하면 자신도 이에 영향을 받아 덩달아 구매하게 되는 소비 행태를 일컫는 **용어**를 검색하시오(정답, URL).

문제5 최근 10년(2012~2021년)간 4월 평균 최고기온은 18.8℃ 수준이었으나 2022년 4월 평균 최고기온이 예년보다 높아 식중독 발생 우려도 컸다. 기상청 장흥 무인관서에서 관측한 2022년 4월 중 가장 높은 **일 최고기온**(단위: ℃, 소수 첫째 자리까지 표시)을 검색하시오(정답).

● **지능형 정보검색** (각 30점)

※ 인터넷 검색엔진과 생성형 인공지능(AI) 등 다양한 검색 도구를 사용하여 정답을 찾은 후 답안에 기재하시오(정답).

문제6 다음 문장이 설명하는 **대상**을 검색하시오(정답).

> - 나는 낮 동안 하늘에서 가장 밝게 빛나는 천체입니다.
> - 나는 스스로 빛과 열을 만들어냅니다.
> - 나는 지구상의 모든 생명체가 살아가기 위한 에너지를 제공합니다.
> - 나는 없으면 식물이 광합성을 할 수 없습니다.
> - 나는 동쪽에서 떠서 서쪽으로 집니다.

문제7 다음 빈칸(괄호)에 적절한 기술의 **명칭**을 검색하시오(정답).

> 수빈이는 인도 영화에서 사람들이 서로에게 알록달록한 가루를 뿌리고 즐거워하는 장면을 보았다. 이 축제가 겨울이 끝난 것을 축하하고 봄을 맞이하는 의미를 담고 있다는 것을 알게 되었다.
>
> https://ko.wikipedia.org/wiki/%ED%99%80%EB%A6%AC_(%EC%B6%95%EC%A0%9C
>
> 위키피디아에 따르면, 인도와 네팔 등지에서 열리는 이 축제의 이름은 ( )이다.

문제8 다음 생성형 인공지능(AI)과 나눈 대화에서 **틀린** 설명에 해당하는 번호를 찾아 적으시오(번호).

> **예술 사조: 인상주의에 관해 설명해 줘**
>
> 인상주의는 ① 19세기 후반 프랑스에서 시작된 미술 사조입니다. 인상주의 화가들은 ② 빛의 변화와 순간적인 인상을 포착하려 했으며, ③ 대표적인 인상주의 화가로는 클로드모네, 오귀스트 르누아르 등이 있습니다.
> 이 사조는 ④ 주로 사실적인 세부 묘사를 중시하였으며, 정밀한 표현을 추구했습니다. 또한, ⑤ 전통적인 회화 방식에 도전하며 새로운 표현 방식을 추구했습니다.

● 실용검색 (각 50점)

문제9 길 찾기 서비스(포털 및 전문 검색사이트)를 이용하여 대전의 **현충원역(한밭대) 2번 출구**에서 대전의 **현충교**를 도보로 가는 지도 경로를 찾아 전체화면(길 찾기 검색화면, 경로 포함)을 캡처하여 답안 파일에 붙여 넣으시오(이미지 크기 150 mm x 100 mm).

문제10 행정안전부와 경찰청은 모바일 운전면허증을 2022년 6월 30일까지 시범 발급하고 현재는 전국으로 확대하고 있다. 모바일 운전면허증 설치를 위해서는 IC(집적회로) 운전면허증 또는 운전면허시험장 방문 중 선택해 발급받을 수 있다.
IC 운전면허증 신규(국문) 발급 수수료는 **얼마**(단위:원)인지 검색하시오(정답).

문제11 유류 할증료는 항공사들이 유가 상승에 따른 손실을 보전하기 위해 운임에 부과하는 할증료로 대한항공과 아시아나항공 모두 동일한 금액으로 국내선 유류 할증료를 유지하고 있다. 2025년 10월 대한항공과 아시아나항공의 국내선 **유류 할증료**(편도, 단위 : 원)를 검색하시오(정답).

정보 가공 > 70점

※ 제시된 주제에 따라 답안을 완성하시오.

문제12 광주비엔날레는 광주광역시에서 2년에 한 번 열리는 현대설치미술전시회로, 광주의 민주적 시민정신과 예술적 전통을 바탕으로 건강한 민족정신을 존중하며 지구촌시대 세계화의 일원으로 문화생산의 중심축 역할을 하고 있다. 제15회 광주비엔날레에 대한 정보를 검색하여 다음의 안내문 내용을 완성하시오.

(답안)

	제15회 광주비엔날레
(12-1) 제15회 광주비엔날레 파빌리온 포스터 **이미지**	(12-2) 제15회 광주비엔날레 본전시의 **전시명**
	(12-3) 광주비엔날레재단 30주년 특별전 '마당: 우리가 되는 곳' **개최장소**
	(12-4) 제16회 광주비엔날레 **입장료**(일반 어른, 개막후구매, 단위 : 원)

제 10 회 정보기술자격(ITQ) 출제예상 모의고사

과목	코드	문제유형	시험시간	수험번호	성명
인터넷	1152	A	60분		

· 수험자 유의사항 ·

- 수험자는 문제지를 받는 즉시 **응시하고자 하는 과목의 문제지가 맞는지 확인**하여야 합니다.
- 시험과 직접 관련이 없는 행위(댓글 게시, 자료 업로드, 동영상 시청 등) 적발 시 실격으로 처리되며, 답안 내역을 보조기억 장치 및 기타 통신수단(게시판, 이메일, 메신저, 네트워크 등)을 이용하여 타인에게 전달 또는 외부로 반출하는 경우 적발 시 자격기본법 제32에 의거 부정행위로 처리됩니다.
- 내 PC₩문서₩ITQ 폴더의 "답안파일-인터넷.hwpx" 파일을 열고 파일 이름을 "수험번호-성명-인터넷.hwpx"로 답안폴더에 다시 저장한 후 답안 작성을 시작하여야 하며, 답안문서 파일명이 일치하지 않을 경우, 실격 처리됩니다(예 : 12345678-홍길동-인터넷.hwpx).
  (시험에서 제공되는 답안파일 양식을 사용하지 않으면 0점 처리됨)
- 답안 작성을 마치면 파일을 저장하고, '답안 전송' 버튼을 선택하여 감독위원 PC로 답안을 전송하십시오. 수험자 정보와 저장한 파일명이 다를 경우 전송되지 않으므로 주의하시기 바랍니다.
- 답안 작성 중에도 **주기적으로 저장하고 답안을 전송**하여야 문제 발생을 줄일 수 있습니다. 작업한 내용을 저장하지 않고 전송할 경우, 이전에 저장된 내용이 전송되오니 이 점 유의하시기를 바랍니다.
- 시험 중 부주의 또는 고의로 시스템을 파손한 경우는 수험자가 변상해야 하며, 〈수험자 유의사항〉에 기재된 방법대로 이행하지 않아 생기는 불이익은 수험자 당사자의 책임임을 알려 드립니다.
- 시험을 완료한 수험자는 답안파일이 전송되었는지 확인한 후 감독위원의 지시에 따라 문제지를 제출하고 퇴실합니다.

· 답안 작성요령 ·

- **온라인 답안 작성 절차**
  수험자 등록 ⇒ 시험 시작 ⇒ 답안 파일 저장 ⇒ 답안 전송 ⇒ 시험 종료
- 시험 시작 전 시험과 무관한 프로그램의 실행을 중지시켜 주시기를 바랍니다(채팅, 파일공유 등).
- 문제에 (번호)라고 표시되어 있으면 번호만을 작성란에 기재하고, (정답)이라고 표시되어 있으면 정답만을 작성관에 기재하고, (정답, URL)이라고 표시되어 있으면 정답과 함께 URL을 반드시 기재하시기 바랍니다. 이를 준수하지 않으면 감점, 오답 처리 등 불이익이 있을 수 있습니다.
- [문제1], [문제2], [문제3], [문제8]은 정답의 번호만 아래와 같이 답안 파일에 정확히 기록하십시오.

문제 번호		답 안
문제1	정답	1

- 문제 번호에 따라 정답을 아래와 같이 답안 파일에 정확히 기록하십시오.

문제5	정답	대한민국

- [문제4]는 정답과 URL을 아래와 같이 답안 파일에 정확히 기록하십시오.
  (URL은 정답을 확인할 수 있는 최종 URL을 기재하십시오.)

문제4	정답	정보기술자격(ITQ)
	URL	https://www.kpc.or.kr/certification/index.asp

- [문제4]의 경우 개인 홈페이지나 블로그, 지식 검색(예 : 지식iN 등)과 같이 개인 사견이 포함된 웹사이트, 첨부파일은 정답으로 인정하지 않습니다.
- [문제9]의 이미지 파일은 인터넷 답안 파일에 삽입한 후 반드시 지정된 이미지 크기로 변경하시기를 바랍니다.
- 문제에서 제시한 단위, Full name 등의 조건에 맞도록 답안을 작성하시기를 바랍니다.

인터넷 윤리   60점, 각 30점

※ 문제에 대한 적절한 내용의 번호를 골라 답안지에 기재하시오.

문제1 다음 중 개인정보보호를 위한 안전한 컴퓨터 사용법으로 옳지 <u>않은</u> 것은?

① 정품소프트웨어 설치하기
② 백신 프로그램의 실시간 감시 기능 사용하기
③ 중요한 자료는 공유폴더를 만들어 사용하기
④ 운영체제는 자동 업데이트하며 방화벽 기능을 사용하기

문제2 다음 중 안전한 금융거래를 위한 방법이 아닌 것은?

① 인터넷뱅킹 전화승인서비스를 이용한다.
② 이용 PC 지정서비스를 이용한다.
③ 일회용 비밀번호 생성기(OTP : One Time Password)를 사용한다.
④ 게시판 등에 링크된 금융기관 주소를 바로 클릭하여 사용한다.

인터넷 검색   370점

● 일반검색 Ⅰ   (각 10점)

문제3 2022년 한국의 우표 발행에서 우표 발행일을 〈보기〉에서 찾아 해당 번호를 답안지에 적으시오(번호).

문제3-1) 루이 파스퇴르 탄생 200주년 ─────────────────── (   )
문제3-2) 그레고어 멘델 탄생 200주년 ─────────────────── (   )
문제3-3) 남산도서관 개관 100주년 ──────────────────── (   )

《보기》 ① 7월 20일   ② 8월 12일   ③ 9월 15일   ④ 10월 5일   ⑤ 12월 27일

● 일반검색 Ⅱ   (각 50점)

문제4 기후변화로 인한 금융위기 가능성을 뜻하는 말로, 기후변화가 경제에 전방위적인 영향을 미치고, 결국 금융위기까지 초래할 수 있다는 것을 일컫는 **용어**를 검색하시오(정답, URL).

문제5 한국인터넷진흥원 자료에 따르면 2020년에는 코로나19로 인해 비대면 일상화에 따른 인터넷 이용 증가에 따라 홈페이지 변조가 증가했다. 통계청 e-나라지표에서 해킹사고 건수를 찾아 2022년 홈페이지 변조 내역 **건수**(단위 : 건)를 검색하시오(정답).

● **지능형 정보검색** (각 30점)

※ 인터넷 검색엔진과 생성형 인공지능(AI) 등 다양한 검색 도구를 사용하여 정답을 찾은 후 답안에 기재하시오(정답).

문제6 다음 문장이 설명하는 **대상**을 검색하시오(정답).

- 나는 뜨겁고, 밝은 빛을 냅니다.
- 나는 연기를 내뿜으며 타오릅니다.
- 나는 나무나 종이 같은 연료가 있어야만 존재할 수 있습니다.
- 나는 요리를 하거나 몸을 따뜻하게 하는 데 사용될 수 있습니다.
- 나는 조심하지 않으면 위험할 수 있습니다.

문제7 다음 빈칸(괄호)에 적절한 **일자**를 검색하시오(정답).

현우는 중국인 친구가 새해를 맞아 빨간색 옷을 입고 복주머니를 주고받는 것을 보았다. 중국에서는 춘절(春節)이 가장 큰 명절이며, 붉은색이 행운을 상징한다는 것을 알게 되었다.

https://ko.wikipedia.org/wiki/%EC%B6%98%EC%A0%88

이 문서에 따르면, 중국의 춘절은 음력 (   )부터 시작하여 보름 동안 축제가 이어진다.

문제8 다음 생성형 인공지능(AI)과 나눈 대화에서 **틀린** 설명에 해당하는 번호를 찾아 적으시오(번호).

커피의 역사에 관해 설명해 줘

커피는 ① 아프리카 에티오피아에서 처음 발견된 것으로 알려져 있습니다. 이후 ② 이슬람 세계를 거쳐 유럽으로 전파되었으며, ③ 초기에는 약용으로 사용되기도 했습니다. ④ 18세기 무렵부터 일반인들이 마시기 시작하며 대중화 되어, 오늘날 커피는 ⑤ 물과 차에 이어 전 세계에서 세 번째로 가장 많이 소비되는 음료입니다.

● **실용검색** (각 50점)

문제9 길 찾기 서비스(포털 및 전문 검색사이트)를 이용하여 **인천터미널역(푸른세상안과) 5번 출구**에서 인천향교 옆에 있는 **인천도호부관아(재현시설물)**를 도보로 가는 지도 경로를 찾아 전체화면(길 찾기 검색화면, 경로 포함)을 캡처하여 답안 파일에 붙여 넣으시오(이미지 크기 150 mm x 100 mm).

문제10 인류의 복지에 공헌한 사람이나 단체에게 수여되는 노벨상은 6개 부문(문학, 화학, 물리학, 생리학 또는 의학, 평화, 경제학)에 대한 수상이 이뤄진다. 올해 우리나라 최초로 한강 작가가 노벨문학상을 수상하기도 하였다. 제124회 노벨평화상 **수상자**(단체명)를 검색하시오(정답).

문제11 해인사 장경판전은 15세기에 건립되었으며 대장경 목판 보관을 목적으로 지어진 세계에서 유일한 건축물로 팔만대장경과 연관하여 건축적, 과학적 측면에서 목판의 장기적 보존을 위해 고안된 탁월한 유산으로 평가된다. 해인사 장경판전의 유네스코 세계유산 **등재 연도**를 검색하시오(정답).

정보 가공 70점

※ 제시된 주제에 따라 답안을 완성하시오.

문제12 DMZ국제다큐멘터리영화제는 2009년부터 시작된 국내 최초이자 아시아 최대의 국제 다큐멘터리 영화제로, 세계 유일의 분단현장인 DMZ에서 전쟁의 아픔과 멀지만 가야 할 평화의 의미를 나누고 있다. 제16회 DMZ국제다큐멘터리영화제에 대한 정보를 검색하여 다음의 안내문 내용을 완성하시오.

(답안)

제17회 DMZ국제다큐멘터리영화제	
(12-1) DMZ국제다큐멘터리영화제 수상자에게 수여하는 트로피 **이미지**	(12-2) 제17회 DMZ국제다큐멘터리영화제 개막작 **작품명** (12-3) 제17회 DMZ국제다큐멘터리영화제 국제경쟁 심사위원 특별상 **수상작**(작품명) (12-4) 제17회 DMZ국제다큐멘터리영화제 **슬로건**

MEMO

PART 04
최신기출 복원문제

- ☑ 제 01 회 최신기출 복원문제
- ☑ 제 02 회 최신기출 복원문제
- ☑ 제 03 회 최신기출 복원문제
- ☑ 제 04 회 최신기출 복원문제
- ☑ 제 05 회 최신기출 복원문제
- ☑ 제 06 회 최신기출 복원문제
- ☑ 제 07 회 최신기출 복원문제
- ☑ 제 08 회 최신기출 복원문제
- ☑ 제 09 회 최신기출 복원문제
- ☑ 제 10 회 최신기출 복원문제
- ☑ 제 11 회 최신기출 복원문제
- ☑ 제 12 회 최신기출 복원문제
- ☑ 제 13 회 최신기출 복원문제
- ☑ 제 14 회 최신기출 복원문제
- ☑ 제 15 회 최신기출 복원문제
- ☑ 제 16 회 최신기출 복원문제
- ☑ 제 17 회 최신기출 복원문제
- ☑ 제 18 회 최신기출 복원문제
- ☑ 제 19 회 최신기출 복원문제
- ☑ 제 20 회 최신기출 복원문제

제 01 회 정보기술자격(ITQ) 최신기출 복원문제

과목	코드	문제유형	시험시간	수험번호	성명
인터넷	1152	A	60분		

• 수험자 유의사항 •

- 수험자는 문제지를 받는 즉시 **응시하고자 하는 과목의 문제지가 맞는지 확인**하여야 합니다.
- 시험과 직접 관련이 없는 행위(댓글 게시, 자료 업로드, 동영상 시청 등) 적발 시 실격으로 처리되며, 답안 내역을 보조기억 장치 및 기타 통신수단(게시판, 이메일, 메신저, 네트워크 등)을 이용하여 타인에게 전달 또는 외부로 반출하는 경우 적발 시 자격기본법 제32에 의거 부정행위로 처리됩니다.
- 내 PC\문서\ITQ 폴더의 "답안파일-인터넷.hwpx" 파일을 열고 파일 이름을 "수험번호-성명-인터넷.hwpx"로 답안폴더에 다시 저장한 후 답안 작성을 시작하여야 하며, 답안문서 파일명이 일치하지 않을 경우, 실격 처리됩니다(예 : 12345678-홍길동-인터넷.hwpx).
(시험에서 제공되는 답안파일 양식을 사용하지 않으면 0점 처리됨)
- 답안 작성을 마치면 파일을 저장하고, '답안 전송' 버튼을 선택하여 감독위원 PC로 답안을 전송하십시오. 수험자 정보와 저장한 파일명이 다를 경우 전송되지 않으므로 주의하시기 바랍니다.
- 답안 작성 중에도 **주기적으로 저장하고 답안을 전송**하여야 문제 발생을 줄일 수 있습니다. 작업한 내용을 저장하지 않고 전송할 경우, 이전에 저장된 내용이 전송되오니 이 점 유의하시기를 바랍니다.
- 시험 중 부주의 또는 고의로 시스템을 파손한 경우는 수험자가 변상해야 하며, 〈수험자 유의사항〉에 기재된 방법대로 이행하지 않아 생기는 불이익은 수험자 당사자의 책임임을 알려 드립니다.
- 시험을 완료한 수험자는 답안파일이 전송되었는지 확인한 후 감독위원의 지시에 따라 문제지를 제출하고 퇴실합니다.

• 답안 작성요령 •

- **온라인 답안 작성 절차**
수험자 등록 ⇒ 시험 시작 ⇒ 답안 파일 저장 ⇒ 답안 전송 ⇒ 시험 종료
- 시험 시작 전 시험과 무관한 프로그램의 실행을 중지시켜 주시기를 바랍니다(채팅, 파일공유 등).
- 문제에 (번호)라고 표시되어 있으면 번호만을 작성란에 기재하고, (정답)이라고 표시되어 있으면 정답만을 작성관에 기재하고, (정답, URL)이라고 표시되어 있으면 정답과 함께 URL을 반드시 기재하시기 바랍니다. 이를 준수하지 않으면 감점, 오답 처리 등 불이익이 있을 수 있습니다.
- [문제1], [문제2], [문제3], [문제8]은 정답의 번호만 아래와 같이 답안 파일에 정확히 기록하십시오.

문제 번호		답 안
문제1	정답	1

- 문제 번호에 따라 정답을 아래와 같이 답안 파일에 정확히 기록하십시오.

문제5	정답	대한민국

- [문제4]는 정답과 URL을 아래와 같이 답안 파일에 정확히 기록하십시오.
(URL은 정답을 확인할 수 있는 최종 URL을 기재하십시오.)

문제4	정답	정보기술자격(ITQ)
	URL	https://www.kpc.or.kr/certification/index.asp

- [문제4]의 경우 개인 홈페이지나 블로그, 지식 검색(예 : 지식iN 등)과 같이 개인 사견이 포함된 웹사이트, 첨부파일은 정답으로 인정하지 않습니다.
- [문제9]의 이미지 파일은 인터넷 답안 파일에 삽입한 후 반드시 지정된 이미지 크기로 변경하시기를 바랍니다.
- 문제에서 제시한 단위, Full name 등의 조건에 맞도록 답안을 작성하시기를 바랍니다.

kpc 한국생산성본부

인터넷 윤리 — 60점, 각 30점

※ 문제에 대한 적절한 내용의 번호를 골라 답안지에 기재하시오.

문제1 다음 중 사이버 불링(cyber bullying) 대처 방안으로 옳지 <u>않은</u> 것은?

① 피해 내용을 캡처하여 증거를 확보한다.
② 가해자와 직접 만나 문제를 해결하려고 한다.
③ SNS · 메신저에서 가해자를 차단한다.
④ 신뢰할 수 있는 어른이나 기관에 도움을 요청한다.

문제2 다음 중 휴대폰에 악성앱 설치를 유도하는 대출 전화가 왔을 때 대처 방법으로 옳지 <u>않은</u> 것은?

① 대출 가능하다는 상담 전화, 문자에 응하지 않는다.
② 최신 버전의 모바일 백신 앱으로 검사해 악성 앱을 삭제한다.
③ 대출 전 수수료를 요구할 경우 선입금을 진행한다.
④ 앱은 구글, 애플 등 공식스토어에서만 다운로드 하고 모르는 문자로 보내온 URL을 통한 앱 설치는 하지 않는다.

인터넷 검색 — 370점

● 일반검색 I   (각 10점)

문제3 다음 국가보훈처에서 선정한 이달의 전쟁영웅을 〈보기〉에서 찾아 해당 번호를 답안지에 적으시오(번호).

문제3-1) 2025년 3월 6.25 전쟁영웅 ──────────────────── (   )
문제3-2) 2025년 5월 6.25 전쟁영웅 ──────────────────── (   )
문제3-3) 2025년 8월 6.25 전쟁영웅 ──────────────────── (   )

《보기》 ① 이운산   ② 고광수   ③ 도태철   ④ 이준식   ⑤ 이성덕

● 일반검색 II   (각 50점)

문제4 사물인터넷(IoT)과 인공지능(AI), 빅데이터, 블록체인, 로봇, 가상현실(VR) 등 4차 산업혁명의 기반을 이루는 디지털 기술을 활용해 비즈니스를 혁신하는 것을 말한다. 디지털 기반으로 기업의 전략, 조직, 프로세스, 비즈니스 모델, 문화, 커뮤니케이션, 시스템을 근본적으로 변화시키는 경영전략이라 할 수 있다. 이것을 일컫는 **용어**를 검색하시오(정답, URL).

문제5 [문제5] 백로(白露)는 흰 이슬이라는 뜻으로 이때쯤이면 밤에 기온이 이슬점 이하로 내려가 풀잎이나 물체에 이슬이 맺히는 데서 유래하였다. 2025년 백로인 날의 대관령 무인관서의 **최저기온**(단위 : ℃, 소수첫째자리까지 표시)을 검색하시오(정답).

● **지능형 정보검색** (각 30점)

※ 인터넷 검색엔진과 생성형 인공지능(AI) 등 다양한 검색 도구를 사용하여 정답을 찾은 후 답안에 기재하시오(정답).

문제6 다음 문장이 설명하는 **현상**을 검색하시오(정답).

- 해양과 대기의 상호작용으로 발생하며, 지구 규모의 기후 패턴 변화와 밀접한 관련이 있습니다.
- 열대 태평양 중·동부 해역의 해수면 온도가 비정상적으로 상승하면서 시작됩니다.
- 이 현상이 나타나면 일부 지역에는 심한 가뭄이, 다른 지역에는 기록적인 폭우가 발생합니다.
- 남아메리카의 서해안 인근에서 주로 시작되며, 해류와 강수량, 생태계에까지 영향을 미칩니다.
- 그 이름은 한때 이 현상이 크리스마스쯤에 나타나는 데서 유래했습니다.
- 반대 개념의 현상도 존재하며, 두 현상은 번갈아 나타나기도 합니다.

문제7 다음 빈칸(괄호)에 적절한 **행성**은 무엇인지 검색하시오(정답).

외계 생명체에 흥미가 많은 초등학생 다현이는, NASA의 한 미션에서 달이 아닌 유로파(Europa)라는 위성에 생명체가 존재할 가능성이 있다는 이야기를 들었습니다.

https://en.wikipedia.org/wiki/Europa_(moon)

그래서 유로파가 어느 행성에 속하는 지도 궁금해서 AI 검색 등의 도움을 받아 관련 영어 문서를 찾았으며, AI 번역 등으로 내용을 이해한 결과 유로파가 (   )의 위성인 것도 알게 되었습니다.

문제8 다음 생성형 인공지능(AI)과 나눈 대화에서 **틀린** 설명에 해당하는 번호를 찾아 적으시오(번호).

화산이 폭발하면 어떻게 되나요?

화산이 폭발하면 다음과 같은 일이 발생할 수 있습니다.

① 화산이 폭발하면 지하의 마그마가 분출되면서 대기 중으로 노출되고, 냉각되며 용암류를 형성하여 지형 변형과 생태계 교란을 유발할 수 있습니다.
② 화산재가 성층권까지 상승하면 태양 복사를 반사해 단기적인 지구 평균기온 하강과 항공 노선 차질을 초래할 수 있습니다.
③ 화산 활동으로 방출된 주요 가스인 메탄가스는 대기 중에 응축되어 단기적인 강수량 증가를 유도하기도 합니다.
④ 격렬한 화산 분출은 주변 암반층의 기계적 안정성을 저하시켜 지진을 동반할 수 있으며, 이로 인해 사면 붕괴나 지표 침하와 같은 2차 피해가 발생할 수 있습니다.
⑤ 화산재는 규산염 입자와 유리질 파편으로 이루어져 있어 항공기 터빈 엔진 내부에서 용융되며 작동 불능 상태를 일으킬 수 있으며, 실제로 국제 항공 노선에 심각한 차질을 준 사례도 존재합니다.

● **실용검색** (각 50점)

문제9 길 찾기 서비스(포털 및 전문 검색사이트)를 이용하여 서울 **안국역(현대건설) 4번 출구**에서 **창경궁 경춘전**을 도보로 가는 지도 경로를 찾아 전체화면(길 찾기 검색화면, 경로 포함)을 캡처하여 답안 파일에 붙여 넣으시오(이미지 크기 150 mm x 100 mm).

문제10 동인문학상은 1955년 소설가 김동인을 기리기 위해 제정된 문학상으로, 현대문학상과 함께 국문학계에서 위상이 높으며 매년 10월에 중·단편소설 중 한 편을 선정한다. 제55회 동인문학상 **수상작**(작품명)을 검색하시오(정답).

문제11 세계우표전시회는 세계 각국의 우취인이 제작, 소장한 우표 작품들을 국제우취연맹(FIP)과 조직위원회의 규정에 의거 전시 및 심사하는 대회이다. 한국에서 열리는 세계우표전시회 필라코리아 2025의 **주제**를 검색하시오.

정보 가공   70점

※ 제시된 주제에 따라 답안을 완성하시오.

문제12 전주독서대전은 전국의 출판계, 독서계, 교육계, 문화계 등 책 문화 생태계가 함께 참여하는 책 축제로써 강연, 공연, 북마켓뿐만 아니라 함께 책 읽는 문화 조성을 위한 시민 참여형 체험 프로그램을 운영하고 독서와 문화 예술이 융합된 다양한 볼거리와 즐길 거리를 제공하는 대표 책 축제입니다. 제8회 전주독서대전에 대한 정보를 검색하여 다음의 안내문 내용을 완성하시오.

(답안)

제8회 전주독서대전	
(12-1) 제8회 전주독서대전 포스터 **이미지**	(12-2) 제8회 전주독서대전의 **슬로건**
	(12-3) 2025 전주 올해의 책 청소년 부문 **도서**(제목)
	(12-4) 제8회 전주독서대전 개막행사 **장소**

제 02 회 정보기술자격(ITQ) 최신기출 복원문제

과목	코드	문제유형	시험시간	수험번호	성명
인터넷	1152	A	60분		

· 수험자 유의사항 ·

- 수험자는 문제지를 받는 즉시 **응시하고자 하는 과목의 문제지가 맞는지 확인**하여야 합니다.
- 시험과 직접 관련이 없는 행위(댓글 게시, 자료 업로드, 동영상 시청 등) 적발 시 실격으로 처리되며, 답안 내역을 보조기억장치 및 기타 통신수단(게시판, 이메일, 메신저, 네트워크 등)을 이용하여 타인에게 전달 또는 외부로 반출하는 경우 적발 시 자격기본법 제32에 의거 부정행위로 처리됩니다.
- 내 PC₩문서₩ITQ 폴더의 "답안파일-인터넷.hwpx" 파일을 열고 파일 이름을 "수험번호-성명-인터넷.hwpx"로 답안폴더에 다시 저장한 후 답안 작성을 시작하여야 하며, 답안문서 파일명이 일치하지 않을 경우, 실격 처리됩니다(예 : 12345678-홍길동-인터넷.hwpx).
(시험에서 제공되는 답안파일 양식을 사용하지 않으면 0점 처리됨)
- 답안 작성을 마치면 파일을 저장하고, '답안 전송' 버튼을 선택하여 감독위원 PC로 답안을 전송하십시오. 수험자 정보와 저장한 파일명이 다를 경우 전송되지 않으므로 주의하시기 바랍니다.
- 답안 작성 중에도 **주기적으로 저장하고 답안을 전송**하여야 문제 발생을 줄일 수 있습니다. 작업한 내용을 저장하지 않고 전송할 경우, 이전에 저장된 내용이 전송되오니 이 점 유의하시기를 바랍니다.
- 시험 중 부주의 또는 고의로 시스템을 파손한 경우는 수험자가 변상해야 하며, 〈수험자 유의사항〉에 기재된 방법대로 이행하지 않아 생기는 불이익은 수험자 당사자의 책임임을 알려 드립니다.
- 시험을 완료한 수험자는 답안파일이 전송되었는지 확인한 후 감독위원의 지시에 따라 문제지를 제출하고 퇴실합니다.

· 답안 작성요령 ·

- **온라인 답안 작성 절차**
수험자 등록 ⇒ 시험 시작 ⇒ 답안 파일 저장 ⇒ 답안 전송 ⇒ 시험 종료
- 시험 시작 전 시험과 무관한 프로그램의 실행을 중지시켜 주시기를 바랍니다(채팅, 파일공유 등).
- 문제에 (번호)라고 표시되어 있으면 번호만을 작성란에 기재하고, (정답)이라고 표시되어 있으면 정답만을 작성관에 기재하고, (정답, URL)이라고 표시되어 있으면 정답과 함께 URL을 반드시 기재하시기 바랍니다. 이를 준수하지 않으면 감점, 오답 처리 등 불이익이 있을 수 있습니다.
- [문제1], [문제2], [문제3], [문제8]은 정답의 번호만 아래와 같이 답안 파일에 정확히 기록하십시오.

문제 번호		답 안
문제1	정답	1

- 문제 번호에 따라 정답을 아래와 같이 답안 파일에 정확히 기록하십시오.

문제5	정답	대한민국

- [문제4]는 정답과 URL을 아래와 같이 답안 파일에 정확히 기록하십시오.
(URL은 정답을 확인할 수 있는 최종 URL을 기재하십시오.)

문제4	정답	정보기술자격(ITQ)
	URL	https://www.kpc.or.kr/certification/index.asp

- [문제4]의 경우 개인 홈페이지나 블로그, 지식 검색(예 : 지식iN 등)과 같이 개인 사견이 포함된 웹사이트, 첨부파일은 정답으로 인정하지 않습니다.
- [문제9]의 이미지 파일은 인터넷 답안 파일에 삽입한 후 반드시 지정된 이미지 크기로 변경하시기를 바랍니다.
- 문제에서 제시한 단위, Full name 등의 조건에 맞도록 답안을 작성하시기를 바랍니다.

인터넷 윤리　　　　　　　　　　　　　　　　　　　60점, 각 30점

※ 문제에 대한 적절한 내용의 번호를 골라 답안지에 기재하시오.

문제1 다음 중 스마트폰 중독을 예방하기 위한 방법으로 옳지 <u>않은</u> 것은?

① '하루 2시간 이하 사용' 등 목표를 세워 스마트폰 사용 시간을 조절한다.
② 운동, 독서, 취미 활동 등 스마트폰 없이 몰입할 수 있는 활동 시간을 확보한다.
③ SNS · 게임 · 쇼핑 앱처럼 몰입도가 높은 앱은 무제한으로 이용한다.
④ 가족과 함께 스마트폰 사용하지 않는 시간을 정하여 실천한다.

문제2 다음 중 인터넷 계정도용 예방법으로 옳은 것은?

① 기억하기 쉽도록 모든 계정은 같은 아이디와 비밀번호를 사용한다.
② 자신의 아이디와 비밀번호는 친한 사람에게만 알려준다.
③ 탈퇴가 어렵거나 탈퇴 절차에 대한 설명이 없는 곳은 가입하는 것이 좋다.
④ 공용 PC에서는 개인정보 입력 시 자동완성 기능을 사용하지 않는다.

인터넷 검색　　　　　　　　　　　　　　　　　　　　　370점

● 일반검색Ⅰ　　　　　　　　　　　　　　　　　　　　　(각 10점)

문제3 다음 제천국제음악영화제(JIMFF)의 역대 수상자를 〈보기〉에서 찾아 해당 번호를 답안지에 적으시오(번호).

문제3-1) 2016년 영화음악상 ---------------------------------- (　　)
문제3-2) 2019년 아시아영화음악상 ------------------------------ (　　)
문제3-3) 2023년 제천영화음악상 -------------------------------- (　　)

《보기》　① 이병우　② 요시마타 료　③ 사카모토 류이치　④ 임강　⑤ 한재권

● 일반검색Ⅱ　　　　　　　　　　　　　　　　　　　　　(각 50점)

문제4 시장 환경에 따라 로봇이 자산을 관리해 주는 자동화 서비스를 말한다. 사람의 감독이나 간섭 없이 자동화된 알고리즘에 기반해 투자 판단을 내리고 시행한다는 특징이 있다. 이것을 일컫는 **용어**를 검색하시오(정답, URL).

문제5 당뇨병 유병률은 공복시간 8시간 이상인 자 중에서 혈당 126mg/dL 이상이거나 의사로부터 진단 받았거나 경구용 혈당강하제 복용 또는 인슐린 주사 투여 중인 경우를 말한다. 세계적으로 당뇨병의 유병률은 높아지고 있다. 통계청 한국의 사회지표에서 2023년 남자의 **당뇨병 유병률**(단위 : %)을 검색하시오(정답).

● **지능형 정보검색** (각 30점)

※ 인터넷 검색엔진과 생성형 인공지능(AI) 등 다양한 검색 도구를 사용하여 정답을 찾은 후 답안에 기재하시오(정답).

문제6 다음 문장이 설명하는 **용어**를 검색하시오(정답).

- 이 문서는 13세기 초, 왕권에 제약을 두려는 귀족들의 압력으로 작성되었습니다.
- 한 나라의 국왕이 자의적으로 세금을 부과하거나 법 없이 사람을 구금 하는 것을 막기 위한 조항이 포함되어 있었습니다.
- "법 위에 왕은 없다"라는 사고방식을 제도적으로 명문화한 초창기 사례로 평가받습니다.
- 처음엔 실패한 것 같았지만, 시간이 흐르며 시민의 권리와 입헌주의의 상징이 되었습니다.
- 영국의 법과 헌정 발전에 큰 영향을 주었고, 훗날 미국 독립 선언문과 헌법에도 철학적 영향을 미쳤습니다.
- 원래는 라틴어로 쓰였으며, 현재 그 원본은 몇 부만이 살아남아 박물관에 보존되어 있습니다.

문제7 다음 빈칸(괄호)에 적절한 **시기**(연도)를 검색하시오(정답).

중학생 은우는 원자 구조에 대해 배우다가, '중성자'가 발견된 시점이 궁금해졌습니다.
AI 검색 등으로 알아보니 아래의 링크를 찾았으며,

https://en.wikipedia.org/wiki/Neutron

영어 내용을 AI 번역 등을 통해 한국어로 번역해서 내용을 읽고 이해하게 된 결과 중성자는 (   )년에 발견되었다는 사실도 알게 되었습니다.

문제8 다음 생성형 인공지능(AI)과 나눈 대화에서 **틀린** 설명에 해당하는 번호를 찾아 적으시오(번호).

세계 문화유산(World Heritage)에 대해 알려줘.

① 유네스코(UNESCO)가 지정하는 세계유산은 크게 문화유산, 자연유산, 그리고 두 가지 특징을 모두 지닌 복합유산으로 구분됩니다.
② 세계유산으로 등재되기 위해서는 반드시 '탁월한 보편적 가치(Outstanding Universal Value)'를 갖추고 있어야 하며, 국제 전문가들의 심사를 거칩니다.
③ 대한민국의 첫 세계 문화유산은 1995년에 등재된 경주의 석굴암과 불국사입니다.
④ 세계유산은 국가별로 최대 10개까지만 등재가 가능하며, 유네스코는 10년 주기로 등재 유산의 가치와 상태를 재평가하여 목록을 조정합니다.
⑤ 유네스코가 세계유산 보호를 위해 제정한 국제 협약인 세계 문화 및 자연유산 보호에 관한 협약은 1972년에 채택되었습니다.

● **실용검색** (각 50점)

문제9 길 찾기 서비스(포털 및 전문 검색사이트)를 이용하여 담양 **한국대나무박물관**에서 **담양공용버스터미널**을 도보로 가는 지도 경로를 찾아 전체화면(길 찾기 검색화면, 경로 포함)을 캡처하여 답안 파일에 붙여 넣으시오(이미지 크기 150 mm x 100 mm).

문제10 특허청은 세계 최초로 측우기를 발명한 5월 19일을 '발명의 날'로 지정하여 기념식 등 발명 행사를 개최함으로써 범국민적인 발명의식을 확산하기 위해 노력하고 있다. 제60회 발명의날 기념식의 **주제**를 검색하시오(정답).

문제11 우정사업본부는 광복 80주년을 맞아 '광복절 노래' 가사가 담긴 기념우표 52만 5,000장을 발행하였다. 우리에게 광복은 단순히 빼앗긴 나라를 되찾은 것 이상의 중요한 의미가 있다.
광복 80년 기념우표의 **디자이너**(성명)를 검색하시오(정답).

정보 가공   70점

※ 제시된 주제에 따라 답안을 완성하시오.

문제12 국립백두대간수목원은 보전 가치가 높은 식물자원과 전시원, 백두대간의 상징 동물인 백두산 호랑이, 세계 최초의 야생 식물종자 영구 저장시설인 시드볼트를 보유하고 있는 아시아 최대 규모의 수목원으로 생물다양성을 보존하고 증진시켜 대자연과 인간의 풍요로운 상생을 이끌고자 한다. 국립백두대간수목원에 대한 정보를 검색하여 다음의 안내문 내용을 완성하시오.

(답안)

	국립백두대간수목원
(12-1) 국립백두대간수목원 CI **이미지**	(12-2) 국립백두대간수목원 **입장료**(단위 : 원, 어른, 개인, 할인없음)
	(12-3) 국립백두대간수목원 **개원일**(년월)
	(12-4) 국립백두대간수목원 **주소**(도로명 주소)

제 03 회 정보기술자격(ITQ) 최신기출 복원문제

과목	코드	문제유형	시험시간	수험번호	성명
인터넷	1152	A	60분		

・수험자 유의사항・

- 수험자는 문제지를 받는 즉시 **응시하고자 하는 과목의 문제지가 맞는지 확인**하여야 합니다.
- 시험과 직접 관련이 없는 행위(댓글 게시, 자료 업로드, 동영상 시청 등) 적발 시 실격으로 처리되며, 답안 내역을 보조기억 장치 및 기타 통신수단(게시판, 이메일, 메신저, 네트워크 등)을 이용하여 타인에게 전달 또는 외부로 반출하는 경우 적발 시 자격기본법 제32에 의거 부정행위로 처리됩니다.
- 내 PC₩문서₩ITQ 폴더의 "답안파일-인터넷.hwpx" 파일을 열고 파일 이름을 "수험번호-성명-인터넷.hwpx"로 답안폴더에 다시 저장한 후 답안 작성을 시작하여야 하며, 답안문서 파일명이 일치하지 않을 경우, 실격 처리됩니다(예 : 12345678-홍길동-인터넷.hwpx).
  (시험에서 제공되는 답안파일 양식을 사용하지 않으면 0점 처리됨)
- 답안 작성을 마치면 파일을 저장하고, '답안 전송' 버튼을 선택하여 감독위원 PC로 답안을 전송하십시오. 수험자 정보와 저장한 파일명이 다를 경우 전송되지 않으므로 주의하시기 바랍니다.
- 답안 작성 중에도 **주기적으로 저장하고 답안을 전송**하여야 문제 발생을 줄일 수 있습니다. 작업한 내용을 저장하지 않고 전송할 경우, 이전에 저장된 내용이 전송되오니 이 점 유의하시기를 바랍니다.
- 시험 중 부주의 또는 고의로 시스템을 파손한 경우는 수험자가 변상해야 하며, 〈수험자 유의사항〉에 기재된 방법대로 이행하지 않아 생기는 불이익은 수험자 당사자의 책임임을 알려 드립니다.
- 시험을 완료한 수험자는 답안파일이 전송되었는지 확인한 후 감독위원의 지시에 따라 문제지를 제출하고 퇴실합니다.

・답안 작성요령・

- **온라인 답안 작성 절차**
  수험자 등록 ⇒ 시험 시작 ⇒ 답안 파일 저장 ⇒ 답안 전송 ⇒ 시험 종료
- 시험 시작 전 시험과 무관한 프로그램의 실행을 중지시켜 주시기를 바랍니다(채팅, 파일공유 등).
- 문제에 (번호)라고 표시되어 있으면 번호만을 작성란에 기재하고, (정답)이라고 표시되어 있으면 정답만을 작성관에 기재하고, (정답, URL)이라고 표시되어 있으면 정답과 함께 URL을 반드시 기재하시기 바랍니다. 이를 준수하지 않으면 감점, 오답 처리 등 불이익이 있을 수 있습니다.
- [문제1], [문제2], [문제3], [문제8]은 정답의 번호만 아래와 같이 답안 파일에 정확히 기록하십시오.

문제 번호		답 안
문제1	정답	1

- 문제 번호에 따라 정답을 아래와 같이 답안 파일에 정확히 기록하십시오.

문제5	정답	대한민국

- [문제4]는 정답과 URL을 아래와 같이 답안 파일에 정확히 기록하십시오.
  (URL은 정답을 확인할 수 있는 최종 URL을 기재하십시오.)

문제4	정답	정보기술자격(ITQ)
	URL	https://www.kpc.or.kr/certification/index.asp

- [문제4]의 경우 개인 홈페이지나 블로그, 지식 검색(예 : 지식iN 등)과 같이 개인 사견이 포함된 웹사이트, 첨부파일은 정답으로 인정하지 않습니다.
- [문제9]의 이미지 파일은 인터넷 답안 파일에 삽입한 후 반드시 지정된 이미지 크기로 변경하시기를 바랍니다.
- 문제에서 제시한 단위, Full name 등의 조건에 맞도록 답안을 작성하시기를 바랍니다.

인터넷 윤리 60점, 각 30점

※ 문제에 대한 적절한 내용의 번호를 골라 답안지에 기재하시오.

문제1 다음 중 공공기관의 개인정보보호수칙으로 옳지 <u>않은</u> 것은?

① 개인정보가 유출되었을 시 즉시 정보주체에게 알려준다.
② 홈페이지 회원가입을 받을 경우 주민번호 대체수단을 도입한다.
③ 필수정보만 최소한으로 수집하고, 추가적인 정보 수집 시 동의를 받아야 한다.
④ 수집한 목적과 다르게 사용하거나 제 3자에게 제공할 수 있다.

문제2 다음 중 결혼식, 돌잔치 초대장을 사칭한 스미싱 예방법으로 옳지 <u>않은</u> 것은?

① 출처가 확인되지 않은 문자메시지의 인터넷주소를 클릭하지 않는다.
② 미확인 앱이 설치되지 않도록 스마트폰의 보안 설정을 강화한다.
③ 보안 강화 업데이트를 위해 금융정보를 요구하는 경우 금융정보를 모두 입력한다.
④ 스마트폰용 백신 프로그램 설치 및 주기적으로 업데이트한다.

인터넷 검색 370점

● 일반검색 Ⅰ (각 10점)

문제3 다음 ISBN을 가진 도서의 작가를 〈보기〉에서 찾아 해당 번호를 답안지에 적으시오(번호).

문제3-1) 9791190853682 ──────────────────── (   )
문제3-2) 9788934981213 ──────────────────── (   )
문제3-3) 9791189336837 ──────────────────── (   )

《보기》 ① 에릭 캔델   ② 파코 칼보   ③ 대니얼 카너먼   ④ 파미 올슨   ⑤ 한유주

● 일반검색 Ⅱ (각 50점)

문제4 가치관의 우선순위에 있는 것에는 소비를 아끼지 않는 대신, 우선순위에 없는 것에는 소비를 아끼는 사람들을 말한다. 즉, 소비자 한 사람 안에서 고가품과 저가품의 상반된 소비행태가 동시에 일어나는 것을 의미한다. 이것을 일컫는 **용어**를 검색하시오(정답, URL).

문제5 웰빙에 대한 국민의 관심이 높아짐에 따라 유기농업은 더 확대되고 유기농 경작지의 비중 또한 증가할 것으로 전망된다. 유기농경작은 지력 보전, 환경오염방지, 건강한 먹거리 생산 등을 통해 국민의 건강과 삶의 질 향상에 기여한다는 점에서 중요한 의미를 지닌다. 통계청 국가발전지표에서 2023년 **유기농경작면적률**(단위 : 천 ha, %)을 검색하시오(정답).

● 지능형 정보검색 (각 30점)

※ 인터넷 검색엔진과 생성형 인공지능(AI) 등 다양한 검색 도구를 사용하여 정답을 찾은 후 답안에 기재하시오(정답).

문제6 다음 문장이 설명하는 **인물**을 검색하시오(정답).

> - 나는 프랑스 낭트 출신으로 1983년에 태어났습니다.
> - 나는 런던 센트럴세인트마틴 미술디자인대학에서 그래픽디자인 공부를 했고 영국왕립미술대학교에서 아츠 커뮤니케이션 석사과정을 밟았습니다.
> - 나는 사진, 비디오, 의상, 설치, 책, 포스터, 패션 등 다방면에 걸친 활동을 하고 있습니다.
> - 제 그림에 재미를 더해 모든 사람들에게 웃음을 선사하는 것이 목표입니다.
> - 유머러스하고 재밌는 일러스트로 대한민국에서도 많은 인기를 끌고 있습니다.
> - '이건 책이 아닙니다', '두 발로 걷는 고양이 부르노' 등의 책을 쓰기도 하였습니다.

문제7 다음 빈칸(괄호)에 적절한 시기는 **언제(연도)**인지 검색하시오(정답).

> 지민이는 과거에는 배를 타고 먼 거리를 이동할 때 어떻게 방향을 알게 되었을까 궁금하여 알아보던 중 나침반이 항해술 발달에 결정적인 역할을 한 발명품인 것을 알게 되었다. 다른 나라 역사에서 나침반을 어떻게 사용하게 되었는지 찾아보던 중 영어로 된 자료를 찾게 되어 AI의 도움을 받았다.
>
> https://en.wikipedia.org/wiki/History_of_the_compass
>
> 특히 물고기 모양의 나침반은 단순히 방향을 가리키는 기능뿐만 아니라, 미적인 요소까지 고려한 흥미로운 형태이며, 이는 (   )년에 발간된 페르시아 동화책에서부터 언급되었다는 것을 알게 되었다.

문제8 다음 생성형 인공지능(AI)과 나눈 대화에서 **틀린** 설명에 해당하는 번호를 찾아 적으시오(번호).

> **고체 비누에 물을 묻히면 거품이 나는 이유는 무엇인가요?**
>
> - 비누 분자의 특별한 구조: ① 비누는 계면활성제의 일종입니다. ② 비누 분자는 마치 올챙이처럼 머리 부분(친수성, 물과 친함)과 꼬리 부분(소수성, 기름과 친함)으로 이루어져 있어요.
> - 공기를 포획하는 미셀(Micelle) 형성: 비누 분자들이 물 표면에 배열되면서 ③ 물 분자 사이의 인력을 강화해 표면 장력을 감소시키는 동시에 물속에서는 소수성 꼬리들이 서로를 끌어당겨 뭉치면서 미셀(Micelle)이라는 동그란 구조를 형성하면서 안쪽에는 기름때와 같은 소수성 물질이 갇히게 되면서 물 표면에서는 ④ 비누 분자들이 얇은 막을 형성하면서 공기를 포획하기 쉬운 상태가 됩니다.
> - 거품의 생성과 안정화: 우리가 손을 비비거나 비누를 문지르는 등의 물리적인 움직임을 가하게 되면, ⑤ 물 표면에 형성된 비누 분자 막이 공기를 둘러싸면서 거품이 만들어집니다. 비누 분자들은 물과 기름 모두와 친한 성질 덕분에 이 거품의 표면을 안정화하는 역할을 합니다. 즉, 물 분자들이 서로 다시 강하게 끌어당기려는 힘을 비누 분자들이 막아주어 거품이 쉽게 터지지 않고 유지되는 것이죠.

● 실용검색　　　　　　　　　　　　　　　　　　　　　　　　　　　　　　　　　　　　(각 50점)

문제9 길 찾기 서비스(포털 및 전문 검색사이트)를 이용하여 **청주백제유물전시관**에서 **청주고인쇄박물관**을 도보로 가는 지도 경로를 찾아 전체화면(길 찾기 검색화면, 경로 포함)을 캡처하여 답안 파일에 붙여 넣으시오(이미지 크기 150 mm x 100 mm).

문제10 올해로 23회를 맞이하는 동강국제사진제는 국내외 사진작가와 강원도민, 영월군민, 사진 애호가들이 함께 만들어가는 대한민국 대표 사진 행사로 동강사진박물관의 개관 20주년을 맞이하여 다채로운 전시를 준비하고 있다. 제23회 동강사진상 **수상자**(성명)를 검색하시오(정답).

문제11 전통문화 보존과 현대화를 선도해온 강릉시와 강릉문화원은 시대적 흐름과 소명에 발맞추어 강릉의 역사성을 간직한 문화콘텐츠를 활용하여 야간에 특화된 프로그램인 '강릉국가유산야행'을 개최해왔다. 2025년 열세번째 강릉국가유산야행의 **개최기간**(월일~월일)을 검색하시오(정답).

정보 가공　　　　　　　　　　　　　　　　　　　　　　70점

※ 제시된 주제에 따라 답안을 완성하시오.

문제12 경주엑스포대공원은 1998년 세계 최초로 문화예술을 주제로 한 국제문화박람회로 출범해 다양한 글로벌 행사를 개최한 곳으로 한국인의 문화 자긍심을 높이고 인류 문화 발전에 이바지해왔다.
경주엑스포대공원에 대한 정보를 검색하여 다음의 안내문 내용을 완성하시오.

(답안)

경주엑스포대공원	
(12-1) 솔거미술관 2025년 기증작가 상설전 '박대성 소산 수묵' 포스터 **이미지**	(12-2) 경주엑스포대공원 공원 이용권 보통권 **금액**(단위 : 원, 대인, 할인없음)
^	(12-3) 경주엑스포대공원 경주타워 **디자인저작권자**(성명)
^	(12-4) 경주엑스포대공원 **주소**(도로명 주소)

제 04 회 정보기술자격(ITQ) 최신기출 복원문제

과목	코드	문제유형	시험시간	수험번호	성명
인터넷	1152	A	60분		

· 수험자 유의사항 ·

- 수험자는 문제지를 받는 즉시 **응시하고자 하는 과목의 문제지가 맞는지 확인**하여야 합니다.
- 시험과 직접 관련이 없는 행위(댓글 게시, 자료 업로드, 동영상 시청 등) 적발 시 실격으로 처리되며, 답안 내역을 보조기억장치 및 기타 통신수단(게시판, 이메일, 메신저, 네트워크 등)을 이용하여 타인에게 전달 또는 외부로 반출하는 경우 적발 시 자격기본법 제32에 의거 부정행위로 처리됩니다.
- 내 PC₩문서₩ITQ 폴더의 "답안파일-인터넷.hwpx" 파일을 열고 파일 이름을 "수험번호-성명-인터넷.hwpx"로 답안폴더에 다시 저장한 후 답안 작성을 시작하여야 하며, 답안문서 파일명이 일치하지 않을 경우, 실격 처리됩니다(예 : 12345678-홍길동-인터넷.hwpx).
  (시험에서 제공되는 답안파일 양식을 사용하지 않으면 0점 처리됨)
- 답안 작성을 마치면 파일을 저장하고, '답안 전송' 버튼을 선택하여 감독위원 PC로 답안을 전송하십시오. 수험자 정보와 저장한 파일명이 다를 경우 전송되지 않으므로 주의하시기 바랍니다.
- 답안 작성 중에도 **주기적으로 저장하고 답안을 전송**하여야 문제 발생을 줄일 수 있습니다. 작업한 내용을 저장하지 않고 전송할 경우, 이전에 저장된 내용이 전송되오니 이 점 유의하시기를 바랍니다.
- 시험 중 부주의 또는 고의로 시스템을 파손한 경우는 수험자가 변상해야 하며, 〈수험자 유의사항〉에 기재된 방법대로 이행하지 않아 생기는 불이익은 수험자 당사자의 책임임을 알려 드립니다.
- 시험을 완료한 수험자는 답안파일이 전송되었는지 확인한 후 감독위원의 지시에 따라 문제지를 제출하고 퇴실합니다.

· 답안 작성요령 ·

- **온라인 답안 작성 절차**
  수험자 등록 ⇒ 시험 시작 ⇒ 답안 파일 저장 ⇒ 답안 전송 ⇒ 시험 종료
- 시험 시작 전 시험과 무관한 프로그램의 실행을 중지시켜 주시기를 바랍니다(채팅, 파일공유 등).
- 문제에 (번호)라고 표시되어 있으면 번호만을 작성란에 기재하고, (정답)이라고 표시되어 있으면 정답만을 작성관에 기재하고, (정답, URL)이라고 표시되어 있으면 정답과 함께 URL을 반드시 기재하시기 바랍니다. 이를 준수하지 않으면 감점, 오답 처리 등 불이익이 있을 수 있습니다.
- [문제1], [문제2], [문제3], [문제8]은 정답의 번호만 아래와 같이 답안 파일에 정확히 기록하십시오.

문제 번호	답 안
문제1	정답	1

- 문제 번호에 따라 정답을 아래와 같이 답안 파일에 정확히 기록하십시오.

문제5	정답	대한민국

- [문제4]는 정답과 URL을 아래와 같이 답안 파일에 정확히 기록하십시오.
  (URL은 정답을 확인할 수 있는 최종 URL을 기재하십시오.)

문제4	정답	정보기술자격(ITQ)
	URL	https://www.kpc.or.kr/certification/index.asp

- [문제4]의 경우 개인 홈페이지나 블로그, 지식 검색(예 : 지식iN 등)과 같이 개인 사견이 포함된 웹사이트, 첨부파일은 정답으로 인정하지 않습니다.
- [문제9]의 이미지 파일은 인터넷 답안 파일에 삽입한 후 반드시 지정된 이미지 크기로 변경하시기를 바랍니다.
- 문제에서 제시한 단위, Full name 등의 조건에 맞도록 답안을 작성하시기를 바랍니다.

인터넷 윤리 　　60점, 각 30점

※ 문제에 대한 적절한 내용의 번호를 골라 답안지에 기재하시오.

문제1 다음 중 공공장소에서 Wi-Fi 이용 시 유의사항으로 옳지 않은 것은?

① 민감한 정보(은행 계좌번호 등)를 입력하는 것을 피한다.
② 자동 와이파이 연결을 활성화하여 언제든지 접속되도록 한다.
③ 내 기기를 보호하기 위해 방화벽을 활성화한다.
④ VPN(Virtual Private Network)을 사용하면 보안 수준을 강화할 수 있다.

문제2 다음 중 AI시대에 인터넷 윤리가 필요한 이유로 옳지 않은 것은?

① 잘못된 정보가 너무 쉽게 퍼질 수 있기 때문이다.
② 차별적인 데이터가 들어가면 불공정한 판단을 내릴 수 있기 때문이다.
③ 중요한 기술(자율주행, 의료 등)은 생명에 영향을 줄 수 있기 때문이다.
④ 개인정보는 쉽게 노출되지 않기 때문이다.

인터넷 검색 　　370점

● 일반검색 Ⅰ 　　(각 10점)

문제3 다음 제78회 칸영화제 수상작을 〈보기〉에서 찾아 해당 번호를 답안지에 적으시오(번호).

문제3-1) 각본상 ──────────────────────────── (　　)
문제3-2) 감독상 ──────────────────────────── (　　)
문제3-3) 황금종려상 ───────────────────────── (　　)

《보기》
① 사운드 오브 폴링　　② 더 영 마더스 홈　　③ 더 시크릿 에이전트
④ 센티멘탈 밸류　　⑤ 잇 워즈 저스트 언 액시던트

● 일반검색 Ⅱ 　　(각 50점)

문제4 차세대 디지털 국가 예산·회계 시스템으로, 2007년부터 운영되던 기존의 디브레인을 개편한 것이다. 기존 시스템과 비교해 관리 업무 범위가 넓어지고 인공지능(AI) 기반 데이터 분석 플랫폼과 정책 상황 관리 시스템 등이 도입된 것이 특징이다. 이것을 일컫는 용어를 검색하시오(정답, URL).

문제5 시민의식은 민주주의의 성숙도를 측정하는 대표적인 사회의 질 지표로, '선거 시 반드시 투표에 참여한다', '세금을 정직하게 납부한다', '법과 규칙을 준수한다' 등 8개 항목별 중요도 응답점수(7점 만점)의 산술평균 값을 말한다. 통계청 국민 삶의 질 지표에서 2024년 시민의식(8개 항목 평균) **점수**(단위 : 점/7점 만점)를 검색하시오(정답).

● **지능형 정보검색** (각 30점)

※ 인터넷 검색엔진과 생성형 인공지능(AI) 등 다양한 검색 도구를 사용하여 정답을 찾은 후 답안에 기재하시오(정답).

문제6 다음 문장이 설명하는 **대상**을 검색하시오(정답).

> - 이것은 특정 온도 이하로 냉각되었을 때 전기 저항이 0Ω(옴)이 되는 현상과 물질의 내부에 침투해 있던 자기장이 외부로 밀려나는 마이스너 효과(Meissner effect)가 일어나는 물질을 말한다.
> - 전류가 장애 없이 흐르고 외부 자기장을 밀쳐내는 성질이 있다.
> - 금속, 합금, 세라믹 등 다양한 종류의 물질에서 나타날 수 있다.
> - 다양한 산업 분야에 혁명적인 변화를 불러일으킬 수 있는 물질로 자기 부상 열차, 전기차, 초고속 슈퍼컴퓨터 등이 이것을 응용해 기존 산업의 패러다임을 바꿀 혁신 분야이다.

문제7 다음 빈칸(괄호)에 적절한 **동물(2가지)**을 검색하시오(정답).

> 평소 영화를 좋아하는 철수는 영화 속 파라오의 모습에서 깊은 인상을 받았다. 고대 이집트의 파라오들이 특별한 머리 장식을 착용하여 그들의 권위와 신성함을 나타냈다는 것을 알게 되었고, 인터넷에서 자료를 찾아보던 중 영어로 된 자료를 찾아 AI의 도움을 받게 되었다.
>
> https://simple.wikipedia.org/wiki/Pschent
>
> 왕권과 통일을 상징했던 이 독특한 이중관의 명칭은 프셋트(Pschent)이다. 두 가지 동물의 형상, 즉 (   )와 (   )문양을 이마 부분에 장식하고 있다.

문제8 다음 생성형 인공지능(AI)과 나눈 대화에서 **틀린** 설명에 해당하는 번호를 찾아 적으시오(번호).

> **밥을 먹고 나면 졸린 이유는 무엇인지 알려주세요.**
>
> 밥을 먹으면 소화를 위해 음식이 위장으로 모여 ① 뇌로 가는 혈류가 줄어들고, 이로 인해 피로감을 느끼게 됩니다. 그리고 음식에 들어 있는 ② '트립토판'이라는 아미노산은 식곤증을 유발합니다. 트립토판이 인체에 흡수돼 세로토닌으로 바뀔 경우, ③ 세로토닌에 의해 마음이 편안해지고 긴장이 완화되며 졸음을 느끼게 되죠. 특히 ④ 세로토닌 일부는 수면 유도 호르몬인 멜라토닌으로 바뀌기도 합니다. ⑤ 급하게 먹거나 과식을 할 경우 졸린 증상은 감소합니다.

• **실용검색** (각 50점)

문제9 길 찾기 서비스(포털 및 전문 검색사이트)를 이용하여 이천 **이천시립박물관**에서 **이천시립월전미술관**을 도보로 가는 지도 경로를 찾아 전체화면(길 찾기 검색화면, 경로 포함)을 캡처하여 답안 파일에 붙여 넣으시오(이미지 크기 150 mm x 100 mm).

문제10 한국에너지공단은 내수진작과 고효율 가전제품 보급 확대를 위한 "으뜸효율 가전제품 환급사업"을 시행한다. 생활과 밀접한 11가지 가전의 에너지소비효율 최고등급 제품을 구매한 국민에게 제품 구매가의 10%를 환급하는 사업이다. 2025년 으뜸효율 가전제품 환급사업 **시작일**(월일)을 검색하시오(정답).

문제11 세계지질공원은 지질학적으로 가치 있는 지형과 자연경관을 보존하고, 이를 지역사회와 연계해 지속 가능한 발전을 도모하기 위해 유네스코가 지정하는 특별한 보호구역이다. 2025년에 지정된 한국의 **세계지질공원**(2곳)을 검색하시오(정답).

정보 가공 70점

※ 제시된 주제에 따라 답안을 완성하시오.

문제12 부천국제판타스틱영화제(BIFAN)는 유네스코 문학 창의도시 부천을 상징하는 영화축제로, 올해에는 AI 기술이 사회 전반으로 확산되고 있는 현상 속에서 실존적이고 철학적인 성찰을 통해 기술과 인간 고유성과 조화로운 균형을 심도있게 고찰하고자 한다. 제29회 부천국제판타스틱영화제에 대한 정보를 검색하여 다음의 안내문 내용을 완성하시오.

(답안)

제29회 부천국제판타스틱영화제	
(12-1) 제29회 부천국제판타스틱영화제 공식포스터 **이미지**(3종 중 1가지)	(12-2) 제29회 부천국제판타스틱영화제 **슬로건**
	(12-3) 제29회 부천국제판타스틱영화제 개막작 **작품명**
	(12-4) 제29회 부천국제판타스틱영화제 비판홀릭(패키지티켓) **금액**(단위 : 원, 할인없음, 실물카드/모바일카드)

제 05 회 정보기술자격(ITQ) 최신기출 복원문제

과목	코드	문제유형	시험시간	수험번호	성명
인터넷	1152	A	60분		

· 수험자 유의사항 ·

- 수험자는 문제지를 받는 즉시 **응시하고자 하는 과목의 문제지가 맞는지 확인**하여야 합니다.
- 시험과 직접 관련이 없는 행위(댓글 게시, 자료 업로드, 동영상 시청 등) 적발 시 실격으로 처리되며, 답안 내역을 보조기억 장치 및 기타 통신수단(게시판, 이메일, 메신저, 네트워크 등)을 이용하여 타인에게 전달 또는 외부로 반출하는 경우 적발 시 자격기본법 제32조에 의거 부정행위로 처리됩니다.
- 내 PC\문서\ITQ 폴더의 "답안파일-인터넷.hwpx" 파일을 열고 파일 이름을 "수험번호-성명-인터넷.hwpx"로 답안폴더에 다시 저장한 후 답안 작성을 시작하여야 하며, 답안문서 파일명이 일치하지 않을 경우, 실격 처리됩니다(예 : 12345678-홍길동-인터넷.hwpx).
  (시험에서 제공되는 답안파일 양식을 사용하지 않으면 0점 처리됨)
- 답안 작성을 마치면 파일을 저장하고, '답안 전송' 버튼을 선택하여 감독위원 PC로 답안을 전송하십시오. 수험자 정보와 저장한 파일명이 다를 경우 전송되지 않으므로 주의하시기 바랍니다.
- 답안 작성 중에도 **주기적으로 저장하고 답안을 전송**하여야 문제 발생을 줄일 수 있습니다. 작업한 내용을 저장하지 않고 전송할 경우, 이전에 저장된 내용이 전송되오니 이 점 유의하시기를 바랍니다.
- 시험 중 부주의 또는 고의로 시스템을 파손한 경우는 수험자가 변상해야 하며, 〈수험자 유의사항〉에 기재된 방법대로 이행하지 않아 생기는 불이익은 수험자 당사자의 책임임을 알려 드립니다.
- 시험을 완료한 수험자는 답안파일이 전송되었는지 확인한 후 감독위원의 지시에 따라 문제지를 제출하고 퇴실합니다.

· 답안 작성요령 ·

- **온라인 답안 작성 절차**
  수험자 등록 ⇒ 시험 시작 ⇒ 답안 파일 저장 ⇒ 답안 전송 ⇒ 시험 종료
- 시험 시작 전 시험과 무관한 프로그램의 실행을 중지시켜 주시기를 바랍니다(채팅, 파일공유 등).
- 문제에 (번호)라고 표시되어 있으면 번호만을 작성란에 기재하고, (정답)이라고 표시되어 있으면 정답만을 작성관에 기재하고, (정답, URL)이라고 표시되어 있으면 정답과 함께 URL을 반드시 기재하시기 바랍니다. 이를 준수하지 않으면 감점, 오답 처리 등 불이익이 있을 수 있습니다.
- [문제1], [문제2], [문제3], [문제8]은 정답의 번호만 아래와 같이 답안 파일에 정확히 기록하십시오.

문제 번호	답 안	
문제1	정답	1

- 문제 번호에 따라 정답을 아래와 같이 답안 파일에 정확히 기록하십시오.

문제5	정답	대한민국

- [문제4]는 정답과 URL을 아래와 같이 답안 파일에 정확히 기록하십시오.
  (URL은 정답을 확인할 수 있는 최종 URL을 기재하십시오.)

문제4	정답	정보기술자격(ITQ)
	URL	https://www.kpc.or.kr/certification/index.asp

- [문제4]의 경우 개인 홈페이지나 블로그, 지식 검색(예 : 지식iN 등)과 같이 개인 사견이 포함된 웹사이트, 첨부파일은 정답으로 인정하지 않습니다.
- [문제9]의 이미지 파일은 인터넷 답안 파일에 삽입한 후 반드시 지정된 이미지 크기로 변경하시기를 바랍니다.
- 문제에서 제시한 단위, Full name 등의 조건에 맞도록 답안을 작성하시기를 바랍니다.

kpc 한국생산성본부

인터넷 윤리　　　　　　　　　　　　　　　　　　　　　60점, 각 30점

※ 문제에 대한 적절한 내용의 번호를 골라 답안지에 기재하시오.

문제1 다음 중 스미싱(smishing) 예방법으로 옳지 <u>않은</u> 것은?

① 출처가 확인되지 않은 문자메시지의 인터넷주소는 클릭 금지하기
② 스마트폰용 백신프로그램을 설치하고 주기적으로 업데이트하기
③ 보안을 위한 금융정보 요구 시 안내해주는 대로 입력하기
④ 미확인 앱이 함부로 설치되지 않도록 스마트폰의 보안 설정 강화하기

문제2 다음 중 올바른 인터넷 사용 문화로 옳은 것은?

① 단체 대화방에서 상대방과 대등한 자세로 반말만 사용한다.
② 타인의 지적재산권은 공유하여 함께 사용하도록 노력한다.
③ 대화방에 입장 시 방해되지 않도록 인사 없이 바로 대화에 끼어든다.
④ 개인정보는 최소한의 것만 기재하거나 비공개로 한다.

인터넷 검색　　　　　　　　　　　　　　　　　　　　　　　　　370점

● 일반검색 I　　　　　　　　　　　　　　　　　　　　　　　　　(각 10점)

문제3 다음 천연기념물의 지정(등록)일을 〈보기〉에서 찾아 해당 번호를 답안지에 적으시오(번호).

　문제3-1) 의성 제오리 공룡발자국 화석산지 ---------------------------- (　　)
　문제3-2) 단양 고수동굴 --- (　　)
　문제3-3) 제주 선흘리 거문오름 ---------------------------------- (　　)

《보기》
① 1962년 12월 7일　　② 1976년 9월 24일　　③ 1993년 6월 1일
④ 1998년 11월 9일　　⑤ 2005년 1월 6일

● 일반검색 II　　　　　　　　　　　　　　　　　　　　　　　　　(각 50점)

문제4 부동산에 첨단 기술을 접목시킨 부동산 서비스 산업으로 빅데이터, 인공지능, 가상현실 등의 최첨단 기술이 활용되어 혁신적 서비스를 제공한다. 이것을 일컫는 **용어**를 검색하시오(정답, URL).

문제5 스위스 국제경영개발원(IMD)에서는 경제운영 성과, 정부행정 효율, 기업경영 효율, 발전인프라 4개 분야 343개 항목을 조사하여 총 60개 국가('13년기준)에 대한 경쟁력 현황인 IMD 국제경쟁력순위를 발표하고 있다. 통계청 e-나라지표에서 2024년 대한민국의 IMD **종합순위**(단위 : 순위)를 검색하시오 (정답).

● 지능형 정보검색 (각 30점)

※ 인터넷 검색엔진과 생성형 인공지능(AI) 등 다양한 검색 도구를 사용하여 정답을 찾은 후 답안에 기재하시오 (정답).

문제6 다음 문장이 설명하는 **인물(성명)**을 검색하시오(정답).

- 저는 남자이고 1712년에 태어났으며, 본관은 광주이고, 호는 순암(順菴)입니다.
- 35세에 이익의 문인이 되면서 학문이 더욱 깊어졌고 실학적 경세론을 펴기도 했습니다.
- 저는 전통적인 주자학의 실천성을 강조하고 천주교 배척에 앞장서기도 하였습니다.
- 저는 단군조선으로부터 고려말까지의 역사서인 동사강목을 편찬하였습니다.

문제7 다음 빈칸(괄호)에 적절한 의복의 **명칭**을 검색하시오(정답).

철수는 우리나라 역사 속에서 옷을 통해 신분을 구별했던 것처럼 다른 나라의 역사 속에서 의복이 신분이나 지위를 상징적으로 보여주는 흥미로운 사례가 있는지 궁금해졌다. 특히 고대 로마의 의복이 궁금하여 찾아보다가 영어로 된 자료를 찾게 되었고 AI의 도움을 받아 정보를 수집할 수 있었다.

https://en.wikipedia.org/wiki/Toga

고대 로마에서 시민권과 사회적 지위를 나타내는 중요한 의복 중 ( )는 옷 가장자리에 넓은 자주색 줄무늬가 들어가 있는 하얀색 의복이며, 세로로 넓은 자주색 줄무늬가 들어간 튜닉 위로 입는다.

문제8 다음 생성형 인공지능(AI)과 나눈 대화에서 **틀린** 설명에 해당하는 번호를 찾아 적으시오(번호).

밤에 따뜻한 우유를 마시면 잠이 잘 오는 이유를 알려주세요.

- **심리적인 안정감**: ① 따뜻한 음료를 마시는 행위 자체가 심리적으로 편안함과 안정감을 줄 수 있고, 일종의 수면 의식처럼 작용해서 몸과 마음을 이완시켜 잠들기 좋은 상태로 만들어 줄 수 있습니다.
- **트립토판(Tryptophan)**: 우유에는 필수 아미노산의 일종인 트립토판이 함유되어 있어요. 트립토판은 뇌에서 신경전달물질인 세로토닌(serotonin)과 멜라토닌(melatonin) 생성을 돕는데, ② '행복 호르몬'이라고도 불리는 세로토닌은 기분을 안정시키고 편안하게 해주는 효과가 있어요. ③ '수면 호르몬'인 멜라토닌은 생체 리듬을 조절하여 잠이 오게 하는 역할을 합니다.
- **칼슘(Calcium)**: 우유에 풍부하게 함유된 ④ 칼슘은 신경계를 긴장시키고 근육을 수축시키는 데 도움을 줄 수 있어요. 칼슘 부족은 불면증과 관련이 있다는 연구 결과도 있습니다.
- **따뜻함**: 따뜻한 우유를 마시면 ⑤ 체온이 약간 상승했다가 서서히 떨어지는데, 이러한 체온 변화가 수면을 유도하는 데 도움이 될 수 있습니다.

● **실용검색** (각 50점)

문제9 길 찾기 서비스(포털 및 전문 검색사이트)를 이용하여 예천 **예천천문우주센터**에서 **예천박물관**을 도보로 가는 지도 경로를 찾아 전체화면(길 찾기 검색화면, 경로 포함)을 캡처하여 답안 파일에 붙여 넣으시오(이미지 크기 150 mm x 100 mm).

문제10 '세계 환경의 날'은 지구 환경 보호의 중요성을 강조하고, 환경 보전을 위한 국제사회의 관심과 노력을 다짐하는 날로 제정되었다. 2005년 '세계 환경의 날' 행사가 1997년 이후 28년 만에 국내에서 개최되었다. 2025년 세계 환경의 날의 **주제**를 검색하시오(정답).

문제11 국가유산청은 '2025년 국가유산 방문 캠페인' 일환으로, 매월 방문하기 좋은 국가유산 방문코스를 선정해 무료 또는 할인 입장, 숙박 및 교통 할인권 지급 등 다양한 혜택을 제공하는 '이달의 방문코스'를 선보이고 있다. 2025년 7월의 이달의 방문코스 **명칭**을 검색하시오(정답).

정보 가공　　70점

※ 제시된 주제에 따라 답안을 완성하시오.

문제12 서울국제환경영화제(Seoul International Eco Film Festival)는 명실상부한 세계 3대 환경영화제이자 아시아 최고의 환경영화제 영화를 통해 환경과 인간의 공존을 모색하고 미래를 위한 대안과 실천을 논의하는 축제의 장으로 자리매김하고 있다. 제22회 서울국제환경영화제에 대한 정보를 검색하여 다음의 안내문 내용을 완성하시오.

(답안)

제22회 서울국제환경영화제	
(12-1) 제22회 서울국제환경영화제 포스터 **이미지**	(12-2) 제22회 서울국제환경영화제 에코프렌즈 **성명**(2명)
	(12-3) 제22회 서울국제환경영화제 **슬로건**
	(12-4) 제22회 서울국제환경영화제 **개막작**(작품명)

제 06 회 정보기술자격(ITQ) 최신기출 복원문제

과목	코드	문제유형	시험시간	수험번호	성명
인터넷	1152	A	60분		

· 수험자 유의사항 ·

- 수험자는 문제지를 받는 즉시 **응시하고자 하는 과목의 문제지가 맞는지 확인**하여야 합니다.
- 시험과 직접 관련이 없는 행위(댓글 게시, 자료 업로드, 동영상 시청 등) 적발 시 실격으로 처리되며, 답안 내역을 보조기억장치 및 기타 통신수단(게시판, 이메일, 메신저, 네트워크 등)을 이용하여 타인에게 전달 또는 외부로 반출하는 경우 적발 시 자격기본법 제32에 의거 부정행위로 처리됩니다.
- 내 PC\문서\ITQ 폴더의 "답안파일-인터넷.hwpx" 파일을 열고 파일 이름을 "수험번호-성명-인터넷.hwpx"로 답안폴더에 다시 저장한 후 답안 작성을 시작하여야 하며, 답안문서 파일명이 일치하지 않을 경우, 실격 처리됩니다(예 : 12345678-홍길동-인터넷.hwpx).
  (시험에서 제공되는 답안파일 양식을 사용하지 않으면 0점 처리됨)
- 답안 작성을 마치면 파일을 저장하고, '답안 전송' 버튼을 선택하여 감독위원 PC로 답안을 전송하십시오. 수험자 정보와 저장한 파일명이 다를 경우 전송되지 않으므로 주의하시기 바랍니다.
- 답안 작성 중에도 **주기적으로 저장하고 답안을 전송**하여야 문제 발생을 줄일 수 있습니다. 작업한 내용을 저장하지 않고 전송할 경우, 이전에 저장된 내용이 전송되오니 이 점 유의하시기를 바랍니다.
- 시험 중 부주의 또는 고의로 시스템을 파손한 경우는 수험자가 변상해야 하며, 〈수험자 유의사항〉에 기재된 방법대로 이행하지 않아 생기는 불이익은 수험자 당사자의 책임임을 알려 드립니다.
- 시험을 완료한 수험자는 답안파일이 전송되었는지 확인한 후 감독위원의 지시에 따라 문제지를 제출하고 퇴실합니다.

· 답안 작성요령 ·

- **온라인 답안 작성 절차**
  수험자 등록 ⇒ 시험 시작 ⇒ 답안 파일 저장 ⇒ 답안 전송 ⇒ 시험 종료
- 시험 시작 전 시험과 무관한 프로그램의 실행을 중지시켜 주시기를 바랍니다(채팅, 파일공유 등).
- 문제에 (번호)라고 표시되어 있으면 번호만을 작성란에 기재하고, (정답)이라고 표시되어 있으면 정답만을 작성관에 기재하고, (정답, URL)이라고 표시되어 있으면 정답과 함께 URL을 반드시 기재하시기 바랍니다. 이를 준수하지 않으면 감점, 오답 처리 등 불이익이 있을 수 있습니다.
- [문제1], [문제2], [문제3], [문제8]은 정답의 번호만 아래와 같이 답안 파일에 정확히 기록하십시오.

문제 번호		답 안
문제1	정답	1

- 문제 번호에 따라 정답을 아래와 같이 답안 파일에 정확히 기록하십시오.

문제5	정답	대한민국

- [문제4]는 정답과 URL을 아래와 같이 답안 파일에 정확히 기록하십시오.
  (URL은 정답을 확인할 수 있는 최종 URL을 기재하십시오.)

문제4	정답	정보기술자격(ITQ)
	URL	https://www.kpc.or.kr/certification/index.asp

- [문제4]의 경우 개인 홈페이지나 블로그, 지식 검색(예 : 지식iN 등)과 같이 개인 사견이 포함된 웹사이트, 첨부파일은 정답으로 인정하지 않습니다.
- [문제9]의 이미지 파일은 인터넷 답안 파일에 삽입한 후 반드시 지정된 이미지 크기로 변경하시기를 바랍니다.
- 문제에서 제시한 단위, Full name 등의 조건에 맞도록 답안을 작성하시기를 바랍니다.

인터넷 윤리　　　　　　　　60점, 각 30점

※ 문제에 대한 적절한 내용의 번호를 골라 답안지에 기재하시오.

문제1 다음 중 사이버범죄에 해당하지 <u>않는</u> 것은?

① 해킹
② 프리웨어 사용
③ 피싱, 스미싱, 파밍
④ 자료 유출

문제2 다음 중 개인정보보호법에 위배 되지 <u>않는</u> 것은?

① 동아리 회원의 개인정보(성명, 전화번호)를 인터넷 블로그에 공개
② 정보 주체의 동의 없이 개인정보를 제3자에게 제공
③ 게시판에 익명으로 글을 작성
④ 공공기관 자유게시판에 작성자 성명, 생년월일 노출

인터넷 검색　　　　　　　　370점

● 일반검색 Ⅰ　　　　　　　　(각 10점)

문제3 다음 전시회가 열리고 있는 장소를 〈보기〉에서 찾아 해당 번호를 답안지에 적으시오(번호).

문제3-1) 오늘도, 기념: 우리가 기념품을 간직하는 이유 ――――――――――― (　　)
문제3-2) 정원을 사랑한 지중해화가 모네 ―――――――――――――――――― (　　)
문제3-3) 기울인 몸들: 서로의 취약함이 만날 때 ――――――――――――――― (　　)

《보기》
① 국립현대미술관 서울　　② 일월수목원　　③ 대전시립미술관
④ 국립민속박물관　　　　⑤ 세종문화회관

● 일반검색 Ⅱ　　　　　　　　(각 50점)

문제4 웹서버에 명령을 실행해 관리자 권한을 획득하는 방식의 공격방법을 말한다. 공격자가 원격에서 대상 웹서버에 웹 스크립트파일을 전송, 관리자 권한을 획득한 후 웹 페이지 소스코드 열람, 악성 스크립트 삽입, 서버 내 자료 유출 등의 공격을 하는 것이다. 이것을 일컫는 <u>용어</u>를 검색하시오(정답, URL).

문제5 합계출산율이란 한 여성이 가임기간(15~49세)에 낳을 것으로 기대되는 평균 출생아 수를 말한다. 우리나라는 세계 최저 수준의 합계출산율로 인한 급격한 저출생 및 고령화로 심각한 경제·사회적 충격이 전망되고 있다. 통계청 지표누리에서 2024년 부산광역시의 **합계출산율**(단위 : 가임여성 1명당 명, 소수셋째자리까지 표시)을 검색하시오(정답).

● 지능형 정보검색 (각 30점)

※ 인터넷 검색엔진과 생성형 인공지능(AI) 등 다양한 검색 도구를 사용하여 정답을 찾은 후 답안에 기재하시오(정답).

문제6 다음 문장이 설명하는 **대상**을 검색하시오(정답).

> - 우리가 살고 있는 우주 외에도 다른 우주들이 존재할 수 있다는 가설입니다.
> - 인간이 속해 있는 우주 외에도 팽창 우주론, 양자역학, 철학적 가설에 기반한 우리가 알지 못하는 수많은 우주 전체를 말합니다.
> - 한 객체를 표현하는 여러 메타버스(Metaverse)가 중첩된 메타버스를 의미하기도 합니다.
> - SF 영화, 소설, 게임과 가상현실 기기 등에서 폭넓게 소재로 이용되는 양자역학적 평행 우주도 그중 하나입니다.

문제7 다음 빈칸(괄호)에 적절한 **금액**을 검색하시오(정답).

> 철수는 영국박물관(The British Museum)을 방문하기로 하였다. 영국박물관은 인류의 태동기부터 현대에 이르는 세계 각 문명권의 역사 문화를 망라하는 800만 점 이상의 유물과 민속 예술품을 소장하고 있는데, 영국박물관 사이트에서 전시 정보를 얻고 출발하려고 한다.
>
> https://www.britishmuseum.org/exhibitions
>
> 영국박물관에서 5월22일 ~ 10월19일까지 전시 중인 특별전시회 'Ancient India: living traditions'의 평일(월~금) 성인(adults) 입장료는 £ (　　　)이다.

문제8 다음 생성형 인공지능(AI)과 나눈 대화에서 **틀린** 설명에 해당하는 번호를 찾아 적으시오(번호).

> **하늘이 파란색으로 보이는 이유를 알려주세요.**
>
> - 햇빛은 여러 가지 색깔의 빛으로 이루어져 있어요. 우리가 흔히 "하얀색"이라고 부르는 ① <u>햇빛은 사실 빨간색, 주황색, 노란색, 초록색, 파란색, 남색, 보라색 등 여러 가지 색깔의 빛이 섞여 있는 혼합광선</u>이에요. 마치 무지개가 여러 색깔로 보이는 것과 같은 원리죠.
> - 빛이 대기 중의 입자들과 부딪히면서 '산란'합니다. ② <u>햇빛이 지구 대기권으로 들어오면 이 작은 입자들과 충돌하게 됩니다</u>. 이때 빛의 파장에 따라 흩어지는 정도가 다른데, 이 현상을 산란(Scattering)이라고 불러요.
> - 파장이 짧은 푸른색 빛이 더 많이 산란 돼요. ③ <u>빛의 파장이 짧을수록 대기 중 작은 입자들과 더 잘 부딪히고 더 많이 흩어지는 경향이 있습니다</u>. 가시광선 중에서 파장이 가장 짧은 색깔이 바로 보라색과 파란색 계열이에요.
> - 우리 눈에 파란색 하늘이 보이는 이유는 햇빛이 대기를 통과하면서 파장이 짧은 보라색과 파란색 빛은 사방으로 심하게 흩어지며, ④ <u>흩어진 파란색 빛이 우리의 눈에 더 많이 들어오기 때문에 하늘이 파랗게 보입니다</u>.
> - 해가 질 때 하늘이 붉게 보이는 이유는 ⑤ <u>해가 기울면 태양 빛의 이동 경로가 짧아지는데, 파란빛은 오는 도중에 흩어지고 긴 파장의 붉은빛만 남아 우리 눈에 도달하여 하늘이 붉게 보이는 것입니다</u>.

● 실용검색 (각 50점)

문제9 길 찾기 서비스(포털 및 전문 검색사이트)를 이용하여 **김해 박물관역 2번출구**에서 **김해민속박물관**을 도보로 가는 지도 경로를 찾아 전체화면(길 찾기 검색화면, 경로 포함)을 캡처하여 답안 파일에 붙여 넣으시오(이미지 크기 150 mm x 100 mm).

문제10 국내 최초의 도심형 수목원인 국립세종수목원은 기후 및 식생대별 수목유전 자원의 보존 및 자원화를 위한 국가수목원 확충계획에 따라 설립되었다. 국립세종수목원 관람안내 추천코스1의 **거리**(단위 : km)를 검색하시오(정답).

문제11 아시아태평양경제협력체(APEC, Asia-Pacific Economic Cooperation)는 아시아·태평양 지역의 지속가능한 경제성장과 번영을 실현하기 위해 설립되었다. 2025 APEC 정상회의의 **주제**를 검색하시오(정답).

정보 가공 70점

※ 제시된 주제에 따라 답안을 완성하시오.

문제12 국립인천해양박물관은 수도권 최초의 국립해양문화시설로 해양 유산을 보존하고 기록하는 차원을 넘어 현재를 조명하고 미래를 함께 그려 나가는 공간으로서, 해양 문화의 중심이자 바다와 사람을 이어주는 특별한 공간이 되고자 한다. 국립인천해양박물관에 대한 정보를 검색하여 다음의 안내문 내용을 완성하시오.

(답안)

국립인천해양박물관	
(12-1) 바다의날 30주년 기념 테마전 「고래 안의 고래」포스터 **이미지**	(12-2) 국립인천해양박물관 **개관일**(년월일) (12-3) 국립인천해양박물관 2025년 9월 이달의 해양유물의 **명칭** (12-4) 국립인천해양박물관 1일 최대 **주차요금**(단위 : 원, 할인없음)

제 07 회 정보기술자격(ITQ) 최신기출 복원문제

과목	코드	문제유형	시험시간	수험번호	성명
인터넷	1152	A	60분		

· 수험자 유의사항 ·

- 수험자는 문제지를 받는 즉시 **응시하고자 하는 과목의 문제지가 맞는지 확인**하여야 합니다.
- 시험과 직접 관련이 없는 행위(댓글 게시, 자료 업로드, 동영상 시청 등) 적발 시 실격으로 처리되며, 답안 내역을 보조기억장치 및 기타 통신수단(게시판, 이메일, 메신저, 네트워크 등)을 이용하여 타인에게 전달 또는 외부로 반출하는 경우 적발 시 자격기본법 제32에 의거 부정행위로 처리됩니다.
- 내 PC₩문서₩ITQ 폴더의 "답안파일-인터넷.hwpx" 파일을 열고 파일 이름을 "수험번호-성명-인터넷.hwpx"로 답안폴더에 다시 저장한 후 답안 작성을 시작하여야 하며, 답안문서 파일명이 일치하지 않을 경우, 실격 처리됩니다(예 : 12345678-홍길동-인터넷.hwpx).
  (시험에서 제공되는 답안파일 양식을 사용하지 않으면 0점 처리됨)
- 답안 작성을 마치면 파일을 저장하고, '답안 전송' 버튼을 선택하여 감독위원 PC로 답안을 전송하십시오. 수험자 정보와 저장한 파일명이 다를 경우 전송되지 않으므로 주의하시기 바랍니다.
- 답안 작성 중에도 **주기적으로 저장하고 답안을 전송**하여야 문제 발생을 줄일 수 있습니다. 작업한 내용을 저장하지 않고 전송할 경우, 이전에 저장된 내용이 전송되오니 이 점 유의하시기를 바랍니다.
- 시험 중 부주의 또는 고의로 시스템을 파손한 경우는 수험자가 변상해야 하며, 〈수험자 유의사항〉에 기재된 방법대로 이행하지 않아 생기는 불이익은 수험자 당사자의 책임임을 알려 드립니다.
- 시험을 완료한 수험자는 답안파일이 전송되었는지 확인한 후 감독위원의 지시에 따라 문제지를 제출하고 퇴실합니다.

· 답안 작성요령 ·

- 온라인 답안 작성 절차
  수험자 등록 ⇒ 시험 시작 ⇒ 답안 파일 저장 ⇒ 답안 전송 ⇒ 시험 종료
- 시험 시작 전 시험과 무관한 프로그램의 실행을 중지시켜 주시기를 바랍니다(채팅, 파일공유 등).
- 문제에 (번호)라고 표시되어 있으면 번호만을 작성란에 기재하고, (정답)이라고 표시되어 있으면 정답만을 작성관에 기재하고, (정답, URL)이라고 표시되어 있으면 정답과 함께 URL을 반드시 기재하시기 바랍니다. 이를 준수하지 않으면 감점, 오답 처리 등 불이익이 있을 수 있습니다.
- [문제1], [문제2], [문제3], [문제8]은 정답의 번호만 아래와 같이 답안 파일에 정확히 기록하십시오.

문제 번호	답 안
문제1	정답	1

- 문제 번호에 따라 정답을 아래와 같이 답안 파일에 정확히 기록하십시오.

문제5	정답	대한민국

- [문제4]는 정답과 URL을 아래와 같이 답안 파일에 정확히 기록하십시오.
  (URL은 정답을 확인할 수 있는 최종 URL을 기재하십시오.)

문제4	정답	정보기술자격(ITQ)
	URL	https://www.kpc.or.kr/certification/index.asp

- [문제4]의 경우 개인 홈페이지나 블로그, 지식 검색(예 : 지식iN 등)과 같이 개인 사견이 포함된 웹사이트, 첨부파일은 정답으로 인정하지 않습니다.
- [문제9]의 이미지 파일은 인터넷 답안 파일에 삽입한 후 반드시 지정된 이미지 크기로 변경하시기를 바랍니다.
- 문제에서 제시한 단위, Full name 등의 조건에 맞도록 답안을 작성하시기를 바랍니다.

인터넷 윤리 60점, 각 30점

※ 문제에 대한 적절한 내용의 번호를 골라 답안지에 기재하시오.

문제1 다음 중 개인정보 수집 시 동의를 받아야 하는 사항이 아닌 것은?

① 개인정보의 수집, 이용목적
② 개인정보 보관 장소
③ 수집하는 개인정보의 항목
④ 개인정보의 보유 및 이용기간

문제2 다음 중 인터넷 게임 중독자의 일반적인 증상이 아닌 것은?

① 게임을 하지 않으면 불안감, 짜증, 초조 등을 느낀다.
② 만족감을 느끼기 위해 점점 더 많은 시간 동안 게임을 한다.
③ 게임 속의 나보다 실제의 내가 더 좋다.
④ 게임을 하기 위해 더 많은 비용을 지불하게 된다.

인터넷 검색 370점

● 일반검색 I (각 10점)

문제3 다음 제97회 아카데미 시상식(Academy Awards, 2025)의 수상작품을 〈보기〉에서 찾아 해당 번호를 답안지에 적으시오(번호).

문제3-1) 작품상 -- ( )
문제3-2) 분장상 -- ( )
문제3-3) 음향상 -- ( )

《보기》 ① 서브스턴스 ② 브루탈리스트 ③ 아노라 ④ 듄: 파트2 ⑤ 리얼 페인

● 일반검색 II (각 50점)

문제4 균열을 뜻하는 단어로서 첨단기술관련 분야에서는 기대를 모은 새로운 제품이나 서비스가 예기치 않게 겪는 침체나 후퇴를 가리키는 경영학 용어를 의미한다. 혁신적인 제품이나 기술이 초기 시장에서는 얼리 어답터(early adopters)의 관심을 끌지만, 보다 실용성을 중시하는 주류 소비자에게는 어필하지 못해 발생하는 문제이다. 이것을 일컫는 용어를 검색하시오(정답, URL).

문제5 망종(芒種)은 벼 같이 수염이 있는 까끄라기 곡식의 종자를 뿌려야 할 적당한 시기라는 뜻을 가진 아홉 번째 절기를 의미한다. 2025년 망종인 날의 김해시 무인관서의 **최고기온**(단위 : ℃, 소수첫째자리까지 표시)을 검색하시오 (정답).

● **지능형 정보검색** (각 30점)

※ 인터넷 검색엔진과 생성형 인공지능(AI) 등 다양한 검색 도구를 사용하여 정답을 찾은 후 답안에 기재하시오 (정답).

문제6 다음 문장이 설명하는 **인물**을 검색하시오(정답).

> - 독일 태생의 이론물리학자로, 상대성 이론과 광전 효과를 통해 현대 물리학의 혁명을 이끌었습니다.
> - 그는 1905년 특수 상대성 이론을 발표하며 이라는 공식을 제시했고, 1915년 일반 상대성 이론으로 중력이 시공간을 휘게 한다는 개념을 증명했습니다.
> - 1921년에는 광전 효과에 대한 공로로 노벨 물리학상을 수상하여 빛이 입자로 구성된다는 양자역학의 초석을 다졌습니다.
> - 나치 정권을 피해 미국으로 이주했으며, 원자폭탄 개발에 대한 경고로 맨해튼 프로젝트에 영향을 주었지만 평화주의를 옹호했습니다.
> - 그의 이론은 오늘날 GPS, 레이저, 우주론 등 현대 과학 기술의 근간이 되고 있습니다.

문제7 다음 빈칸(괄호)에 적절한 **대상**을 검색하시오(정답).

> 수진이는 조선 시대의 뛰어난 과학 기술에 대해 알아보았다.
> 특히 장영실이 발명한 '앙부일구'는 해시계의 일종으로, 시간을 알기 어려운 백성들에게 큰 도움을 주었다.
> 오목한 그릇 안쪽 면에는 세로선인 시각선과 가로선인 절기선이 새겨져 있으며, 태양의 위치에 따라 영침의 그림자가 이 선들을 가리키면서 현재 시각과 절기를 동시에 알 수 있었다.
>
> https://www.gogung.go.kr/gogung/pgm/psgudMng/view.do?menuNo=800065&psgudSn=377748
>
> 이 문서에 따르면, 앙부일구는 '하늘을 우러러 보는 (   ) 모양의 해시계'라는 뜻을 가진 반구형의 오목한 형태를 하고 있습니다.

문제8 다음 생성형 인공지능(AI)과 나눈 대화에서 **틀린** 설명에 해당하는 번호를 찾아 적으시오(번호).

> **해리 포터에 관해 설명해 줘**
>
> 해리 포터 시리즈는 영국의 작가 조앤 K. 롤링이 쓴 판타지 소설입니다.
> ① 이 시리즈는 영국 호그와트 마법학교에 입학한 해리 포터의 성장 과정을 그립니다. ② 주인공 해리는 부모님을 죽인 볼드모트와 맞서 싸우게 됩니다. ③ 해리의 친구로는 헤르미온느 그레인저와 네빌 롱바텀이 있습니다.
> 해리 포터 시리즈의 마지막 책인 《해리 포터와 죽음의 성물》에서 ④ 해리는 볼드모트를 물리칩니다. ⑤ 해리 포터 이 시리즈는 총 7권의 소설과 8편의 영화로 제작되었으며, 런던의 해리 포터 스튜디오와 올랜도의 테마파크 등 다양한 형태로 팬들에게 사랑받고 있습니다.

● 실용검색 (각 50점)

문제9 길 찾기 서비스(포털 및 전문 검색사이트)를 이용하여 서울 **동대문역사문화공원역 14번출구**에서 **한양도성박물관**을 도보로 가는 지도 경로를 찾아 전체화면(길 찾기 검색화면, 경로 포함)을 캡처하여 답안 파일에 붙여 넣으시오(이미지 크기 150 mm x 100 mm).

문제10 퓰리처상(Pulitzer Prize)은 미국의 신문 저널리즘, 문학적 업적과 명예, 음악적 구성에서 가장 높은 기여자로 꼽히는 사람에게 주는 상이다. 2025년 퓰리처상 소설(Fiction)부문의 **수상작**(작품명)을 검색하시오(정답).

문제11 국민연금공단 및 관련 기관에서는 사회보험(4대 보험)을 간편하게 계산할 수 있는 계산기를 제공하고 있다. 사업장 가입자인 근로자 신고소득월액이 3,300,000원일 경우 국민연금 근로자 **부담금**(기여금)은 얼마(2025년 기준, 단위 : 원)인지 구하시오(정답).

정보 가공 70점

※ 제시된 주제에 따라 답안을 완성하시오.

문제12 국립광주박물관은 1976년 수중발굴이 시작된 신안해저문화유산을 비롯한 호남지역의 문화유산을 수집·보관하고, 지역의 역사와 문화를 소개하기 위해 개관하였다. 호남지역의 첫 박물관이자 광복 이후 우리 손으로 지은 최초의 지역 국립박물관이라는 자부심이 있다. 국립광주박물관에 대한 정보를 검색하여 다음의 안내문 내용을 완성하시오.

(답안)

국립광주박물관	
(12-1) 특별전시 '국보순회전, 모두가 함께하는 180일의 여정' 포스터 **이미지**	(12-2) 국립광주박물관 소장 중인 국보 **지정문화유산**(2가지)
	(12-3) 국립광주박물관 **개관일**(년월일)
	(12-4) 국립광주박물관 **주소**(도로명 주소)

제 08 회 정보기술자격(ITQ) 최신기출 복원문제

과목	코드	문제유형	시험시간	수험번호	성명
인터넷	1152	A	60분		

• 수험자 유의사항 •

- 수험자는 문제지를 받는 즉시 **응시하고자 하는 과목의 문제지가 맞는지 확인**하여야 합니다.
- 시험과 직접 관련이 없는 행위(댓글 게시, 자료 업로드, 동영상 시청 등) 적발 시 실격으로 처리되며, 답안 내역을 보조기억 장치 및 기타 통신수단(게시판, 이메일, 메신저, 네트워크 등)을 이용하여 타인에게 전달 또는 외부로 반출하는 경우 적발 시 자격기본법 제32에 의거 부정행위로 처리됩니다.
- 내 PC₩문서₩ITQ 폴더의 "답안파일-인터넷.hwpx" 파일을 열고 파일 이름을 "수험번호-성명-인터넷.hwpx"로 답안폴더에 다시 저장한 후 답안 작성을 시작하여야 하며, 답안문서 파일명이 일치하지 않을 경우, 실격 처리됩니다(예 : 12345678-홍길동-인터넷.hwpx).
(시험에서 제공되는 답안파일 양식을 사용하지 않으면 0점 처리됨)
- 답안 작성을 마치면 파일을 저장하고, '답안 전송' 버튼을 선택하여 감독위원 PC로 답안을 전송하십시오. 수험자 정보와 저장한 파일명이 다를 경우 전송되지 않으므로 주의하시기 바랍니다.
- 답안 작성 중에도 **주기적으로 저장하고 답안을 전송**하여야 문제 발생을 줄일 수 있습니다. 작업한 내용을 저장하지 않고 전송할 경우, 이전에 저장된 내용이 전송되오니 이 점 유의하시기를 바랍니다.
- 시험 중 부주의 또는 고의로 시스템을 파손한 경우는 수험자가 변상해야 하며, 〈수험자 유의사항〉에 기재된 방법대로 이행하지 않아 생기는 불이익은 수험자 당사자의 책임임을 알려 드립니다.
- 시험을 완료한 수험자는 답안파일이 전송되었는지 확인한 후 감독위원의 지시에 따라 문제지를 제출하고 퇴실합니다.

• 답안 작성요령 •

- 온라인 답안 작성 절차
수험자 등록 ⇒ 시험 시작 ⇒ 답안 파일 저장 ⇒ 답안 전송 ⇒ 시험 종료
- 시험 시작 전 시험과 무관한 프로그램의 실행을 중지시켜 주시기를 바랍니다(채팅, 파일공유 등).
- 문제에 (번호)라고 표시되어 있으면 번호만을 작성란에 기재하고, (정답)이라고 표시되어 있으면 정답만을 작성관에 기재하고, (정답, URL)이라고 표시되어 있으면 정답과 함께 URL을 반드시 기재하시기 바랍니다. 이를 준수하지 않으면 감점, 오답 처리 등 불이익이 있을 수 있습니다.
- [문제1], [문제2], [문제3], [문제8]은 정답의 번호만 아래와 같이 답안 파일에 정확히 기록하십시오.

문제 번호	답 안	
문제1	정답	1

- 문제 번호에 따라 정답을 아래와 같이 답안 파일에 정확히 기록하십시오.

문제5	정답	대한민국

- [문제4]는 정답과 URL을 아래와 같이 답안 파일에 정확히 기록하십시오.
(URL은 정답을 확인할 수 있는 최종 URL을 기재하십시오.)

문제4	정답	정보기술자격(ITQ)
	URL	https://www.kpc.or.kr/certification/index.asp

- [문제4]의 경우 개인 홈페이지나 블로그, 지식 검색(예 : 지식iN 등)과 같이 개인 사견이 포함된 웹사이트, 첨부파일은 정답으로 인정하지 않습니다.
- [문제9]의 이미지 파일은 인터넷 답안 파일에 삽입한 후 반드시 지정된 이미지 크기로 변경하시기를 바랍니다.
- 문제에서 제시한 단위, Full name 등의 조건에 맞도록 답안을 작성하시기를 바랍니다.

인터넷 윤리   60점, 각 30점

※ 문제에 대한 적절한 내용의 번호를 골라 답안지에 기재하시오.

문제1 다음 중 사이버범죄 예방 수칙으로 옳지 <u>않은</u> 것은?

① 출처를 알 수 없는 앱 설치 금지 설정을 한다.
② 소액결제 금액 제한·차단 기능을 해제한다.
③ 백신프로그램은 주기적으로 업데이트한다.
④ 인터넷 거래 전 경찰청 사이버안전지킴이에서 계좌 및 전화번호 조회를 해본다.

문제2 다음 중 스마트폰 정보보호를 위한 이용자 10대 안전수칙으로 옳지 <u>않은</u> 것은?

① 발신인이 불명확하거나 의심스러운 메시지 및 메일 삭제하기
② 비밀번호 설정 기능을 이용하고 정기적으로 비밀번호 변경하기
③ 유해 정보로 의심되면 열어보지 말고 바로 삭제하기
④ 블루투스 기능 등 무선 인터페이스는 항상 켜놓기

인터넷 검색   370점

● 일반검색 Ⅰ   (각 10점)

문제3 다음 제124회 노벨상의 수상자를 〈보기〉에서 찾아 해당 번호를 답안지에 적으시오(번호).

문제3-1) 물리학상(Physics) ---------------------------------- (   )
문제3-2) 화학상(Chemistry) --------------------------------- (   )
문제3-3) 생리의학상(Physiology or Medicine) ------------------ (   )

《보기》
① David Baker   ② Victor Ambros   ③ Simon Johnson
④ Han Kang   ⑤ John J. Hopfield

● 일반검색 Ⅱ   (각 50점)

문제4 초·중·고등학교에서 교사를 도와 수업용 디지털 기기와 소프트웨어를 관리하고, 인공지능(AI) 디지털교과서를 활용한 수업 시 학생의 디지털 역량 차이에 따른 디지털교과서 활용 격차를 해소할 수 있도록 돕는 역할을 담당하는 직무를 말한다. 이것을 일컫는 <u>용어</u>를 검색하시오(정답, URL).

문제5 개인의 건강은 신체건강과 정신건강으로 측정되며 최근에는 정신건강의 중요성이 점점 더 부각되고 있으며, 스트레스 인지율은 평소 일상생활에서 스트레스를 느낀다고 응답한 인구의 비율을 말한다. 통계청 국민 삶의 질 지표에서 2024년 20세 미만의 스트레스 **인지율**(단위 : %)을 검색하시오(정답).

● 지능형 정보검색   (각 30점)

※ 인터넷 검색엔진과 생성형 인공지능(AI) 등 다양한 검색 도구를 사용하여 정답을 찾은 후 답안에 기재하시오(정답).

문제6 다음 문장이 설명하는 **대상**을 검색하시오(정답).

> - 이것은 태양계에서 가장 큰 행성으로, 질량은 다른 모든 행성을 합친 것보다 2.5배나 더 무겁습니다.
> - 시속 640km에 달하는 거대한 소용돌이인 '대적점'이 특징입니다.
> - 태양계 행성 중 가장 빠르게 자전하며, 이 빠른 회전 때문에 가로줄 무늬의 띠를 형성합니다.
> - 이 띠들 사이에서 격렬한 바람이 불어 행성의 모습을 계속 변화시킵니다.
> - 고체 표면이 없고 대부분 수소와 헬륨으로 이루어진 거대한 가스 덩어리입니다.
> - 4개의 큰 위성인 이오, 유로파, 가니메데, 칼리스토를 가지고 있으며, 이들은 '갈릴레이 위성'으로 불립니다.

문제7 다음 빈칸(괄호)에 적절한 **이름**을 검색하시오(정답).

> 준영이는 온라인 커뮤니티에서 본 기사의 내용이 사실인지 궁금해졌다.
> 해당 기사가 출처를 명확히 밝히지 않고, 자극적인 제목을 사용하고 있어 신뢰하기 어렵다고 판단했다.
> http://reportplus.kr/factcheck_info/%ED%8C%A9%ED%8A%B8%EC%B2%B4%ED%81%AC%EC%97%90-%EB%8C%80%ED%95%9C-%EC%B2%B4%ED%81%AC-%EC%83%81%EC%8B%9D/
>
> 위 문서에 따르면, 정보의 신뢰성을 확인하기 위해 문서, 캡처, 도표 등 공신력 있는 자료를 확보하고, 자료의 출처를 분명히 밝히는 등 사실을 검증하는 과정을 (   )이라고 한다.

문제8 다음 생성형 인공지능(AI)과 나눈 대화에서 **틀린** 설명에 해당하는 번호를 찾아 적으시오(번호).

> **한국의 전통 음악, 판소리에 관해 설명해 줘**
>
> 판소리는 한국의 전통 음악으로, 한 명의 소리꾼이 고수(북 치는 사람)의 장단에 맞춰 서사적인 이야기를 노래합니다. ① 판소리는 소리, 아니리, 발림이라는 세 가지 요소로 이루어져 있습니다. ② 소리꾼은 부채를 들고 다양한 몸짓(발림)을 사용하여 이야기를 전달합니다. ③ 판소리에는 춘향가, 심청가, 흥보가, 수궁가, 적벽가 등 다섯 마당이 전해져 내려옵니다. ④ 판소리는 조선 시대 중기부터 민간에서 형성되었으며, 양반과 서민 모두에게 사랑받았습니다. ⑤ 판소리는 유네스코 인류무형문화유산으로 등재되었으며, 서양의 오페라와 가장 유사한 형태의 음악으로 볼 수 있습니다.

● 실용검색 (각 50점)

문제9 길 찾기 서비스(포털 및 전문 검색사이트)를 이용하여 군산 **군산해양경찰서**에서 **군산근대역사박물관**을 도보로 가는 지도 경로를 찾아 전체화면(길 찾기 검색화면, 경로 포함)을 캡처하여 답안 파일에 붙여 넣으시오(이미지 크기 150 mm x 100 mm).

문제10 태풍 이름은 각 국가별로 10개씩 제출한 총 140개가 각 조 28개씩 5개 조로 구성되고, 1조부터 5조까지 순차적으로 사용한다. 2024년 우리나라를 지나간 제9호 태풍의 **이름**을 검색하시오(정답).

문제11 서울국제도서전은 전국도서전시회로 시작했던 1954년부터 지금까지 70년 가까이 출판사, 저자, 독자가 한 자리에서 만나는 우리나라의 가장 큰 책 축제로 전 세계와 서울에 모여 교류하고 세계로 나가 한국의 책과 문화를 소개한다. 2025 서울국제도서전의 **주제**를 검색하시오(정답).

정보 가공   70점

※ 제시된 주제에 따라 답안을 완성하시오.

문제12 국립국악원은 오랜 역사 속에서 우리 민족이 가꾸어 온 전통 음악과 춤의 계승을 위한 공연과 학술·연구뿐만 아니라 이를 널리 알리기 위한 교육 사업에도 주안점을 두고 다양한 자료를 온·오프라인으로 제공하며, 나아가 미래의 우리 음악 문화를 모색하기 위하여 전통에 기반을 둔 창조적인 노력도 활발하게 펼치고 있다. 국립국악원에 대한 정보를 검색하여 다음의 안내문 내용을 완성하시오.

(답안)

국립국악원	
(12-1) 차, 이야기, 우리음악으로 행복해지는 시간 〈다담〉 공연 2025년 국립국악원 포스터 **이미지**	(12-2) 국립국악원 **개원일**(년월일)
	(12-3) 제45회 온나라 국악경연대회 최우수상(국무총리상) **상금**(단위 : 만원)
	(12-4) 국립국악원 **주소**(도로명 주소)

제09회 정보기술자격(ITQ) 최신기출 복원문제

과목	코드	문제유형	시험시간	수험번호	성명
인터넷	1152	A	60분		

● 수험자 유의사항 ●

- 수험자는 문제지를 받는 즉시 **응시하고자 하는 과목의 문제지가 맞는지 확인**하여야 합니다.
- 시험과 직접 관련이 없는 행위(댓글 게시, 자료 업로드, 동영상 시청 등) 적발 시 실격으로 처리되며, 답안 내역을 보조기억장치 및 기타 통신수단(게시판, 이메일, 메신저, 네트워크 등)을 이용하여 타인에게 전달 또는 외부로 반출하는 경우 적발 시 자격기본법 제32에 의거 부정행위로 처리됩니다.
- 내 PC₩문서₩ITQ 폴더의 "답안파일-인터넷.hwpx" 파일을 열고 파일 이름을 "수험번호-성명-인터넷.hwpx"로 답안폴더에 다시 저장한 후 답안 작성을 시작하여야 하며, 답안문서 파일명이 일치하지 않을 경우, 실격 처리됩니다(예 : 12345678-홍길동-인터넷.hwpx).
  (시험에서 제공되는 답안파일 양식을 사용하지 않으면 0점 처리됨)
- 답안 작성을 마치면 파일을 저장하고, '답안 전송' 버튼을 선택하여 감독위원 PC로 답안을 전송하십시오. 수험자 정보와 저장한 파일명이 다를 경우 전송되지 않으므로 주의하시기 바랍니다.
- 답안 작성 중에도 **주기적으로 저장하고 답안을 전송**하여야 문제 발생을 줄일 수 있습니다. 작업한 내용을 저장하지 않고 전송할 경우, 이전에 저장된 내용이 전송되오니 이 점 유의하시기를 바랍니다.
- 시험 중 부주의 또는 고의로 시스템을 파손한 경우는 수험자가 변상해야 하며, 〈수험자 유의사항〉에 기재된 방법대로 이행하지 않아 생기는 불이익은 수험자 당사자의 책임임을 알려 드립니다.
- 시험을 완료한 수험자는 답안파일이 전송되었는지 확인한 후 감독위원의 지시에 따라 문제지를 제출하고 퇴실합니다.

● 답안 작성요령 ●

- **온라인 답안 작성 절차**
  수험자 등록 ⇒ 시험 시작 ⇒ 답안 파일 저장 ⇒ 답안 전송 ⇒ 시험 종료
- 시험 시작 전 시험과 무관한 프로그램의 실행을 중지시켜 주시기를 바랍니다(채팅, 파일공유 등).
- 문제에 (번호)라고 표시되어 있으면 번호만을 작성란에 기재하고, (정답)이라고 표시되어 있으면 정답만을 작성관에 기재하고, (정답, URL)이라고 표시되어 있으면 정답과 함께 URL을 반드시 기재하시기 바랍니다. 이를 준수하지 않으면 감점, 오답 처리 등 불이익이 있을 수 있습니다.
- [문제1], [문제2], [문제3], [문제8]은 정답의 번호만 아래와 같이 답안 파일에 정확히 기록하십시오.

문제 번호		답 안
문제1	정답	1

- 문제 번호에 따라 정답을 아래와 같이 답안 파일에 정확히 기록하십시오.

문제5	정답	대한민국

- [문제4]는 정답과 URL을 아래와 같이 답안 파일에 정확히 기록하십시오.
  (URL은 정답을 확인할 수 있는 최종 URL을 기재하십시오.)

문제4	정답	정보기술자격(ITQ)
	URL	https://www.kpc.or.kr/certification/index.asp

- [문제4]의 경우 개인 홈페이지나 블로그, 지식 검색(예 : 지식iN 등)과 같이 개인 사견이 포함된 웹사이트, 첨부파일은 정답으로 인정하지 않습니다.
- [문제9]의 이미지 파일은 인터넷 답안 파일에 삽입한 후 반드시 지정된 이미지 크기로 변경하시기를 바랍니다.
- 문제에서 제시한 단위, Full name 등의 조건에 맞도록 답안을 작성하시기를 바랍니다.

인터넷 윤리 — 60점, 각 30점

※ 문제에 대한 적절한 내용의 번호를 골라 답안지에 기재하시오.

문제1 다음 중 인터넷 채팅 네티켓으로 옳지 <u>않은</u> 것은?

① 상대방에게 불쾌감을 주는 대화를 하지 않는다.
② 대화 상대를 부를 때 "님"을 붙이고 예의를 지킨다.
③ 사실로 확인되지 않은 허위내용을 올려도 책임이 없다.
④ 진행되는 주제에 맞는 대화를 한다.

문제2 다음 중 정보통신윤리교육이 필요한 이유로 옳지 <u>않은</u> 것은?

① 정보화의 역기능에 따른 피해를 줄인다.
② 개인정보의 중요성을 알고 보호한다.
③ 인터넷·스마트폰 중독을 예방한다.
④ 공동체 의식을 기르고 강제적으로 통제한다.

인터넷 검색 — 370점

● 일반검색 I (각 10점)

문제3 다음 국제기념일의 날짜를 〈보기〉에서 찾아 해당 번호를 답안지에 적으시오(번호).

문제3-1) 정신건강의 날 ---------------------------------- (   )
문제3-2) 언론자유의 날 ---------------------------------- (   )
문제3-3) 사막화와 가뭄방지의 날 ------------------------- (   )

《보기》 ① 5월 3일   ② 6월 17일   ③ 7월 11일   ④ 9월 21일   ⑤ 10월 10일

● 일반검색 II (각 50점)

문제4 고령 인구를 대상으로 하는 기술을 통칭하는 말로 노인들의 접근 가능성과 용이성을 우선순위로 두는 기술로 시니어 스마트 워치, 치매 노인 실종 예방 신발, 돌봄 로봇 등이 있다. 이것을 일컫는 <u>용어</u>를 검색하시오 (정답, URL).

문제5 여가에 대한 인식이 높아지면서 여행인구도 증가하고 있다. 여행은 많은 사람들이 선호하는 여가활동의 하나로, 1인당 여행일수를 통해 국민의 여가향유 수준을 가늠해 볼 수 있다. 통계청 국민 삶의 질 지표에서 2024년 15세 이상 전국민 1인 평균 **국내여행일수**(단위 : 일/연, 소수둘째자리까지 표시)를 검색하시오(정답).

● **지능형 정보검색** (각 30점)

※ 인터넷 검색엔진과 생성형 인공지능(AI) 등 다양한 검색 도구를 사용하여 정답을 찾은 후 답안에 기재하시오(정답).

문제6 다음 문장이 설명하는 **제목**을 검색하시오(정답).

- 이 영화는 제임스 카메론 감독이 연출한 1997년작으로, 1912년 실제로 침몰 사고를 배경으로 합니다.
- 신분을 뛰어넘는 잭(레오나르도 디카프리오)과 로즈(케이트 윈슬렛)의 비극적인 사랑 이야기를 아름답게 그려냈습니다.
- 개봉 당시 전 세계적인 흥행을 기록하며 약 13년간 세계 역대 박스오피스 1위 자리를 지켰습니다.
- 흥행 성공 외에도 작품성을 인정받아 아카데미 시상식에서 작품상과 감독상을 포함한 11개 부문을 수상하며 역대 최다 수상 기록을 세우기도 했습니다.

문제7 다음 빈칸(괄호)에 적절한 기술의 **명칭**을 검색하시오(정답).

민지는 평소 환경 보호에 관심이 많아 관련 뉴스를 자주 찾아본다.

어느 날, 검색 엔진과 SNS에서 자신이 좋아하는 환경 관련 정보만 계속해서 추천되는 것을 느끼며, 다른 관점의 정보를 접하기 어렵다는 것을 알게 되었다.

http://sunhakpeaceprize.org/kr/news/issue.php?bgu=view&idx=883

이러한 현상은 인터넷 알고리즘이 사용자의 관심사를 분석하여 좋아하는 정보만 선택적으로 제공함으로써 사용자가 다양한 정보를 접하는 것을 방해하는 (   ) 현상이다.

문제8 다음 생성형 인공지능(AI)과 나눈 대화에서 **틀린** 설명에 해당하는 번호를 찾아 적으시오(번호).

인터넷의 역사에 관해 설명해 줘

인터넷은 전 세계를 연결하는 거대한 통신망입니다. ① 인터넷의 시초는 1969년 미국 국방부가 구축한 아르파넷(ARPANET)입니다. ② 아르파넷의 목적은 핵 공격으로 인해 통신망의 일부가 파괴되더라도 다른 부분이 살아남아 통신을 계속할 수 있도록 하는 것이었습니다. ③ 오늘날의 월드 와이드 웹(WWW)은 영국 컴퓨터 과학자인 팀 버너스 리가 제안했습니다. ④ WWW는 하이퍼텍스트를 기반으로 정보를 연결하는 시스템입니다. 인터넷은 1990년대부터 상업적으로 활용되기 시작했으며, ⑤ 이메일은 인터넷이 상용화된 후 존재했습니다.

● **실용검색** (각 50점)

문제9 길 찾기 서비스(포털 및 전문 검색사이트)를 이용하여 전남 **광양 광양역사문화관**에서 **전남도립미술관**을 도보로 가는 지도 경로를 찾아 전체화면(길 찾기 검색화면, 경로 포함)을 캡처하여 답안 파일에 붙여 넣으시오(이미지 크기 150 mm x 100 mm).

문제10 외교부는 해외에서 우리 국민에 대한 사건 · 사고 피해를 예방하고 우리 국민의 안전한 해외 거주 · 체류 및 방문을 도모하기 위해 2004년부터 '여행경보제도'를 운영해 오고 있다. 2025년 9월 4단계 흑색경보가 발령되어 여행금지로 지정된 서남아시아의 **국가명**(1개 국가)을 검색하시오(정답).

문제11 백년가게 육성사업은 업력이 30년 이상 된 소상공인 및 소 · 중기업을 발굴하여 100년 이상 존속 · 성장할 수 있도록 육성하고, 성공모델을 확산하기 위한 사업이다. 충청남도 서천군의 백년가게 **업체명**을 검색하시오(정답).

정보 가공   70점

※ 제시된 주제에 따라 답안을 완성하시오.

문제12 전주국제영화제는 재능 있고 혁신적인 감독의 작품을 통해 영화의 예술적, 기술적, 매체적 진화를 체험할 수 있도록 하는데 주안점을 둔다. 영화산업의 편향성을 극복하기 위해 '취향의 다양성', '새로운 영화 체험'이라는 가치를 내걸고 미래 영화의 주역이 될 수 있는 재능의 발굴, 창의적인 실험과 독립 정신을 지지하며, 전 세계 영화작가들이 만나고 연대하는 기회를 제공한다. 제26회 전주국제영화제에 대한 정보를 검색하여 다음의 안내문 내용을 완성하시오.

(답안)

제26회 전주국제영화제	
(12-1) 전주시청 심벌마크 **이미지**	(12-2) 제26회 전주국제영화제 **폐막작**(작품명)
	(12-3) 제26회 전주국제영화제 **슬로건**
	(12-4) 제26회 전주국제영화제 마스터클래스 **티켓가격**(단위 : 원, 할인 없음)

제 10 회 정보기술자격(ITQ) 최신기출 복원문제

과목	코드	문제유형	시험시간	수험번호	성명
인터넷	1152	A	60분		

· 수험자 유의사항 ·

- 수험자는 문제지를 받는 즉시 **응시하고자 하는 과목의 문제지가 맞는지 확인**하여야 합니다.
- 시험과 직접 관련이 없는 행위(댓글 게시, 자료 업로드, 동영상 시청 등) 적발 시 실격으로 처리되며, 답안 내역을 보조기억 장치 및 기타 통신수단(게시판, 이메일, 메신저, 네트워크 등)을 이용하여 타인에게 전달 또는 외부로 반출하는 경우 적발 시 자격기본법 제32에 의거 부정행위로 처리됩니다.
- 내 PC₩문서₩ITQ 폴더의 "답안파일-인터넷.hwpx" 파일을 열고 파일 이름을 "수험번호-성명-인터넷.hwpx"로 답안폴더 에 다시 저장한 후 답안 작성을 시작하여야 하며, 답안문서 파일명이 일치하지 않을 경우, 실격 처리됩니다(예 : 12345678- 홍길동-인터넷.hwpx).
  (시험에서 제공되는 답안파일 양식을 사용하지 않으면 0점 처리됨)
- 답안 작성을 마치면 파일을 저장하고, '답안 전송' 버튼을 선택하여 감독위원 PC로 답안을 전송하십시오. 수험자 정보와 저장 한 파일명이 다를 경우 전송되지 않으므로 주의하시기 바랍니다.
- 답안 작성 중에도 **주기적으로 저장하고 답안을 전송**하여야 문제 발생을 줄일 수 있습니다. 작업한 내용을 저장하지 않고 전 송할 경우, 이전에 저장된 내용이 전송되오니 이 점 유의하시기를 바랍니다.
- 시험 중 부주의 또는 고의로 시스템을 파손한 경우는 수험자가 변상해야 하며, 〈수험자 유의사항〉에 기재된 방법대로 이행하 지 않아 생기는 불이익은 수험자 당사자의 책임임을 알려 드립니다.
- 시험을 완료한 수험자는 답안파일이 전송되었는지 확인한 후 감독위원의 지시에 따라 문제지를 제출하고 퇴실합니다.

· 답안 작성요령 ·

- **온라인 답안 작성 절차**
  수험자 등록 ⇒ 시험 시작 ⇒ 답안 파일 저장 ⇒ 답안 전송 ⇒ 시험 종료
- 시험 시작 전 시험과 무관한 프로그램의 실행을 중지시켜 주시기 바랍니다(채팅, 파일공유 등).
- 문제에 (번호)라고 표시되어 있으면 번호만을 작성란에 기재하고, (정답)이라고 표시되어 있으면 정답만을 작성관에 기재하 고, (정답, URL)이라고 표시되어 있으면 정답과 함께 URL을 반드시 기재하시기 바랍니다. 이를 준수하지 않으면 감점, 오답 처리 등 불이익이 있을 수 있습니다.
- [문제1], [문제2], [문제3], [문제8]은 정답의 번호만 아래와 같이 답안 파일에 정확히 기록하십시오.

문제 번호		답 안
문제1	정답	1

- 문제 번호에 따라 정답을 아래와 같이 답안 파일에 정확히 기록하십시오.

문제5	정답	대한민국

- [문제4]는 정답과 URL을 아래와 같이 답안 파일에 정확히 기록하십시오.
  (URL은 정답을 확인할 수 있는 최종 URL을 기재하십시오.)

문제4	정답	정보기술자격(ITQ)
	URL	https://www.kpc.or.kr/certification/index.asp

- [문제4]의 경우 개인 홈페이지나 블로그, 지식 검색(예 : 지식iN 등)과 같이 개인 사견이 포함된 웹사이트, 첨부파일은 정답으로 인정하지 않습니다.
- [문제9]의 이미지 파일은 인터넷 답안 파일에 삽입한 후 반드시 지정된 이미지 크기로 변경하시기를 바랍니다.
- 문제에서 제시한 단위, Full name 등의 조건에 맞도록 답안을 작성하시기를 바랍니다.

kpc 한국생산성본부

인터넷 윤리

> 60점, 각 30점

※ 문제에 대한 적절한 내용의 번호를 골라 답안지에 기재하시오.

문제1 다음 중 개인정보 오남용 피해방지를 위한 안전 수칙으로 옳은 것은?

① P2P 공유폴더에 개인정보를 저장한다.
② 금융거래는 여러 명이 사용하는 공용 컴퓨터를 사용한다.
③ 개인정보는 가까운 친구들에게만 정보를 공유한다.
④ 회원가입을 할 때는 개인정보처리방침 및 약관을 꼼꼼히 살핀다.

문제2 다음 중 거래를 피해야 할 전자상거래 사이트가 아닌 것은?

① 세관을 거치고 배송기간이 1주일 정도 걸린다.
② 시중에서 구할 수 없는 좋은 조건으로 할인한다고 스팸메일로 광고한다.
③ 다른 사이트보다 낮은 가격을 제시하고 현금결제만 유도한다.
④ 사업자 정보나 연락처가 없거나 휴대전화 번호만 기재되어 있다.

인터넷 검색

> 370점

● 일반검색 I (각 10점)

문제3 다음 제45회 청룡영화상 수상작을 〈보기〉에서 찾아 해당 번호를 답안지에 적으시오(번호).

문제3-1) 최우수작품상 ──────────────────────────── (   )
문제3-2) 감독상 ────────────────────────────── (   )
문제3-3) 각본상 ────────────────────────────── (   )

《보기》 ① 드라이브   ② 파묘   ③ 서울의 봄   ④ 너와 나   ⑤ 베테랑2

● 일반검색 II (각 50점)

문제4 자신이 관심 있는 소비 분야에 대해서 지속적으로 연구하고 탐색하는 전문가적 소비자들을 일컫는다. 전문가 수준급 지식을 가지고 자신이 소비하고자 하는 제품의 특성과 시장현황, 장·단점 등을 정확히 파악하고 합리적으로 구매하는 소비활동을 지향한다. 이것을 일컫는 용어를 검색하시오(정답, URL).

문제5 입하(立夏)는 24절기 중 일곱 번째 절기로 여름이 시작되었음을 알리는 절기이다. 2025년 입하인 날의 파주 무인관서의 **일평균기온**(단위 : ℃, 소수첫째자리까지 표시)을 검색하시오(정답).

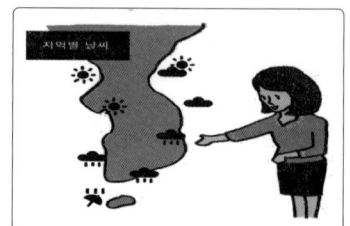

● 지능형 정보검색   (각 30점)

※ 인터넷 검색엔진과 생성형 인공지능(AI) 등 다양한 검색 도구를 사용하여 정답을 찾은 후 답안에 기재하시오(정답).

문제6 다음 문장이 설명하는 **대상**을 검색하시오(정답).

> – 이것은 광합성을 통해 식물에서 생성되는 가장 흔한 단당류입니다.
> – 우리 몸의 모든 세포, 특히 뇌세포는 활동을 위해 지속적으로 이를 필요로 하며, 혈액 속에는 항상 일정량의 이것이 유지되어야 합니다.
> – 혈액을 통해 온몸의 세포로 운반되고, 세포는 이를 에너지로 바꾸어 활동합니다. 남는 것은 간과 근육에 글리코겐 형태로 저장되었다가 필요할 때 다시 사용됩니다.
> – 우리가 먹는 쌀, 감자, 빵 같은 탄수화물 식품들이 바로 식물이 저장한 이것을 우리가 섭취하는 것입니다.

문제7 다음 빈칸(괄호)에 적절한 기술의 **명칭**을 검색하시오(정답).

> 성우는 인터넷에서 본 영상 속 인물이 유명 연예인의 얼굴을 하고 있었지만, 목소리나 행동이 매우 어색하다고 느꼈다. 마치 실제처럼 보이지만 사실은 인공지능 기술로 합성된 가짜라는 것을 알게 되었다.
>
> https://www.nipa.kr/ai/aiReport/aiReportDetail.ai?menuId=442&contentsNo=204
>
> 이러한 가짜 영상을 (   )이라고 부르며, 최근에는 진위 여부를 가리기 어려울 정도로 정교해지고 있다.

문제8 다음 생성형 인공지능(AI)과 나눈 대화에서 **틀린** 설명에 해당하는 번호를 찾아 적으시오(번호).

> **올림픽의 기원에 관해 설명해 줘**
>
> 올림픽은 고대 그리스에서 시작되어 현대에 이르기까지 인류의 가장 큰 스포츠 축제입니다. ① 고대 올림픽은 기원전 776년에 시작되어 1200년 동안 지속되었습니다. ② 올림픽 경기가 열리는 동안 그리스의 모든 도시 국가들은 전쟁을 멈추는 '신성한 휴전'을 지켰습니다. ③ 고대 올림픽의 우승자는 올리브 나뭇가지로 만든 월계관을 받았습니다. ④ 여성은 경기에 출전할 수 없었고, 관전도 허락되지 않았습니다. ⑤ 현대 올림픽은 고대 로마에서 부활하여 1896년 아테네에서 제1회 근대 올림픽이 성공적으로 개최되었습니다.

● 실용검색 (각 50점)

문제9 길 찾기 서비스(포털 및 전문 검색사이트)를 이용하여 경기 안산 **안산올림픽기념관**에서 **안산산업역사박물관**을 도보로 가는 지도 경로를 찾아 전체화면(길 찾기 검색화면, 경로 포함)을 캡처하여 답안 파일에 붙여 넣으시오(이미지 크기 150 mm x 100 mm).

문제10 남이섬 세계책나라축제는 아름다운 남이섬에서 책을 중심으로 전시, 공연, 조성, 워크숍이 어우러지는 문화 교류의 장이다. 2025년 남이섬 세계책나라축제의 **주빈국**(국가명)을 검색하시오(정답).

문제11 지난 2025년 5월 예술의 전당에서는 광복 80주년 기념 창작가무극 '윤동주, 달을 쏘다'를 공연하였다. '윤동주, 달을 쏘다' 공연의 R석 **티켓가격**(단위 : 원, 할인 없음)을 검색하시오(정답).

정보 가공   70점

※ 제시된 주제에 따라 답안을 완성하시오.

문제12 산림청은 '모두가 누리는 경제적으로 가치 있는 산림, 생태적으로 건강한 산림'을 실현하고 산림재난으로부터 국민의 생명과 재산을 보호하고 기후위기에 대응하여 산림의 역할 강화, 산림에서 풍요로운 삶을 누릴 수 있도록 산림정책을 활용하여 협력하고 있다. 산림청에 대한 정보를 검색하여 다음의 안내문 내용을 완성하시오.

(답안)

산림청	
(12-1) 산림청 캐릭터 '그루' 기본형 **이미지**	(12-2) 백두대간 생태지도 1구간의 **대표동물**
	(12-3) 산림청 선정 2025년 9월 '이달의 임업인' **성명**
	(12-4) 정부대전청사 산림청 **주소**(도로명 주소)

제 11 회 정보기술자격(ITQ) 최신기출 복원문제

과목	코드	문제유형	시험시간	수험번호	성명
인터넷	1152	A	60분		

• 수험자 유의사항 •

- 수험자는 문제지를 받는 즉시 **응시하고자 하는 과목의 문제지가 맞는지 확인**하여야 합니다.
- 시험과 직접 관련이 없는 행위(댓글 게시, 자료 업로드, 동영상 시청 등) 적발 시 실격으로 처리되며, 답안 내역을 보조기억장치 및 기타 통신수단(게시판, 이메일, 메신저, 네트워크 등)을 이용하여 타인에게 전달 또는 외부로 반출하는 경우 적발 시 자격기본법 제32에 의거 부정행위로 처리됩니다.
- 내 PC₩문서₩ITQ 폴더의 "답안파일-인터넷.hwpx" 파일을 열고 파일 이름을 "수험번호-성명-인터넷.hwpx"로 답안폴더에 다시 저장한 후 답안 작성을 시작하여야 하며, 답안문서 파일명이 일치하지 않을 경우, 실격 처리됩니다(예 : 12345678-홍길동-인터넷.hwpx).
  (시험에서 제공되는 답안파일 양식을 사용하지 않으면 0점 처리됨)
- 답안 작성을 마치면 파일을 저장하고, '답안 전송' 버튼을 선택하여 감독위원 PC로 답안을 전송하십시오. 수험자 정보와 저장한 파일명이 다를 경우 전송되지 않으므로 주의하시기 바랍니다.
- 답안 작성 중에도 **주기적으로 저장하고 답안을 전송**하여야 문제 발생을 줄일 수 있습니다. 작업한 내용을 저장하지 않고 전송할 경우, 이전에 저장된 내용이 전송되오니 이 점 유의하시기를 바랍니다.
- 시험 중 부주의 또는 고의로 시스템을 파손한 경우는 수험자가 변상해야 하며, 〈수험자 유의사항〉에 기재된 방법대로 이행하지 않아 생기는 불이익은 수험자 당사자의 책임임을 알려 드립니다.
- 시험을 완료한 수험자는 답안파일이 전송되었는지 확인한 후 감독위원의 지시에 따라 문제지를 제출하고 퇴실합니다.

• 답안 작성요령 •

- 온라인 답안 작성 절차
  수험자 등록 ⇒ 시험 시작 ⇒ 답안 파일 저장 ⇒ 답안 전송 ⇒ 시험 종료
- 시험 시작 전 시험과 무관한 프로그램의 실행을 중지시켜 주시기를 바랍니다(채팅, 파일공유 등).
- 문제에 (번호)라고 표시되어 있으면 번호만을 작성란에 기재하고, (정답)이라고 표시되어 있으면 정답만을 작성관에 기재하고, (정답, URL)이라고 표시되어 있으면 정답과 함께 URL을 반드시 기재하시기 바랍니다. 이를 준수하지 않으면 감점, 오답 처리 등 불이익이 있을 수 있습니다.
- [문제1], [문제2], [문제3], [문제8]은 정답의 번호만 아래와 같이 답안 파일에 정확히 기록하십시오.

문제 번호	답 안	
문제1	정답	1

- 문제 번호에 따라 정답을 아래와 같이 답안 파일에 정확히 기록하십시오.

문제5	정답	대한민국

- [문제4]는 정답과 URL을 아래와 같이 답안 파일에 정확히 기록하십시오.
  (URL은 정답을 확인할 수 있는 최종 URL을 기재하십시오.)

문제4	정답	정보기술자격(ITQ)
	URL	https://www.kpc.or.kr/certification/index.asp

- [문제4]의 경우 개인 홈페이지나 블로그, 지식 검색(예 : 지식iN 등)과 같이 개인 사견이 포함된 웹사이트, 첨부파일은 정답으로 인정하지 않습니다.
- [문제9]의 이미지 파일은 인터넷 답안 파일에 삽입한 후 반드시 지정된 이미지 크기로 변경하시기를 바랍니다.
- 문제에서 제시한 단위, Full name 등의 조건에 맞도록 답안을 작성하시기를 바랍니다.

인터넷 윤리   60점, 각 30점

※ 문제에 대한 적절한 내용의 번호를 골라 답안지에 기재하시오.

문제1 다음 중 정보사회의 특징으로 옳지 <u>않은</u> 것은?

① 정보사회는 고정되어 있는 하드웨어화된 사회이다.
② 자동화 수준 범위가 확산되어 고용구조의 변화가 있다.
③ 정보에 대한 의존도가 높다.
④ 정보공유와 커뮤니케이션이 활발하다.

문제2 다음 중 소셜 네트워크 서비스(SNS) 이용에 대한 네티켓으로 옳지 <u>않은</u> 것은?

① 자기가 쓴 글에 의해 평가되고 소통하므로 신중하게 글을 쓴다.
② 한꺼번에 많은 글을 올리는 것을 자제한다.
③ 제목을 보고 내용을 알 수 있도록 말머리를 사용한다.
④ 자신이 가입한 SNS의 모든 정보는 공유한 것이므로 당사자의 동의 없이 상업적 이용이 가능하다.

인터넷 검색   370점

● 일반검색Ⅰ   (각 10점)

문제3 다음 제82회 골든 글로브 시상식(Golden Globe Awards, 2025)의 수상작품을 〈보기〉에서 찾아 해당 번호를 답안지에 적으시오(번호).

문제3-1) 작품상 – 드라마 ──────────────────────────── (   )
문제3-2) 외국어 영화상 ──────────────────────────── (   )
문제3-3) 각본상 ──────────────────────────── (   )

《보기》   ① 듄   ② 자크 오디아르   ③ 브래디 코베   ④ 콘클라베   ⑤ 웨스트 사이드 스토리

● 일반검색Ⅱ   (각 50점)

문제4 '아주 좁은 범위의 특정 지역에 맞춘'이라는 의미로, 특정 지역, 동네 자체를 경험하고 소비한다는 개념의 용어를 검색하시오(정답, URL).

문제5 신적설은 정해진 시간에 내려 쌓인 눈의 높이를 말한다. 2025년 3월 중 기상청 북강릉 유인관서에서 관측한 **일 최대 신적설**(최심신적설)(단위:cm, 소수 첫째 자리까지 표시)을 검색하시오(정답).

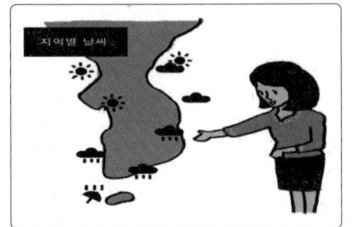

● **지능형 정보검색** (각 30점)

※ 인터넷 검색엔진과 생성형 인공지능(AI) 등 다양한 검색 도구를 사용하여 정답을 찾은 후 답안에 기재하시오(정답).

문제6 다음 문장이 설명하는 **대상**을 검색하시오(정답).

- 이 전쟁은 1950년 6월 25일 새벽, 시작된 내전이자 국제전입니다.
- 전쟁이 발발하자 유엔 안전보장이사회는 유엔군 파병을 결정했습니다.
- 미군을 주축으로 영국, 캐나다, 프랑스 등 16개국이 참전했습니다.
- 3년간 이어진 치열한 전쟁 끝에, 수많은 인명 피해와 재산 손실을 가져왔습니다.
- 1953년 7월 27일 휴전 협정이 체결되었고, 이로 인해 분단되어 지금까지 휴전 상태에 있습니다.

문제7 다음 빈칸(괄호)에 적절한 기술의 **명칭**을 검색하시오(정답).

성민이는 한국 전통 건축물인 한옥에 대해 공부하면서, 한옥이 자연 친화적이며 사계절이 뚜렷한 한반도의 기후에 맞춰 설계된 매우 과학적인 원리가 담겨 있다는 것을 알게 되었다. 특히 온돌과 마루를 통해 겨울에는 따뜻하고 여름에는 시원한 구조를 갖추고 있다는 점이 신기했다.

https://hanok.seoul.go.kr/front/kor/info/infoHanok.do?tab=1

이 문서에 따르면, 한옥의 특징 중 하나인 (   )은 중심부에 위치한 넓고 개방된 공간으로, 여름을 시원하게 보내기 위해 만들어진 공간입니다.

문제8 다음 생성형 인공지능(AI)과 나눈 대화에서 **틀린** 설명에 해당하는 번호를 찾아 적으시오(번호).

태양계에 한해 설명해 줘

태양계의 여덟 행성은 크게 '지구형 행성'과 '목성형 행성'의 두 그룹으로 나눌 수 있습니다.

태양계 행성은 태양으로부터 가까운 순서대로 수성, 금성, 지구, 화성, 목성, 토성, 천왕성, 해왕성입니다.

① 금성은 짙은 이산화탄소 대기로 인해 온실 효과가 극심하여 태양계에서 가장 뜨거운 행성입니다.
② 목성은 태양계에서 가장 큰 행성으로, 가스와 액체로 이루어져 있으며, 태양계에서 가장 밝게 보이는 행성입니다.
③ 화성은 '붉은 행성'이라고 불리며, 표면이 붉은색을 띠는 것은 산화철 성분 때문입니다. ④ 지구는 태양계 행성 중 유일하게 물이 액체 상태로 존재하며, 생명체가 살고 있는 행성입니다.
⑤ 해왕성은 태양계에서 가장 멀리 떨어져 있으며, 시속 2,400km의 가장 빠른 바람이 부는 행성입니다.

● **실용검색** (각 50점)

문제9 길 찾기 서비스(포털 및 전문 검색사이트)를 이용하여 **제주시청**에서 **제주민속자연사박물관**을 도보로 가는 지도 경로를 찾아 전체화면(길 찾기 검색화면, 경로 포함)을 캡처하여 답안 파일에 붙여 넣으시오(이미지 크기 150 mm x 100 mm).

문제10 '어린이책의 노벨상'으로 불리는 한스 크리스티안 안데르센상은 2년마다 아동문학 글 작가(Author)와 그림 작가(Illustrator)에게 수여하는 상이다. 2024년 한스 크리스티안 안데르센상 글 작가(Author) 부문의 **수상자**(성명)를 검색하시오(정답).

문제11 수입축산물 이력관리제는 수입축산물 유통이력정보를 체계적으로 관리하고 수입축산물의 위해 상황 발생 시 소비자 판매 차단 및 신속한 회수를 목적으로 도입된 제도이다. 이력번호가 「801000404167」인 축산물의 **수입연월일**을 검색하시오(정답).

정보 가공　　　　　　　　　　　　　　　　70점

※ 제시된 주제에 따라 답안을 완성하시오.

문제12 서울베리어프리영화제는 '장애와 상관없이 모두 다 함께 즐기는 영화축제' 라는 슬로건 아래 시작 되었다. 배리어프리영화는 시각장애인을 위해 화면해설을, 청각장애인을 위해 한글자막을 넣어 장애와 상관없이 누구나 즐길 수 있는 영화를 말한다. 서울배리어프리영화제에 대하여 검색하여 다음의 안내문 내용을 완성하시오.

(답안)

	서울배리어프리영화제
(12-1) 제14회 배리어프리영화제 포스터 **이미지**	(12-2) 제14회 배리어프리영화제 **개최기간**(월일~월일)
	(12-3) 제14회 배리어프리영화제 **개막작**(작품명)
	(12-4) 한국영상자료원 시네마테크KOFA **주소**(도로명)

제 12 회 정보기술자격(ITQ) 최신기출 복원문제

과목	코드	문제유형	시험시간	수험번호	성명
인터넷	1152	A	60분		

· 수험자 유의사항 ·

- 수험자는 문제지를 받는 즉시 **응시하고자 하는 과목의 문제지가 맞는지 확인**하여야 합니다.
- 시험과 직접 관련이 없는 행위(댓글 게시, 자료 업로드, 동영상 시청 등) 적발 시 실격으로 처리되며, 답안 내역을 보조기억장치 및 기타 통신수단(게시판, 이메일, 메신저, 네트워크 등)을 이용하여 타인에게 전달 또는 외부로 반출하는 경우 적발 시 자격기본법 제32에 의거 부정행위로 처리됩니다.
- 내 PC₩문서₩ITQ 폴더의 "답안파일-인터넷.hwpx" 파일을 열고 파일 이름을 "수험번호-성명-인터넷.hwpx"로 답안폴더에 다시 저장한 후 답안 작성을 시작하여야 하며, 답안문서 파일명이 일치하지 않을 경우, 실격 처리됩니다(예 : 12345678-홍길동-인터넷.hwpx).
(시험에서 제공되는 답안파일 양식을 사용하지 않으면 0점 처리됨)
- 답안 작성을 마치면 파일을 저장하고, '답안 전송' 버튼을 선택하여 감독위원 PC로 답안을 전송하십시오. 수험자 정보와 저장한 파일명이 다를 경우 전송되지 않으므로 주의하시기 바랍니다.
- 답안 작성 중에도 **주기적으로 저장하고 답안을 전송**하여야 문제 발생을 줄일 수 있습니다. 작업한 내용을 저장하지 않고 전송할 경우, 이전에 저장된 내용이 전송되오니 이 점 유의하시기를 바랍니다.
- 시험 중 부주의 또는 고의로 시스템을 파손한 경우는 수험자가 변상해야 하며, 〈수험자 유의사항〉에 기재된 방법대로 이행하지 않아 생기는 불이익은 수험자 당사자의 책임임을 알려 드립니다.
- 시험을 완료한 수험자는 답안파일이 전송되었는지 확인한 후 감독위원의 지시에 따라 문제지를 제출하고 퇴실합니다.

· 답안 작성요령 ·

- **온라인 답안 작성 절차**
수험자 등록 ⇒ 시험 시작 ⇒ 답안 파일 저장 ⇒ 답안 전송 ⇒ 시험 종료
- 시험 시작 전 시험과 무관한 프로그램의 실행을 중지시켜 주시기를 바랍니다(채팅, 파일공유 등).
- 문제에 (번호)라고 표시되어 있으면 번호만을 작성란에 기재하고, (정답)이라고 표시되어 있으면 정답만을 작성관에 기재하고, (정답, URL)이라고 표시되어 있으면 정답과 함께 URL을 반드시 기재하시기 바랍니다. 이를 준수하지 않으면 감점, 오답 처리 등 불이익이 있을 수 있습니다.
- [문제1], [문제2], [문제3], [문제8]은 정답의 번호만 아래와 같이 답안 파일에 정확히 기록하십시오.

문제 번호		답 안
문제1	정답	1

- 문제 번호에 따라 정답을 아래와 같이 답안 파일에 정확히 기록하십시오.

문제5	정답	대한민국

- [문제4]는 정답과 URL을 아래와 같이 답안 파일에 정확히 기록하십시오.
(URL은 정답을 확인할 수 있는 최종 URL을 기재하십시오.)

문제4	정답	정보기술자격(ITQ)
	URL	https://www.kpc.or.kr/certification/index.asp

- [문제4]의 경우 개인 홈페이지나 블로그, 지식 검색(예 : 지식iN 등)과 같이 개인 사견이 포함된 웹사이트, 첨부파일은 정답으로 인정하지 않습니다.
- [문제9]의 이미지 파일은 인터넷 답안 파일에 삽입한 후 반드시 지정된 이미지 크기로 변경하시기를 바랍니다.
- 문제에서 제시한 단위, Full name 등의 조건에 맞도록 답안을 작성하시기를 바랍니다.

인터넷 윤리　　　　　　60점, 각 30점

※ 문제에 대한 적절한 내용의 번호를 골라 답안지에 기재하시오.

문제1 다음 중 개인정보 침해의 대응 및 예방 방안으로 옳지 <u>않은</u> 것은?

① 주기적으로 비밀번호를 변경한다.
② 개인 PC의 자동보안 업데이트를 실시한다.
③ 주민등록번호 대체수단(핸드폰 인증)을 사용한다.
④ 컴퓨터의 하드디스크를 수시로 교체하여 사용한다.

문제2 사이버공간에서 자신이 피해자가 되지 않기 위해 주의할 점으로 적절하지 <u>않은</u> 것은?

① 개인정보가 사이버공간에서 노출되지 않게 관리한다.
② 원하지 않는 메일에도 정중히 답변을 해주고 절대 거절하지 않는다.
③ 불법 사이트를 피하고 건전 사이트를 이용한다.
④ 성별을 알 수 없는 아이디나 닉네임을 사용한다.

인터넷 검색　　　　　　370점

● 일반검색 Ⅰ　　　　　　(각 10점)

문제3 다음 책 제목의 ISBN을 〈보기〉에서 찾아 해당 번호를 답안지에 적으시오(번호).

문제3-1) 공간의 미래 -- (　　)
문제3-2) 마음의 법칙 -- (　　)
문제3-3) 삶이 던지는 질문은 언제나 같다 ------------------------------- (　　)

《보기》
① 9791170400523　　② 9788932474427　　③ 9791164136452
④ 9791191347685　　⑤ 9791168340107

● 일반검색 Ⅱ　　　　　　(각 50점)

문제4 행정적으로 구분돼 있으나 생활, 경제 등이 기능적으로 연결돼 있는 '인구 1000만 명 이상의 거대 도시'를 지칭하는 <u>용어</u>를 검색하시오(정답, URL).

문제5 통계청이 발표한 '2023년 1월 고용동향' 보고서를 보면 1월의 취업자는 2,736만 3천 명으로 전년 동월 대비 41만 명 증가했다. 통계청에서 2023년 1월 광주광역시의 **취업자 수**(단위: 천명)를 검색하시오(정답).

● 지능형 정보검색 (각 30점)

※ 인터넷 검색엔진과 생성형 인공지능(AI) 등 다양한 검색 도구를 사용하여 정답을 찾은 후 답안에 기재하시오 (정답).

문제6 다음 문장이 설명하는 **인물**을 검색하시오(정답).

> - 이탈리아의 화가, 조각가, 건축가, 시인입니다.
> - 르네상스 시대의 위대한 거장 중 한 명으로 꼽힙니다.
> - '다비드', '피에타'와 같은 조각상과 시스티나 성당의 천장화가 대표적인 작품입니다.
> - 다비드는 거대한 대리석 덩어리에서 5.17m 높이의 완벽한 인체 비율을 가진 조각상입니다.
> - 역동적이고 강렬한 에너지와 완벽한 해부학적 지식을 바탕으로 인체의 아름다움을 극대화했다는 평가를 받습니다.

문제7 다음 빈칸(괄호)에 적절한 기술의 **명칭**을 검색하시오(정답).

> 재영이는 웹사이트 방문 시 '쿠키 동의' 팝업창을 보고 무심코 동의했다가, 광고가 자신의 관심사에 맞춰 계속 뜨는 것을 발견했다. 쿠키가 개인정보를 어떻게 수집하는지 궁금해졌다.
>
> https://inpyeonglaw.com/archives/20897/
>
> 위 문서에 따르면, 웹사이트는 (   )를 통해 사용자의 접속 기록, 검색 기록 등을 수집하여 맞춤형 광고를 제공할 수 있다.

문제8 다음 생성형 인공지능(AI)과 나눈 대화에서 **틀린** 설명에 해당하는 번호를 찾아 적으시오(번호).

> **노벨상에 관해 설명해 줘**
>
> 노벨상은 인류에 큰 공헌을 한 사람들에게 수여되는 상입니다.
>
> ① 스웨덴의 과학자이자 발명가였던 알프레드 노벨의 유언에 따라 만들어졌습니다. 다이너마이트를 발명하여 막대한 부를 쌓았던 그는 자신의 발명이 전쟁에 사용되는 것을 보고 깊은 죄책감을 느꼈다고 합니다. 이에 그는 자신의 유산 전부를 인류의 복지에 가장 큰 공헌을 한 사람들에게 수여하는 상을 만드는 데 사용하라는 유언을 남겼습니다.
> ② 노벨상은 물리학, 화학, 생리학 또는 의학, 문학, 평화, 그리고 경제학 등 6개 분야에서 수상자를 선정합니다.
> ③ 노벨 평화상은 스웨덴의 수도 스톡홀름에서 수여됩니다. ④ 노벨상을 2회 수상한 인물도 있으며, 대표적으로 마리 퀴리가 있습니다. ⑤ 노벨상의 시상식은 매년 12월 10일, 알프레드 노벨의 사망일에 열립니다.

● **실용검색** (각 50점)

문제9 길 찾기 서비스(포털 및 전문 검색사이트)를 이용하여 서울의 **손병희 집터**에서 **창덕궁 돈화문**을 도보로 가는 지도 경로를 찾아 전체화면(길 찾기 검색화면, 경로 포함)을 캡처하여 답안 파일에 붙여 넣으시오(이미지 크기 150 mm × 100 mm).

문제10 아산 장영실과학관은 과학아산, 교육아산의 랜드마크로 자리매김하기 위해 2011년 7월 22일 개관하였다. 아산 환경과학공원에 위치한 장영실과학관, 생태곤충원, 전망대 모두를 관람할 수 있는 **통합입장료**(일반 성인, 개인)를 검색하시오(정답).

문제11 제26회 전주국제영화제는 공모한 해외영화(국제경쟁), 한국영화(한국경쟁, 한국단편경쟁, 지역공모 등)를 대상으로 예심을 진행하여, 본선 진출작을 발표한다. 제26회 전주국제영화제의 **개막일**(월일)을 검색하시오(정답).

정보 가공　　70점

※ 제시된 주제에 따라 답안을 완성하시오.

문제12 한-콜롬비아 수교 60주년을 맞아 양국 대통령은 축하 서한을 교환했다. 한국과 콜롬비아가 1962년 수교이래 양국 관계를 꾸준히 발전시켜 왔으며, 특히 전략적 협력 동반자 관계 수립과 자유무역협정(FTA) 발효 등을 통해 양국 간 협력이 크게 확대되었음을 평가했다. 콜롬비아에 대한 정보를 검색하여 다음의 안내문 내용을 완성하시오.

(답안)

콜롬비아(Colombia)	
(12-1) 콜롬비아 국기 **이미지**	(12-2) 콜롬비아의 국제전화 **코드**(숫자)
	(12-3) 한국, 콜롬비아 FTA **발효일자**(연월일)
	(12-4) 주한 콜롬비아 대사관 **주소**(도로명 주소)

제 13 회 정보기술자격(ITQ) 최신기출 복원문제

과목	코드	문제유형	시험시간	수험번호	성명
인터넷	1152	A	60분		

· 수험자 유의사항 ·

- 수험자는 문제지를 받는 즉시 **응시하고자 하는 과목의 문제지가 맞는지 확인**하여야 합니다.
- 시험과 직접 관련이 없는 행위(댓글 게시, 자료 업로드, 동영상 시청 등) 적발 시 실격으로 처리되며, 답안 내역을 보조기억 장치 및 기타 통신수단(게시판, 이메일, 메신저, 네트워크 등)을 이용하여 타인에게 전달 또는 외부로 반출하는 경우 적발 시 자격기본법 제32에 의거 부정행위로 처리됩니다.
- 내 PC₩문서₩ITQ 폴더의 "답안파일-인터넷.hwpx" 파일을 열고 파일 이름을 "수험번호-성명-인터넷.hwpx"로 답안폴더에 다시 저장한 후 답안 작성을 시작하여야 하며, 답안문서 파일명이 일치하지 않을 경우, 실격 처리됩니다(예 : 12345678-홍길동-인터넷.hwpx).
  (시험에서 제공되는 답안파일 양식을 사용하지 않으면 0점 처리됨)
- 답안 작성을 마치면 파일을 저장하고, '답안 전송' 버튼을 선택하여 감독위원 PC로 답안을 전송하십시오. 수험자 정보와 저장한 파일명이 다를 경우 전송되지 않으므로 주의하시기 바랍니다.
- 답안 작성 중에도 **주기적으로 저장하고 답안을 전송**하여야 문제 발생을 줄일 수 있습니다. 작업한 내용을 저장하지 않고 전송할 경우, 이전에 저장된 내용이 전송되오니 이 점 유의하시기를 바랍니다.
- 시험 중 부주의 또는 고의로 시스템을 파손한 경우는 수험자가 변상해야 하며, 〈수험자 유의사항〉에 기재된 방법대로 이행하지 않아 생기는 불이익은 수험자 당사자의 책임임을 알려 드립니다.
- 시험을 완료한 수험자는 답안파일이 전송되었는지 확인한 후 감독위원의 지시에 따라 문제지를 제출하고 퇴실합니다.

· 답안 작성요령 ·

- **온라인 답안 작성 절차**
  수험자 등록 ⇒ 시험 시작 ⇒ 답안 파일 저장 ⇒ 답안 전송 ⇒ 시험 종료
- 시험 시작 전 시험과 무관한 프로그램의 실행을 중지시켜 주시기를 바랍니다(채팅, 파일공유 등).
- 문제에 (번호)라고 표시되어 있으면 번호만을 작성란에 기재하고, (정답)이라고 표시되어 있으면 정답만을 작성관에 기재하고, (정답, URL)이라고 표시되어 있으면 정답과 함께 URL을 반드시 기재하시기 바랍니다. 이를 준수하지 않으면 감점, 오답 처리 등 불이익이 있을 수 있습니다.
- [문제1], [문제2], [문제3], [문제8]은 정답의 번호만 아래와 같이 답안 파일에 정확히 기록하십시오.

문제 번호		답 안
문제1	정답	1

- 문제 번호에 따라 정답을 아래와 같이 답안 파일에 정확히 기록하십시오.

문제5	정답	대한민국

- [문제4]는 정답과 URL을 아래와 같이 답안 파일에 정확히 기록하십시오.
  (URL은 정답을 확인할 수 있는 최종 URL을 기재하십시오.)

문제4	정답	정보기술자격(ITQ)
	URL	https://www.kpc.or.kr/certification/index.asp

- [문제4]의 경우 개인 홈페이지나 블로그, 지식 검색(예 : 지식iN 등)과 같이 개인 사견이 포함된 웹사이트, 첨부파일은 정답으로 인정하지 않습니다.
- [문제9]의 이미지 파일은 인터넷 답안 파일에 삽입한 후 반드시 지정된 이미지 크기로 변경하시기를 바랍니다.
- 문제에서 제시한 단위, Full name 등의 조건에 맞도록 답안을 작성하시기를 바랍니다.

kpc 한국생산성본부

인터넷 윤리   60점, 각 30점

※ 문제에 대한 적절한 내용의 번호를 골라 답안지에 기재하시오.

문제1 다음 중 금융기관의 보이스피싱(Voice Phishing) 사기 예방서비스로 옳지 <u>않은</u> 것은?

① 단말기지정서비스
② 입금계좌지정서비스
③ 지연이체서비스
④ 현금지급서비스

문제2 스마트폰 이용자의 안전 수칙으로 옳지 <u>않은</u> 것은?

① 의심스러운 애플리케이션 다운로드하지 않기
② 블루투스, NFC 등 무선 인터페이스는 항상 켜놓기
③ 스마트폰 플랫폼의 구조를 임의로 변경하지 않기
④ 비밀번호 설정 기능을 이용하고 정기적으로 비밀번호 변경하기

인터넷 검색   370점

● 일반검색 I   (각 10점)

문제3 다음 국가중요어업유산 지정 번호의 어업 명칭을 〈보기〉에서 찾아 해당 번호를 답안지에 적으시오(번호).

문제3-1) 제9호 국가중요어업유산 -- (   )
문제3-2) 제10호 국가중요어업유산 --- (   )
문제3-3) 제11호 국가중요어업유산 --- (   )

《보기》
① 부안 곰소 천일염업   ② 완도 지주식 김 양식업   ③ 신안 흑산 홍어잡이 어업
④ 울진·울릉 돌곽(돌미역) 떼배 채취어업   ⑤ 통영·거제 견내량 돌미역 채취어업

● 일반검색 II   (각 50점)

문제4 주가지표의 변동과 동일한 투자성과의 실현을 목표로 구성된 포트폴리오인 인덱스펀드를 거래소에 상장시켜 투자자들이 주식처럼 편리하게 거래할 수 있게 만든 상품을 **무엇**이라 하는지 검색하시오(정답, URL).

문제5 경칩(驚蟄)은 24절기의 하나로 날씨가 따뜻하여 겨울잠을 자던 동물들이 깨어나서 땅 위로 나오려고 꿈틀거린다고 하여 이런 이름이 생겨났다. 2025년 경칩(驚蟄)인 날에 기상청 광양 무인관서에서 관측한 **일 최고기온**(단위: ℃, 소수 첫째 자리까지 표시)을 검색하시오(정답).

● **지능형 정보검색** (각 30점)

※ 인터넷 검색엔진과 생성형 인공지능(AI) 등 다양한 검색 도구를 사용하여 정답을 찾은 후 답안에 기재하시오(정답).

문제6 다음 문장이 설명하는 **인물**을 검색하시오(정답).

> - 1770년 독일 본에서 태어나 고전 시대와 낭만 시대의 전환기에 활동한 작곡가이자 피아니스트입니다.
> - 자신만의 강렬하고 개성적인 음악 세계를 구축하며 클래식 음악의 새로운 방향을 제시했습니다.
> - 명작으로는 강렬한 도입부로 절망적인 운명에 맞서 싸워 이겨내는 인간의 의지를 표현한 것과
> - 인류의 화합과 평화를 노래한 '환희의 송가'를 합창으로 담아내 교향곡의 새로운 지평을 열었습니다. 이 곡은 유네스코 세계기록유산에 등재될 만큼 인류 문화사에 큰 영향을 미쳤습니다.
> - 20대 후반부터 청력이 점차 나빠져 40대에는 거의 완전히 귀가 들리지 않았지만, 절망을 극복하고 불후의 명작들을 남겼습니다.

문제7 다음 빈칸(괄호)에 적절한 **대상**을 검색하시오(정답).

> 영철이는 세계 일주 항해에 대해 찾아보다가 마젤란의 용감한 도전을 알게 되었다.
> 지구가 둥글다는 것을 증명하기 위해 항해에 나서 남미 대륙의 남단을 지나 새로운 해협(현재의 마젤란 해협)을 발견했고, 드넓고 잔잔한 바다에 들어선 뒤 이 바다를 '태평양'이라 이름 붙였다. 그가 항해 도중 필리핀에서 원주민과 싸우다 사망했다는 것을 알고 놀랐다.
>
> https://ko.wikipedia.org/wiki/%ED%8E%98%EB%A5%B4%EB%94%94%EB%82%9C%EB%93%9C_%EB%A7%88%EC%A0%A4%EB%9E%80
>
> 위키피디아에 따르면, 마젤란이 세계일주를 시작한 해는 (   )이다.

문제8 다음 생성형 인공지능(AI)과 나눈 대화에서 **틀린** 설명에 해당하는 번호를 찾아 적으시오(번호).

> **인공지능(AI)에 관해 설명해 줘**
>
> 인공지능(AI)은 인간의 지능을 모방하여 학습, 추론, 문제 해결 등을 수행하는 기술입니다. ① 인공지능은 규칙 기반 인공지능과 머신러닝 인공지능으로 크게 나눌 수 있습니다. ② 머신러닝은 데이터를 기반으로 스스로 학습하여 규칙과 패턴을 찾아내는 방식입니다. 스팸 메일 분류나 추천 알고리즘 등이 대표적인 예입니다. ③ 딥러닝은 머신러닝의 한 종류로, 인간의 뇌신경 구조를 모방한 인공 신경망을 여러 층으로 쌓아 복잡한 문제를 해결하는 기술입니다. 자율주행 자동차의 사물 인식, 음성 인식 등 고도화된 AI 기술에 활용됩니다. ④ 인공지능은 이미 우리 삶의 다양한 분야에 활용되고 있습니다. ⑤ 인공지능 기술은 생산성을 높이는 데에만 기여하고, 창의적인 활동은 인간 고유의 영역으로 남아 있습니다.

● 실용검색 (각 50점)

문제9 길 찾기 서비스(포털 및 전문 검색사이트)를 이용하여 서울의 **쉼박물관**에서 **김달진미술자료박물관**을 도보로 가는 지도 경로를 찾아 전체화면(길 찾기 검색화면, 경로 포함)을 캡처하여 답안 파일에 붙여 넣으시오(이미지 크기 150 mm x 100 mm).

문제10 세계 물의 날(World Water Day)은 인구 증가와 산업화 등으로 수질이 오염되고 전 세계적으로 먹는 물이 부족해지자, 유엔(UN)이 이에 대한 경각심을 일깨우기 위해 매년 3월 22일을 지정해 기념하는 날이다. 2025년 세계 물의 날의 **주제**(한글 또는 영문)를 검색하시오(정답).

문제11 국립중앙도서관은 2025년도 '8월의 사서추천도서'를 선정 발표했다. 국립중앙도서관은 인문, 사회, 자연, 어문학 등의 주제 분야에서 '사서추천도서'를 선정하고 있다. 국립중앙도서관 '8월의 사서추천도서' 중 인문과학 분야 도서 2권의 **제목**을 검색하시오(정답).

정보 가공　　70점

※ 제시된 주제에 따라 답안을 완성하시오.

문제12 경상북도 울진군은 '2022~2023 울진 방문의 해' 추진을 통해 우수한 관광자원을 적극 홍보하고, 대규모 관광 프로젝트 기반시설을 바탕으로 차별화된 콘텐츠를 개발해 관광객 유치 500만 시대를 달성한다는 계획이다. 경상북도 울진군에 대한 정보를 검색하여 다음의 안내문 내용을 완성하시오.

(답안)

	2022~2023 울진 방문의 해
(12-1) 울진군 심벌마크 **이미지**	(12-2) 울진 왕피천 케이블카 - 크리스탈캐빈 **이용요금**(개인, 대인, 일반, 왕복 기준)
	(12-3) 울진 죽변면 드라마 촬영지의 드라마 **제목**
	(12-4) 울진과학체험관 **주소**(도로명 주소)

제 14 회 정보기술자격(ITQ) 최신기출 복원문제

과목	코드	문제유형	시험시간	수험번호	성명
인터넷	1152	A	60분		

· 수험자 유의사항 ·

- 수험자는 문제지를 받는 즉시 **응시하고자 하는 과목의 문제지가 맞는지 확인**하여야 합니다.
- 시험과 직접 관련이 없는 행위(댓글 게시, 자료 업로드, 동영상 시청 등) 적발 시 실격으로 처리되며, 답안 내역을 보조기억 장치 및 기타 통신수단(게시판, 이메일, 메신저, 네트워크 등)을 이용하여 타인에게 전달 또는 외부로 반출하는 경우 적발 시 자격기본법 제32에 의거 부정행위로 처리됩니다.
- 내 PC₩문서₩ITQ 폴더의 "답안파일-인터넷.hwpx" 파일을 열고 파일 이름을 "수험번호-성명-인터넷.hwpx"로 답안폴더에 다시 저장한 후 답안 작성을 시작하여야 하며, 답안문서 파일명이 일치하지 않을 경우, 실격 처리됩니다(예 : 12345678-홍길동-인터넷.hwpx).
  (시험에서 제공되는 답안파일 양식을 사용하지 않으면 0점 처리됨)
- 답안 작성을 마치면 파일을 저장하고, '답안 전송' 버튼을 선택하여 감독위원 PC로 답안을 전송하십시오. 수험자 정보와 저장한 파일명이 다를 경우 전송되지 않으므로 주의하시기 바랍니다.
- 답안 작성 중에도 **주기적으로 저장하고 답안을 전송**하여야 문제 발생을 줄일 수 있습니다. 작업한 내용을 저장하지 않고 전송할 경우, 이전에 저장된 내용이 전송되오니 이 점 유의하시기를 바랍니다.
- 시험 중 부주의 또는 고의로 시스템을 파손한 경우는 수험자가 변상해야 하며, 〈수험자 유의사항〉에 기재된 방법대로 이행하지 않아 생기는 불이익은 수험자 당사자의 책임임을 알려 드립니다.
- 시험을 완료한 수험자는 답안파일이 전송되었는지 확인한 후 감독위원의 지시에 따라 문제지를 제출하고 퇴실합니다.

· 답안 작성요령 ·

- **온라인 답안 작성 절차**
  수험자 등록 ⇒ 시험 시작 ⇒ 답안 파일 저장 ⇒ 답안 전송 ⇒ 시험 종료
- 시험 시작 전 시험과 무관한 프로그램의 실행을 중지시켜 주시기를 바랍니다(채팅, 파일공유 등).
- 문제에 (번호)라고 표시되어 있으면 번호만을 작성란에 기재하고, (정답)이라고 표시되어 있으면 정답만을 작성관에 기재하고, (정답, URL)이라고 표시되어 있으면 정답과 함께 URL을 반드시 기재하시기 바랍니다. 이를 준수하지 않으면 감점, 오답 처리 등 불이익이 있을 수 있습니다.
- [문제1], [문제2], [문제3], [문제8]은 정답의 번호만 아래와 같이 답안 파일에 정확히 기록하십시오.

문제 번호		답 안
문제1	정답	1

- 문제 번호에 따라 정답을 아래와 같이 답안 파일에 정확히 기록하십시오.

문제5	정답	대한민국

- [문제4]는 정답과 URL을 아래와 같이 답안 파일에 정확히 기록하십시오.
  (URL은 정답을 확인할 수 있는 최종 URL을 기재하십시오.)

문제4	정답	정보기술자격(ITQ)
	URL	https://www.kpc.or.kr/certification/index.asp

- [문제4]의 경우 개인 홈페이지나 블로그, 지식 검색(예 : 지식iN 등)과 같이 개인 사견이 포함된 웹사이트, 첨부파일은 정답으로 인정하지 않습니다.
- [문제9]의 이미지 파일은 인터넷 답안 파일에 삽입한 후 반드시 지정된 이미지 크기로 변경하시기를 바랍니다.
- 문제에서 제시한 단위, Full name 등의 조건에 맞도록 답안을 작성하시기를 바랍니다.

인터넷 윤리
> 60점, 각 30점

※ 문제에 대한 적절한 내용의 번호를 골라 답안지에 기재하시오.

문제1 해킹 등 외부의 불법적인 침입으로부터 개인정보를 보호하기 위한 방법으로 가장 적절한 것은?

① 의심스러운 메일을 받았을 경우 열지 않고 삭제한다.
② 인터넷 공유 파일을 수시로 다운로드하여 실행시켜 본다.
③ 중요한 내용의 파일인 경우 압축을 하지 않고 원본으로 보관한다.
④ 바이러스 백신 프로그램은 최초 설치한 버전을 유지한다.

문제2 다음 중 개인정보 오남용 피해방지를 위한 안전 수칙으로 옳지 <u>않은</u> 것은?

① 회원가입 시 민간인증서를 이용한다.
② 회원가입을 할 때는 개인정보처리방침 및 약관을 꼼꼼히 살핀다.
③ 비밀번호는 주기적으로 변경한다.
④ P2P 공유폴더에 개인정보를 저장하여 사용한다.

인터넷 검색
> 370점

● 일반검색 Ⅰ (각 10점)

문제3 제82회 골든글로브 시상식(Golden Globe Awards, 2025)의 수상작을 〈보기〉에서 찾아 해당 번호를 답안지에 적으시오(번호).

문제3-1) 작품상 : 드라마 ---------------------------------- (   )
문제3-2) 각본상 --- (   )
문제3-3) 음악상 --- (   )

《보기》
① Oppenheimer   ② The Brutalist   ③ Anatomy of a Fall
④ Conclave   ⑤ Challengers

● 일반검색 Ⅱ (각 50점)

문제4 대중이 기부에 거부감을 갖지 않고 참여할 수 있는 문화를 조성해야 한다는 필요성이 높아지면서 형성된 것으로 '즐거움을 느끼며 기부 활동을 하는 것'을 의미하는 <u>용어</u>를 검색하시오(정답,URL).

문제5 대한(大寒)은 24절기 중 제일 마지막이며, 동양에서는 겨울을 매듭짓는 절후로 보아, 대한의 마지막 날을 절분(節分)이라 하여 계절적으로 연말일(年末日)로 여겼다. 2025년 대한(大寒)인 날에 기상청 홍천 무인관서에서 관측한 **일최저기온**(단위 : ℃, 소수 첫째 자리까지 표시)을 검색하시오(정답).

● **지능형 정보검색** (각 30점)

※ 인터넷 검색엔진과 생성형 인공지능(AI) 등 다양한 검색 도구를 사용하여 정답을 찾은 후 답안에 기재하시오(정답).

문제6 다음 문장이 설명하는 **인물**을 검색하시오(정답).

> - 저는 프랑스 출신의 소설가이자 비행사이기도 했습니다.
> - 사하라 사막에 불시착했던 자신의 경험을 바탕으로 한 작품을 썼습니다.
> - '중요한 것은 눈에 보이지 않는다'는 메시지를 통해 어른들에게 잊고 지냈던 순수함과 동심을 일깨워주며 전 세계적으로 사랑받는 고전이 되었습니다.
> - 제 대표작은 《어린 왕자》이며, 250개 이상의 언어로 번역되어 성경 다음으로 많이 팔린 책 중 하나로 기록될 만큼 인류의 문화사에 깊은 흔적을 남겼습니다.

문제7 다음 빈칸(괄호)에 적절한 **금액**을 검색하시오(정답).

> 태준이는 이집트 피라미드가 어떻게 만들어졌는지 궁금해졌다.
> 엄청난 크기의 돌을 쌓아 올린 기술력이 놀라웠지만, 피라미드가 사실은 고대 이집트 왕의 무덤이었다는 것을 알게 되었다.
> https://ko.techbro.kr/%EC%9D%B4%EC%A7%91%ED%8A%B8-%ED%94%BC-%EB%9D%BC%EB%AF%B8%EB%93%9C-%EB%86%80%EB%9D%BC%EC%9A%B4-%EA%B1%B4%EC%B6%95-%EA%B8%B0%EC%88%A0%EC%9D%98-%EB%B9%84%EB%B0%80/
>
> 이 문서에 따르면, 기원전 2560년경에 만들어진 가장 큰 피라미드인 '(   )'는 이집트 카이로 남서쪽 13km에 위치한 기자 평원에 위치해 있다.

문제8 다음 생성형 인공지능(AI)과 나눈 대화에서 **틀린** 설명에 해당하는 번호를 찾아 적으시오(번호).

> **생성형 인공지능(AI)에 관해 설명해 줘**
>
> 생성형 인공지능은 텍스트, 이미지, 음성 등 새로운 콘텐츠를 생성하는 AI 기술입니다. ① 기존의 데이터를 분석하고 패턴을 학습하여 새로운 결과물을 만들어냅니다. ② 대표적인 모델로는 GPT(Generative Pre-trained Transformer)와 GAN(Generative Adversarial Network) 등이 있습니다. ③ 생성형 AI는 기존 데이터를 분석하고 분류하는 데 특화되어 있으며, 새로운 데이터를 만들어내는 능력은 없습니다. ④ 텍스트를 입력하면 그림을 그려주는 '달리(DALL-E)'는 생성형 AI의 한 예입니다. ⑤ 생성형 AI는 단순한 챗봇을 넘어, 소설이나 시 쓰기, 그림 그리기, 작곡, 디자인, 비디오 제작 등 다양한 분야에서 인간의 창작 활동을 보조하거나 대체하는 역할을 수행하고 있습니다.

● 실용검색　　　　　　　　　　　　　　　　　　　　　　　　　　　　　　　　　　　　　(각 50점)

문제9 길 찾기 서비스(포털 및 전문 검색사이트)를 이용하여 충북 괴산군 **산막이 선착장**에서 **노수신적소**를 도보로 가는 지도 경로를 찾아 전체화면(길 찾기 검색화면, 경로 포함)을 캡처하여 답안 파일에 붙여 넣으시오(이미지 크기 150 mm x 100 mm).

문제10 2025년 9월 전주에서는 지역의 출판, 서점, 문화, 교육계 등 독서 생태계와 함께 강연, 공연, 전시, 체험 등 다채로운 프로그램들로 채워진 책 축제인 전주독서대전을 개최하였다. 2025 전주독서대전의 **주제**를 검색하시오(정답).

문제11 기념우표는 그 전해에 우표 발행계획을 확정하여 발행 고지를 한다. 2022년 한국에서 발행한 '루이 파스퇴르 탄생 200주년' 기념우표의 **발행일**(월일)을 검색하시오(정답).

정보 가공　　　　　　　　　　　　　　　　70점

※ 제시된 주제에 따라 답안을 완성하시오.

문제12 덕수궁은 서울 중구 정동에 있는 조선과 대한제국의 궁궐로써 옛 이름은 경운궁이다. 1904년 덕수궁 대화재와 1907년 고종의 강제퇴위 이후 덕수궁은 그 규모가 대폭 축소 되었고, 이때 덕수궁으로 이름 또한 바뀌게 되었다. 덕수궁에 대하여 검색하여 다음의 안내문 내용을 완성하시오.

(답안)

덕수궁	
(12-1) 서울시 중구청 BI (브랜드 슬로건) **이미지**	(12-2) 4대궁 및 종묘 '궁궐 통합관람권' **관람요금**(단위 : 원, 할인없음) (12-3) 덕수궁 돈덕전 전시관 입장마감 **시간** (12-4) 덕수궁의 **주소**(도로명)

제 15 회 정보기술자격(ITQ) 최신기출 복원문제

과목	코드	문제유형	시험시간	수험번호	성명
인터넷	1152	A	60분		

· 수험자 유의사항 ·

- 수험자는 문제지를 받는 즉시 **응시하고자 하는 과목의 문제지가 맞는지 확인**하여야 합니다.
- 시험과 직접 관련이 없는 행위(댓글 게시, 자료 업로드, 동영상 시청 등) 적발 시 실격으로 처리되며, 답안 내역을 보조기억장치 및 기타 통신수단(게시판, 이메일, 메신저, 네트워크 등)을 이용하여 타인에게 전달 또는 외부로 반출하는 경우 적발 시 자격기본법 제32에 의거 부정행위로 처리됩니다.
- 내 PC₩문서₩ITQ 폴더의 "답안파일-인터넷.hwpx" 파일을 열고 파일 이름을 "수험번호-성명-인터넷.hwpx"로 답안폴더에 다시 저장한 후 답안 작성을 시작하여야 하며, 답안문서 파일명이 일치하지 않을 경우, 실격 처리됩니다(예 : 12345678-홍길동-인터넷.hwpx).
  (시험에서 제공되는 답안파일 양식을 사용하지 않으면 0점 처리됨)
- 답안 작성을 마치면 파일을 저장하고, '답안 전송' 버튼을 선택하여 감독위원 PC로 답안을 전송하십시오. 수험자 정보와 저장한 파일명이 다를 경우 전송되지 않으므로 주의하시기 바랍니다.
- 답안 작성 중에도 **주기적으로 저장하고 답안을 전송**하여야 문제 발생을 줄일 수 있습니다. 작업한 내용을 저장하지 않고 전송할 경우, 이전에 저장된 내용이 전송되오니 이 점 유의하시기를 바랍니다.
- 시험 중 부주의 또는 고의로 시스템을 파손한 경우는 수험자가 변상해야 하며, 〈수험자 유의사항〉에 기재된 방법대로 이행하지 않아 생기는 불이익은 수험자 당사자의 책임임을 알려 드립니다.
- 시험을 완료한 수험자는 답안파일이 전송되었는지 확인한 후 감독위원의 지시에 따라 문제지를 제출하고 퇴실합니다.

· 답안 작성요령 ·

- 온라인 답안 작성 절차
  수험자 등록 ⇒ 시험 시작 ⇒ 답안 파일 저장 ⇒ 답안 전송 ⇒ 시험 종료
- 시험 시작 전 시험과 무관한 프로그램의 실행을 중지시켜 주시기를 바랍니다(채팅, 파일공유 등).
- 문제에 (번호)라고 표시되어 있으면 번호만을 작성란에 기재하고, (정답)이라고 표시되어 있으면 정답만을 작성관에 기재하고, (정답, URL)이라고 표시되어 있으면 정답과 함께 URL을 반드시 기재하시기 바랍니다. 이를 준수하지 않으면 감점, 오답 처리 등 불이익이 있을 수 있습니다.
- [문제1], [문제2], [문제3], [문제8]은 정답의 번호만 아래와 같이 답안 파일에 정확히 기록하십시오.

문제 번호	답 안	
문제1	정답	1

- 문제 번호에 따라 정답을 아래와 같이 답안 파일에 정확히 기록하십시오.

문제5	정답	대한민국

- [문제4]는 정답과 URL을 아래와 같이 답안 파일에 정확히 기록하십시오.
  (URL은 정답을 확인할 수 있는 최종 URL을 기재하십시오.)

문제4	정답	정보기술자격(ITQ)
	URL	https://www.kpc.or.kr/certification/index.asp

- [문제4]의 경우 개인 홈페이지나 블로그, 지식 검색(예 : 지식iN 등)과 같이 개인 사견이 포함된 웹사이트, 첨부파일은 정답으로 인정하지 않습니다.
- [문제9]의 이미지 파일은 인터넷 답안 파일에 삽입한 후 반드시 지정된 이미지 크기로 변경하시기를 바랍니다.
- 문제에서 제시한 단위, Full name 등의 조건에 맞도록 답안을 작성하시기를 바랍니다.

인터넷 윤리

> 60점, 각 30점

※ 문제에 대한 적절한 내용의 번호를 골라 답안지에 기재하시오.

문제1 국가사이버안보센터는 국가 사이버안보에 심각한 영향을 초래할 수 있는 상황에 대해 미리 예측하여 경보를 발령한다. 국가적 차원에서 네트워크 및 정보시스템 사용 불가능 시 발령하는 경보단계인 것은?

① 경보단계 관심
② 경보단계 주의
③ 경보단계 경계
④ 경보단계 심각

문제2 인터넷 게임 중독 예방지침으로 옳지 <u>않은</u> 것은?

① 게임은 해야 할 일을 먼저 한 후에 한다.
② 게임은 시간을 정해두고 한다.
③ 가정에서의 게임은 지양하고 PC방에서 게임을 주로 한다.
④ 온라인게임 외의 다양한 대안 활동을 찾아 시도한다.

인터넷 검색

> 370점

● 일반검색 Ⅰ (각 10점)

문제3 제43회 청룡영화상 시상식의 수상작을 〈보기〉에서 찾아 해당 번호를 답안지에 적으시오(번호).

문제3-1) 최우수 작품상 ──────────────────────── (   )
문제3-2) 신인감독상 ───────────────────────── (   )
문제3-3) 기술상 ─────────────────────────── (   )

《보기》
① 서울의 봄 ② 너와 나 ③ 파묘 ④ 핸섬가이즈 ⑤ 베테랑2

● 일반검색 Ⅱ (각 50점)

문제4 팬덤을 기반으로 한 산업을 이르는 말로, 상품을 보고 구매하는 것이 아니라 스타를 보고 구매하는 팬덤 소비의 특징을 가지고 있다. 이것을 <u>무엇</u>(용어)이라 하는지 검색하시오(정답, URL).

문제5 표준지공시지가란 대한민국 전국의 개별토지 중 지가 대표성 등이 있는 토지를 선정·조사하여 평가·공시하는 것으로서 매년 1월 1일 기준 표준지의 단위 면적당 가격(원/㎡)을 말한다. 다음 소재지의 2025년 **표준지공시지가**(단위:원)를 검색하시오(정답).

> 부산광역시 수영구 광안동 50-27 수영로타리 동측 인근

● **지능형 정보검색** (각 30점)

※ 인터넷 검색엔진과 생성형 인공지능(AI) 등 다양한 검색 도구를 사용하여 정답을 찾은 후 답안에 기재하시오(정답).

문제6 다음 문장이 설명하는 **대상**을 검색하시오(정답).

> - 중세 유럽의 봉건 사회에서 농민과 영주 사이의 관계를 나타내는 중요한 경제 체제였습니다.
> - 농민은 영주의 땅을 빌려 농사짓고, 그 대가로 세금을 내고 노동력을 제공했습니다.
> - 영주는 끊임없는 전쟁과 혼란 속에서 침략자나 도적떼로부터의 군사적 보호를 제공했습니다.
> - 외부의 도움이 거의 필요 없는 자급자족 경제를 형성하며 중세 시대의 안정과 질서를 유지하는 데 큰 역할을 했습니다.

문제7 다음 빈칸(괄호)에 적절한 기술의 **명칭**을 검색하시오(정답).

> 정우는 영화 '코코'를 보고 멕시코의 독특한 명절을 알게 되었다.
>
> 멕시코의 명절인 이 날은 죽은 가족의 영혼이 돌아온다고 믿으며 그들을 환영하는 축제이다. 이 날은 슬픔이 아닌 기쁨의 날로, 가족들은 제단을 차리고 마리골드 꽃으로 길을 장식하며 고인을 기억한다. 이 축제는 유네스코 인류무형문화유산으로 지정될 만큼 그 문화적 가치를 인정받고 있다.
>
> https://namu.wiki/w/%EB%A7%9D%EC%9E%90%EC%9D%98%20%EB%82%A0
>
> 이 문서에 따르면, 멕시코의 이 명절 이름은 ( )이며 기간은 10월 31일부터 11월 2일까지 3일간 진행한다.

문제8 다음 생성형 인공지능(AI)과 나눈 대화에서 **틀린** 설명에 해당하는 번호를 찾아 적으시오(번호).

> **르네상스에 관해 설명해 줘**
>
> 14세기부터 16세기까지 유럽에서 일어난 르네상스는 '고대 문화의 부활'이라는 뜻을 가지고 있습니다. ① 이 시기에는 인간 중심의 사고를 바탕으로 과학, 예술, 문학이 크게 발전했습니다. ② 레오나르도 다빈치, 미켈란젤로, 라파엘로가 이탈리아 르네상스를 대표하는 3대 거장입니다. ③ 피렌체의 메디치 가문은 르네상스 예술가들의 작품 활동을 억압했습니다. ④ 르네상스는 이탈리아에서 시작되어 유럽 전역으로 퍼져나갔으며, 이는 종교 개혁과 대항해 시대의 배경이 되었습니다. ⑤ 르네상스의 대표적인 건축 양식은 고대 그리스와 로마의 고전 건축 양식을 모방한 것이 특징입니다.

● **실용검색** (각 50점)

문제9 길 찾기 서비스(포털 및 전문 검색사이트)를 이용하여 **대전유성소방서**에서 **여흥민씨사당**을 도보로 가는 지도 경로를 찾아 전체화면(길 찾기 검색화면, 경로 포함)을 캡처하여 답안 파일에 붙여 넣으시오(이미지 크기 150 mm x 100 mm).

문제10 국제 도자예술 행사 「2024경기도자비엔날레」는 세계 최고의 도자 작품을 소장하고 있는 미술관·박물관에서 동시대를 대표하는 현대 도자예술작품을 관람하고, 오감과 감성을 충족시키는 다양한 부대행사를 즐길 수 있다. 2024경기도자비엔날레의 **주제**를 검색하시오(정답).

문제11 국립현대미술관은 국가를 대표하는 박물관과 미술관으로 과천관, 덕수궁관, 서울관, 청주관이 있다. 국립현대미술관 덕수궁관에서 2025년 9월 전시하고 있는 전시회의 **제목**을 검색하시오(정답).

정보 가공 70점

※ 제시된 주제에 따라 답안을 완성하시오.

문제12 국립제주박물관은 증축공사를 마무리한 복합문화 전시관을 공개하고, 개관 20주년 기념 특별전을 개막했다. 국립제주박물관에 대한 정보를 검색하여 다음의 안내문 내용을 완성하시오.

(답안)

국립제주박물관	
(12-1) 국립제주박물관 온라인 전시관 '제주와 박물관, 동행' 포스터 **이미지**	(12-2) 국립제주박물관 **개관일**(연월일) (12-3) 국립제주박물관에서 178년 만에 처음으로 선보인 2022년 특별전 **제목** (12-4) 국립제주박물관 **주소**(도로명 주소)

제 16 회 정보기술자격(ITQ) 최신기출 복원문제

과목	코드	문제유형	시험시간	수험번호	성명
인터넷	1152	A	60분		

· 수험자 유의사항 ·

- 수험자는 문제지를 받는 즉시 **응시하고자 하는 과목의 문제지가 맞는지 확인**하여야 합니다.
- 시험과 직접 관련이 없는 행위(댓글 게시, 자료 업로드, 동영상 시청 등) 적발 시 실격으로 처리되며, 답안 내역을 보조기억장치 및 기타 통신수단(게시판, 이메일, 메신저, 네트워크 등)을 이용하여 타인에게 전달 또는 외부로 반출하는 경우 적발 시 자격기본법 제32에 의거 부정행위로 처리됩니다.
- 내 PC₩문서₩ITQ 폴더의 "답안파일-인터넷.hwpx" 파일을 열고 파일 이름을 "수험번호-성명-인터넷.hwpx"로 답안폴더에 다시 저장한 후 답안 작성을 시작하여야 하며, 답안문서 파일명이 일치하지 않을 경우, 실격 처리됩니다(예 : 12345678-홍길동-인터넷.hwpx).
 (시험에서 제공되는 답안파일 양식을 사용하지 않으면 0점 처리됨)
- 답안 작성을 마치면 파일을 저장하고, '답안 전송' 버튼을 선택하여 감독위원 PC로 답안을 전송하십시오. 수험자 정보와 저장한 파일명이 다를 경우 전송되지 않으므로 주의하시기 바랍니다.
- 답안 작성 중에도 **주기적으로 저장하고 답안을 전송**하여야 문제 발생을 줄일 수 있습니다. 작업한 내용을 저장하지 않고 전송할 경우, 이전에 저장된 내용이 전송되오니 이 점 유의하시기를 바랍니다.
- 시험 중 부주의 또는 고의로 시스템을 파손한 경우는 수험자가 변상해야 하며, 〈수험자 유의사항〉에 기재된 방법대로 이행하지 않아 생기는 불이익은 수험자 당사자의 책임임을 알려 드립니다.
- 시험을 완료한 수험자는 답안파일이 전송되었는지 확인한 후 감독위원의 지시에 따라 문제지를 제출하고 퇴실합니다.

· 답안 작성요령 ·

- 온라인 답안 작성 절차
 수험자 등록 ⇒ 시험 시작 ⇒ 답안 파일 저장 ⇒ 답안 전송 ⇒ 시험 종료
- 시험 시작 전 시험과 무관한 프로그램의 실행을 중지시켜 주시기를 바랍니다(채팅, 파일공유 등).
- 문제에 (번호)라고 표시되어 있으면 번호만을 작성란에 기재하고, (정답)이라고 표시되어 있으면 정답만을 작성관에 기재하고, (정답, URL)이라고 표시되어 있으면 정답과 함께 URL을 반드시 기재하시기 바랍니다. 이를 준수하지 않으면 감점, 오답 처리 등 불이익이 있을 수 있습니다.
- [문제1], [문제2], [문제3], [문제8]은 정답의 번호만 아래와 같이 답안 파일에 정확히 기록하십시오.

문제 번호		답 안
문제1	정답	1

- 문제 번호에 따라 정답을 아래와 같이 답안 파일에 정확히 기록하십시오.

문제5	정답	대한민국

- [문제4]는 정답과 URL을 아래와 같이 답안 파일에 정확히 기록하십시오.
 (URL은 정답을 확인할 수 있는 최종 URL을 기재하십시오.)

문제4	정답	정보기술자격(ITQ)
	URL	https://www.kpc.or.kr/certification/index.asp

- [문제4]의 경우 개인 홈페이지나 블로그, 지식 검색(예 : 지식iN 등)과 같이 개인 사견이 포함된 웹사이트, 첨부파일은 정답으로 인정하지 않습니다.
- [문제9]의 이미지 파일은 인터넷 답안 파일에 삽입한 후 반드시 지정된 이미지 크기로 변경하시기를 바랍니다.
- 문제에서 제시한 단위, Full name 등의 조건에 맞도록 답안을 작성하시기를 바랍니다.

인터넷 윤리 — 60점, 각 30점

※ 문제에 대한 적절한 내용의 번호를 골라 답안지에 기재하시오.

문제1 다음 중 공공기관의 개인정보 보호에 관한 관리규정으로 옳은 것은?

① 공공기관에 기록된 개인정보는 개인의 동의 없이도 다른 기관에 제공할 수도 있다.
② 개인의 사상이나 신조 등에 대하여도 별도의 동의 없이 정보를 수집할 수 있다.
③ 공공기관의 개인정보 파일은 영구히 보존해야 한다.
④ 보유 목적에 합당하게 정보 파일을 이용하고 제공하여야 한다.

문제2 전자상거래를 이용하는 소비자의 주의사항으로 옳지 <u>않은</u> 것은?

① 에스크로 서비스에 가입하지 않은 업체와 거래한다.
② 결제 후 결제 정보를 다시 확인한다.
③ 상품의 세부정보와 표시사항을 확인한다.
④ 생년월일, 전화번호 등 쉽게 유추할 수 있는 비밀번호를 사용하지 않는다.

인터넷 검색 — 370점

● 일반검색 I (각 10점)

문제3 제44회 황금촬영상 시상식의 수상작을 〈보기〉에서 찾아 해당 번호를 답안지에 적으시오(번호).

문제3-1) 최우수 작품상 ----------------------------------- ( )
문제3-2) 신인촬영상 ------------------------------------- ( )
문제3-3) 심사위원특별상 ---------------------------------- ( )

《보기》 ① 내일의 기억 ② 핸섬가이즈 ③ 오아시스 ④ 파묘 ⑤ 저 산 너머

● 일반검색 II (각 50점)

문제4 인건비와 매장 인테리어를 최소화하고 방문 고객은 받지 <u>않는</u> '불 꺼진 슈퍼마켓'이란 의미에서 유래했다. 주문한 상품을 도심 속에 있는 소규모 물류거점에서 배송하는 오프라인 매장을 **무엇**(용어)이라 하는지 검색하시오(정답, URL).

문제5 통계청이 발표한 '2022년 쌀 생산량 조사 결과'에 따르면 올해 생산량(백미, 논벼+밭벼)은 376만3,700톤으로 전년 대비 약 3.0% 감소했다. 통계청 미곡 생산량(백미, 92.9%) 자료에서 서울특별시의 2022년 **쌀 생산량**(논벼+밭벼, 단위 : 톤)을 검색하시오(정답).

● **지능형 정보검색** (각 30점)

※ 인터넷 검색엔진과 생성형 인공지능(AI) 등 다양한 검색 도구를 사용하여 정답을 찾은 후 답안에 기재하시오 (정답).

문제6 다음 문장이 설명하는 **명칭**을 검색하시오(정답).

> – 지상 약 20~30km 높이에 있는 성층권에 위치한 얇은 가스층입니다.
> – 태양에서 오는 유해한 자외선(UV)을 흡수하여 지구상의 생명체를 보호하는 중요한 방패 역할을 합니다.
> – 냉매나 스프레이 제품에 사용되었던 염화불화탄소(CFCs) 가스에 의해 파괴되면서 전 세계적인 문제로 떠올랐습니다.
> – 이 층의 파괴는 피부암과 백내장 발생률이 증가하고 면역 체계가 약화됩니다.
> – 농작물의 성장을 방해하고, 해양 플랑크톤을 포함한 해양 생태계의 기초를 파괴합니다.

문제7 다음 빈칸(괄호)에 적절한 기술의 **명칭**을 검색하시오(정답).

> 정우는 TV 다큐멘터리를 보다가 밤하늘을 수놓은 아름다운 빛에 매료되었다. 그는 이 현상이 우주의 신비로운 원리에 의해 발생한다는 것을 알게 되었다.
>
> 이 현상은 주로 극지방의 밤하늘에서 관측되는 발광 현상으로, 태양에서 방출된 대전 입자(플라스마)가 지구 대기권에 부딪혀 빛을 내는 것이다. 이 때문에 '극광'이라고도 불리며, 신비롭고 아름다운 색상으로 인해 많은 사람들의 버킷리스트가 되곤 한다.
>
> https://ko.wikipedia.org/wiki/%EC%98%A4%EB%A1%9C%EB%9D%BC
>
> 위키피디아에 따르면, 이 아름다운 현상의 공식 명칭은 (   )이며, 주요 발생 원인은 태양풍이다.

문제8 다음 생성형 인공지능(AI)과 나눈 대화에서 **틀린** 설명에 해당하는 번호를 찾아 적으시오(번호).

> **신라의 삼국통일에 관해 설명해 줘**
>
> 신라는 삼국을 통일한 국가로, 한반도의 고대사를 새롭게 썼습니다. ① <u>삼국 중 가장 늦게 고대 국가의 기틀을 마련했지만, 화랑도를 통해 인재를 양성하는 등 국력을 키웠습니다.</u> ② <u>660년 나당연합군을 결성해 백제를 멸망시켰습니다.</u> ③ <u>나당연합군은 668년에 고구려를 멸망시켰습니다.</u> ④ <u>이후 신라와 당나라가 고구려와 백제 땅을 차지하기 위해 나당 전쟁을 벌였습니다.</u> ⑤ <u>결국 신라가 당나라를 축출하면서 대동강 이남의 영토를 모두 차지하고 삼국통일을 완성했습니다.</u>

● **실용검색** (각 50점)

문제9 길 찾기 서비스(포털 및 전문 검색사이트)를 이용하여 **제천고속버스터미널**에서 **제천향교**를 도보로 가는 지도 경로를 찾아 전체화면(길 찾기 검색화면, 경로 포함)을 캡처하여 답안 파일에 붙여 넣으시오(이미지 크기 150 mm x 100 mm).

문제10 2025 청주공예비엔날레가 14번째 개막했습니다. 이번 행사 주제에는 미술-디자인-건축을 아우르고, 인간-자연-사물을 연결하며, 집단의 무의식과 문화를 표현하는 공동체와 함께 고민하는 공예의 새로운 정체성과 가능성을 진단합니다. 2025 청주공예비엔날레의 **주제**를 검색하시오(정답).

문제11 병원 응급의료의 질 향상 및 상호연계강화와 첨단 IT 기술을 접목한 각종 정보화사업의 확대를 통해 국민들이 응급의료 서비스를 보다 신속하고 편리하게 이용할 수 있도록 응급실 정보 검색 서비스가 운영되고 있다. 이 서비스를 이용하여 광주광역시청에서 가장 가까운 **응급실**은 어느 병원인지 검색하시오(정답).

정보 가공 — 70점

※ 제시된 주제에 따라 답안을 완성하시오.

문제12 대구교육박물관은 개관한 후 현재까지 개최한 8개의 기획전시를 다시 볼 수 있는 기획전시 전용 웹사이트를 구축하여 전시 기간이 종료되면 다시 찾을 수 없게 되는 기획전시에 대해 체계적이고 종합적인 관리를 하고 있다. 대구교육박물관에 대한 정보를 검색하여 다음의 안내문 내용을 완성하시오.

(답안)

대구교육박물관	
(12-1) 대구교육박물관 로고 **이미지**	(12-2) 대구교육박물관 **개관일**(연월일)
	(12-3) 대구교육박물관에서 2025년 9월 현재 전시 중인 기획전 **제목**
	(12-4) 대구교육박물관 **주소**(도로명 주소)

제 17 회 정보기술자격(ITQ) 최신기출 복원문제

과목	코드	문제유형	시험시간	수험번호	성명
인터넷	1152	A	60분		

· 수험자 유의사항 ·

- 수험자는 문제지를 받는 즉시 **응시하고자 하는 과목의 문제지가 맞는지 확인**하여야 합니다.
- 시험과 직접 관련이 없는 행위(댓글 게시, 자료 업로드, 동영상 시청 등) 적발 시 실격으로 처리되며, 답안 내역을 보조기억장치 및 기타 통신수단(게시판, 이메일, 메신저, 네트워크 등)을 이용하여 타인에게 전달 또는 외부로 반출하는 경우 적발 시 자격기본법 제32에 의거 부정행위로 처리됩니다.
- 내 PC₩문서₩ITQ 폴더의 "답안파일-인터넷.hwpx" 파일을 열고 파일 이름을 "수험번호-성명-인터넷.hwpx"로 답안폴더에 다시 저장한 후 답안 작성을 시작하여야 하며, 답안문서 파일명이 일치하지 않을 경우, 실격 처리됩니다(예 : 12345678-홍길동-인터넷.hwpx).
 (시험에서 제공되는 답안파일 양식을 사용하지 않으면 0점 처리됨)
- 답안 작성을 마치면 파일을 저장하고, '답안 전송' 버튼을 선택하여 감독위원 PC로 답안을 전송하십시오. 수험자 정보와 저장한 파일명이 다를 경우 전송되지 않으므로 주의하시기 바랍니다.
- 답안 작성 중에도 **주기적으로 저장하고 답안을 전송**하여야 문제 발생을 줄일 수 있습니다. 작업한 내용을 저장하지 않고 전송할 경우, 이전에 저장된 내용이 전송되오니 이 점 유의하시기를 바랍니다.
- 시험 중 부주의 또는 고의로 시스템을 파손한 경우는 수험자가 변상해야 하며, 〈수험자 유의사항〉에 기재된 방법대로 이행하지 않아 생기는 불이익은 수험자 당사자의 책임임을 알려 드립니다.
- 시험을 완료한 수험자는 답안파일이 전송되었는지 확인한 후 감독위원의 지시에 따라 문제지를 제출하고 퇴실합니다.

· 답안 작성요령 ·

- **온라인 답안 작성 절차**
 수험자 등록 ⇒ 시험 시작 ⇒ 답안 파일 저장 ⇒ 답안 전송 ⇒ 시험 종료
- 시험 시작 전 시험과 무관한 프로그램의 실행을 중지시켜 주시기를 바랍니다(채팅, 파일공유 등).
- 문제에 (번호)라고 표시되어 있으면 번호만을 작성란에 기재하고, (정답)이라고 표시되어 있으면 정답만을 작성관에 기재하고, (정답, URL)이라고 표시되어 있으면 정답과 함께 URL을 반드시 기재하시기 바랍니다. 이를 준수하지 않으면 감점, 오답 처리 등 불이익이 있을 수 있습니다.
- [문제1], [문제2], [문제3], [문제8]은 정답의 번호만 아래와 같이 답안 파일에 정확히 기록하십시오.

문제 번호		답 안
문제1	정답	1

- 문제 번호에 따라 정답을 아래와 같이 답안 파일에 정확히 기록하십시오.

문제5	정답	대한민국

- [문제4]는 정답과 URL을 아래와 같이 답안 파일에 정확히 기록하십시오.
 (URL은 정답을 확인할 수 있는 최종 URL을 기재하십시오.)

문제4	정답	정보기술자격(ITQ)
	URL	https://www.kpc.or.kr/certification/index.asp

- [문제4]의 경우 개인 홈페이지나 블로그, 지식 검색(예 : 지식iN 등)과 같이 개인 사견이 포함된 웹사이트, 첨부파일은 정답으로 인정하지 않습니다.
- [문제9]의 이미지 파일은 인터넷 답안 파일에 삽입한 후 반드시 지정된 이미지 크기로 변경하시기를 바랍니다.
- 문제에서 제시한 단위, Full name 등의 조건에 맞도록 답안을 작성하시기를 바랍니다.

인터넷 윤리

> 60점, 각 30점

※ 문제에 대한 적절한 내용의 번호를 골라 답안지에 기재하시오.

문제1 다음 중 안전한 와이파이 사용법으로 옳지 <u>않은</u> 것은?

① 공유기 비밀번호 설정하기
② 와이파이 확장기 사용하기
③ 수동으로 와이파이 연결하기
④ 오픈 와이파이 이용 시 개인정보 입력 자제하기

문제2 다음 중 스마트폰 백신 프로그램을 위장한 사기피해 예방 방법으로 옳지 <u>않은</u> 것은?

① 스마트폰의 설정 메뉴에서 '출처를 알 수 없는 앱 설치'를 모두 허용한다.
② 어떠한 경우에도 보안카드 번호 전체 입력을 요구하지 않으므로 절대 입력하지 않는다.
③ 출처가 불분명한 문자의 인터넷 주소는 클릭하지 말고 의심스러운 문자는 즉시 삭제한다.
④ 스마트폰 피해 예방을 위해 스마트폰 보안점검 무료 앱을 설치하여 악성 앱 설치 여부를 점검한다.

인터넷 검색

> 370점

● 일반검색 Ⅰ   (각 10점)

문제3 해당 연도의 크리스마스 씰 주제를 〈보기〉에서 찾아 해당 번호를 답안지에 적으시오(번호).

문제3-1) 2024 크리스마스 씰 ---------------------------------- (   )
문제3-2) 2023 크리스마스 씰 ---------------------------------- (   )
문제3-3) 2022 크리스마스 씰 ---------------------------------- (   )

《보기》
① 뽀로로   ② 브레드 이발소   ③ 우리시대의 영웅, 소방관
④ 엔서니 브라운의 동화속으로   ⑤ 꿈을 향해! 세계를 향해!

● 일반검색 Ⅱ   (각 50점)

문제4 네트워크 안에서 통신 데이터를 보낼 때 최적의 경로를 선택하는 과정으로 최적의 경로는 주어진 데이터를 가장 짧은 거리로 또는 가장 적은 시간 안에 전송할 수 있는 경로이다. 이 과정을 **무엇**(용어)이라 하는지 검색하시오(정답, URL).

문제5 '감귤로 완성하는 국제평화도시, 제주특별자치도'을 주제로 한 2024 제주국제감귤 박람회가 열렸다. 기상청 서귀포 유인관서에서 2024 제주국제감귤 박람회 마지막 날에 관측한 **최고기온**(단위 : ℃, 소수 첫째 자리까지 표시)을 검색하시오(정답).

● **지능형 정보검색** (각 30점)

※ 인터넷 검색엔진과 생성형 인공지능(AI) 등 다양한 검색 도구를 사용하여 정답을 찾은 후 답안에 기재하시오(정답).

문제6 다음 문장이 설명하는 **대상**을 검색하시오(정답).

- 현실에는 존재하지 않는, 모든 것이 완벽하고 이상적인 사회나 국가를 뜻하는 개념입니다.
- 어원적으로는 두 가지 의미를 동시에 지니는 언어유희입니다.
- 토마스 모어가 그의 저서에서 이 단어를 처음 사용했습니다.
- 많은 소설이나 영화에서 비판적으로 다루거나, 혹은 동경의 대상으로 묘사되기도 합니다.

문제7 다음 빈칸(괄호)에 적절한 기술의 **명칭**을 검색하시오(정답).

정우는 역사책을 읽다가 고대 동서양의 교류에 대해 알게 되었다.

동아시아와 서아시아, 유럽을 잇는 고대 교역로이다. 비단, 향신료, 도자기 등 다양한 물품이 교환되었으며, 불교, 이슬람교 등 종교와 문화가 전파되는 통로 역할도 했다.

https://ko.wikipedia.org/wiki/%EB%B9%84%EB%8B%A8%EA%B8%B8

이 길을 통해 가장 활발하게 교류되었던 물품은 비단이며, 이 고대 교역로의 이름은 (   )이다.

문제8 다음 생성형 인공지능(AI)과 나눈 대화에서 **틀린** 설명에 해당하는 번호를 찾아 적으시오(번호).

마리 퀴리에 관해 설명해 줘

폴란드 출신의 과학자로, 방사능 연구 분야를 개척했습니다. ① 그녀는 남편 피에르 퀴리와 함께 라듐과 폴로늄이라는 두 가지 원소를 발견했습니다. ② 그녀는 물리학과 화학 분야에서 모두 노벨상을 수상한 유일한 여성입니다. ③ 그녀의 연구는 암 치료에 큰 영향을 주었지만, 방사선에 지속적으로 노출되어 결국 목숨을 잃었습니다. ④ 그녀는 프랑스에서 활동했지만, 폴란드 민족주의자로서 조국의 이름을 따서 폴로늄을 명명했습니다. ⑤ 그녀는 1903년 노벨 화학상을 수상했고, 1911년 노벨 물리학상을 수상했습니다.

● **실용검색** (각 50점)

문제9 길 찾기 서비스(포털 및 전문 검색사이트)를 이용하여 **충남 당진시 신촌초등학교**에서 **신리성지**를 도보로 가는 지도 경로를 찾아 전체화면(길 찾기 검색화면, 경로 포함)을 캡처하여 답안 파일에 붙여 넣으시오(이미지 크기 150 mm x 100 mm).

문제10 조지훈문학상은 청록파의 한 사람인 조지훈 시인을 기리기 위해 제정됐다. 제7회 조지훈문학상 **수상작**(시집 작품명)을 검색하시오(정답).

문제11 국립중앙박물관은 「'한국의 미소' 반가사유상 애칭 공모전」을 개최해 총 21점의 수상작을 발표했다. 최종 심사결과, 대상은 없는 것으로 결정되었다. 반가사유상 애칭 공모전 금상(3점) 당선작의 **이름**을 모두 검색하시오(정답).

정보 가공   70점

※ 제시된 주제에 따라 답안을 완성하시오.

문제12 국립항공박물관은 비행기와 관련된 거의 모든 것을 보고 체험할 수 있는 공간이다. 국립항공박물관에 대한 정보를 검색하여 다음의 안내문 내용을 완성하시오.

(답안)

국립항공박물관	
(12-1) 국립항공박물관 심볼마크 **이미지**	(12-2) 국립항공박물관 광복 80주년 기념 특별전시 **제목**
	(12-3) 국립항공박물관 조종관제체험 **일반요금**(단위:원)
	(12-4) 국립항공박물관 **주소**(도로명 주소)

제 18 회 정보기술자격(ITQ) 최신기출 복원문제

과목	코드	문제유형	시험시간	수험번호	성명
인터넷	1152	A	60분		

· 수험자 유의사항 ·

- 수험자는 문제지를 받는 즉시 **응시하고자 하는 과목의 문제지가 맞는지 확인**하여야 합니다.
- 시험과 직접 관련이 없는 행위(댓글 게시, 자료 업로드, 동영상 시청 등) 적발 시 실격으로 처리되며, 답안 내역을 보조기억장치 및 기타 통신수단(게시판, 이메일, 메신저, 네트워크 등)을 이용하여 타인에게 전달 또는 외부로 반출하는 경우 적발 시 자격기본법 제32에 의거 부정행위로 처리됩니다.
- 내 PC\문서\ITQ 폴더의 "답안파일-인터넷.hwpx" 파일을 열고 파일 이름을 "수험번호-성명-인터넷.hwpx"로 답안폴더에 다시 저장한 후 답안 작성을 시작하여야 하며, 답안문서 파일명이 일치하지 않을 경우, 실격 처리됩니다(예 : 12345678-홍길동-인터넷.hwpx).
 (시험에서 제공되는 답안파일 양식을 사용하지 않으면 0점 처리됨)
- 답안 작성을 마치면 파일을 저장하고, '답안 전송' 버튼을 선택하여 감독위원 PC로 답안을 전송하십시오. 수험자 정보와 저장한 파일명이 다를 경우 전송되지 않으므로 주의하시기 바랍니다.
- 답안 작성 중에도 **주기적으로 저장하고 답안을 전송**하여야 문제 발생을 줄일 수 있습니다. 작업한 내용을 저장하지 않고 전송할 경우, 이전에 저장된 내용이 전송되오니 이 점 유의하시기를 바랍니다.
- 시험 중 부주의 또는 고의로 시스템을 파손한 경우는 수험자가 변상해야 하며, 〈수험자 유의사항〉에 기재된 방법대로 이행하지 않아 생기는 불이익은 수험자 당사자의 책임임을 알려 드립니다.
- 시험을 완료한 수험자는 답안파일이 전송되었는지 확인한 후 감독위원의 지시에 따라 문제지를 제출하고 퇴실합니다.

· 답안 작성요령 ·

- **온라인 답안 작성 절차**
 수험자 등록 ⇒ 시험 시작 ⇒ 답안 파일 저장 ⇒ 답안 전송 ⇒ 시험 종료
- 시험 시작 전 시험과 무관한 프로그램의 실행을 중지시켜 주시기를 바랍니다(채팅, 파일공유 등).
- 문제에 (번호)라고 표시되어 있으면 번호만을 작성란에 기재하고, (정답)이라고 표시되어 있으면 정답만을 작성관에 기재하고, (정답, URL)이라고 표시되어 있으면 정답과 함께 URL을 반드시 기재하시기 바랍니다. 이를 준수하지 않으면 감점, 오답 처리 등 불이익이 있을 수 있습니다.
- [문제1], [문제2], [문제3], [문제8]은 정답의 번호만 아래와 같이 답안 파일에 정확히 기록하십시오.

문제 번호		답안
문제1	정답	1

- 문제 번호에 따라 정답을 아래와 같이 답안 파일에 정확히 기록하십시오.

문제5	정답	대한민국

- [문제4]는 정답과 URL을 아래와 같이 답안 파일에 정확히 기록하십시오.
 (URL은 정답을 확인할 수 있는 최종 URL을 기재하십시오.)

문제4	정답	정보기술자격(ITQ)
	URL	https://www.kpc.or.kr/certification/index.asp

- [문제4]의 경우 개인 홈페이지나 블로그, 지식 검색(예 : 지식iN 등)과 같이 개인 사견이 포함된 웹사이트, 첨부파일은 정답으로 인정하지 않습니다.
- [문제9]의 이미지 파일은 인터넷 답안 파일에 삽입한 후 반드시 지정된 이미지 크기로 변경하시기를 바랍니다.
- 문제에서 제시한 단위, Full name 등의 조건에 맞도록 답안을 작성하시기를 바랍니다.

인터넷 윤리　　　　60점, 각 30점

※ 문제에 대한 적절한 내용의 번호를 골라 답안지에 기재하시오.

문제1 다음 중 인터넷 사용 시 주의점으로 옳지 <u>않은</u> 것은?

① PC에 무료 백신 프로그램은 절대 설치하지 않는다.
② 인터넷에서 사용하는 비밀번호는 주기적으로 변경한다.
③ P2P 공유폴더에 개인정보를 저장하지 않는다.
④ 사용하지 않는 계정은 방치하지 말고 탈퇴한다.

문제2 개인정보 해당 여부 판단 기준으로 옳지 <u>않은</u> 것은?

① 정보의 종류, 형태, 성격, 형식 등에 관하여는 특별한 제한이 없다.
② 여럿이 모여서 이룬 집단의 통계값 등은 개인정보에 해당하지 않는다.
③ 사망한 자, 자연인이 아닌 법인에 관한 정보는 개인정보에 해당된다.
④ 특정 개인을 알아볼 수 없더라도 다른 정보와 쉽게 결합하여 알아볼 수 있는 정보는 개인정보이다.

인터넷 검색　　　　370점

● 일반검색 Ⅰ　　　　(각 10점)

문제3 제30회 부산국제영화제의 수상작을 〈보기〉에서 찾아 해당 번호를 답안지에 적으시오(번호).

　　문제3-1) 선재상 ──────────────────────── (　　)
　　문제3-2) KBS독립영화상 ─────────────────── (　　)
　　문제3-3) 플래시 포워드 관객상 ──────────────── (　　)

《보기》　① 안녕, 내 고향　② 하나코리아　③ 흐르는 여정　④ 레이피스트　⑤ 마음이 열리는 시간

● 일반검색 Ⅱ　　　　(각 50점)

문제4 스마트폰에 삽입하는 유심과 달리 메인보드에 내장된 심으로 이것을 사용하면 별도의 유심을 구매하지 않아도 되고, 스마트폰에서도 기존 삽입 슬롯이 사라지기 때문에 디자인과 활용도가 개선된다. 이것을 **무엇**(용어)이라 하는지 검색하시오(정답, URL).

문제5 대설(大雪)은 24절기의 21번째로, 이 무렵 많은 눈이 내린다고 하여 붙여진 이름이다. 기상청 포항 유인관서에서 관측한 2022년 대설인 날의 **최저기온**(단위 : ℃, 소수 첫째 자리까지 표시)을 검색하시오(정답).

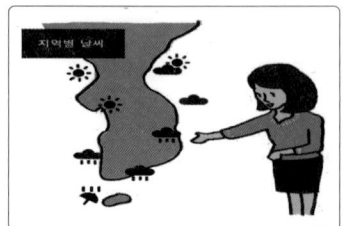

● **지능형 정보검색** (각 30점)

※ 인터넷 검색엔진과 생성형 인공지능(AI) 등 다양한 검색 도구를 사용하여 정답을 찾은 후 답안에 기재하시오(정답).

문제6 다음 문장이 설명하는 **대상**을 검색하시오(정답).

- 나는 주로 밤에 빛을 내어 의사소통을 돕습니다.
- 내 몸속에는 루시페린이라는 물질이 있어 스스로 빛을 낼 수 있습니다.
- 나는 짝짓기를 하거나, 천적으로부터 자신을 보호하기 위해 빛을 사용합니다.
- 내 유충은 물속이나 축축한 땅속에서 생활하며, 성충은 먹이를 거의 먹지 않고 수명이 매우 짧습니다.

문제7 다음 빈칸(괄호)에 적절한 기술의 **명칭**을 검색하시오(정답).

우주에 관심이 많은 민준이는 인류 최초의 인공위성에 대한 자료를 찾아보았다. 여러 나라의 치열한 경쟁 속에서 소련(현 러시아)이 가장 먼저 인공위성을 발사했다는 사실을 알게 되었고, 이 위성이 발사될 때 지구 밖에서 "삐- 삐-" 하는 신호를 보냈다는 것을 알게 되었다.

https://en.wikipedia.org/wiki/Sputnik_1

이 위성의 이름은 ( )이다.

문제8 다음 생성형 인공지능(AI)과 나눈 대화에서 **틀린** 설명에 해당하는 번호를 찾아 적으시오(번호).

K-Pop에 관해 설명해 줘

K-Pop은 한국의 대중음악을 뜻하며, 전 세계적으로 큰 인기를 얻고 있습니다.

① 서태지와 아이들이 1980년대 후반 한국 대중음악의 흐름을 바꾸는 데 큰 역할을 했습니다. ② 2000년대 중반, 동방신기와 슈퍼주니어 같은 아이돌 그룹들이 해외 진출에 성공하면서 K-Pop의 해외 팬덤이 형성되기 시작했습니다.

③ 2012년 싸이의 《강남스타일》은 유튜브를 통해 전 세계적인 신드롬을 일으키며 K-Pop의 가능성을 보여주었습니다. ④ 2010년대 후반, 방탄소년단(BTS)이 빌보드 차트에서 1위를 차지하면서 K-Pop은 미국 주류 시장에 진출했습니다.

⑤ K-Pop은 일본의 아이돌 시스템과 차별화된 독자적인 연습생 시스템과 음악적 특색을 발전시켜 하나의 독립적인 장르로 성장했습니다.

● 실용검색 (각 50점)

문제9 길 찾기 서비스(포털 및 전문 검색사이트)를 이용하여 **충남 당진시 우강 초등학교**에서 **솔뫼성지**를 도보로 가는 지도 경로를 찾아 전체화면(길 찾기 검색화면, 경로 포함)을 캡처하여 답안 파일에 붙여 넣으시오(이미지 크기 150 mm x 100 mm).

문제10 2024년은 한국과 그레나다가 1974년 8월 1일에 수교를 맺은 지 50주년이 되는 해로 뜻깊은 날을 기념하기 위해 한국과 그레나다의 역사적인 건축물을 기념우표로 발행했다. 한국-그레나다 수교 50주년 기념우표의 디자인 소재인 **건축물명**(2가지)을 검색하시오(정답).

문제11 대한민국역사박물관에서는 6 · 25 전쟁 때 각기 다른 나라에서 왔지만 하나가 되어 싸워준 UN참전용사의 희생과 공헌을 기리기 위한 특별전시회 '그대는 아직도 여기에'를 지난 2024년 전시하였다. '그대는 아직도 여기에' 특별전시회가 시작한 날인 UN군 참전의 날은 **언제**(월일)인지 검색하시오(정답).

정보 가공 70점

※ 제시된 주제에 따라 답안을 완성하시오.

문제12 국립기상박물관은 삼국시대부터 현대까지 날씨의 역사와 기상문화는 물론 근현대 기상관측 장비를 한눈에 볼 수 있는 공간으로 7개의 주제별 전시실로 구성되어 있다. 이곳에서는 국보 문화재 2점과 보물문화재 1점의 진품을 만나볼 수 있다. 국립기상박물관에 대한 정보를 검색하여 다음의 안내문 내용을 완성하시오.

(답안)

국립기상박물관	
(12-1) 대구 경상감영 측우대 **이미지**	(12-2) 2025 국립기상박물관 기획전(2025-05-16 ~ 2025-12-07) **제목**
	(12-3) 서울 기상관측소의 국가등록문화재 **지정일**(연월일)
	(12-4) 국립기상박물관 **주소**(도로명 주소)

제 19 회 정보기술자격(ITQ) 최신기출 복원문제

과목	코드	문제유형	시험시간	수험번호	성명
인터넷	1152	A	60분		

· 수험자 유의사항 ·

- 수험자는 문제지를 받는 즉시 **응시하고자 하는 과목의 문제지가 맞는지 확인**하여야 합니다.
- 시험과 직접 관련이 없는 행위(댓글 게시, 자료 업로드, 동영상 시청 등) 적발 시 실격으로 처리되며, 답안 내역을 보조기억 장치 및 기타 통신수단(게시판, 이메일, 메신저, 네트워크 등)을 이용하여 타인에게 전달 또는 외부로 반출하는 경우 적발 시 자격기본법 제32에 의거 부정행위로 처리됩니다.
- 내 PC\문서\ITQ 폴더의 "답안파일-인터넷.hwpx" 파일을 열고 파일 이름을 "수험번호-성명-인터넷.hwpx"로 답안폴더에 다시 저장한 후 답안 작성을 시작하여야 하며, 답안문서 파일명이 일치하지 않을 경우, 실격 처리됩니다(예 : 12345678-홍길동-인터넷.hwpx).
  (시험에서 제공되는 답안파일 양식을 사용하지 않으면 0점 처리됨)
- 답안 작성을 마치면 파일을 저장하고, '답안 전송' 버튼을 선택하여 감독위원 PC로 답안을 전송하십시오. 수험자 정보와 저장한 파일명이 다를 경우 전송되지 않으므로 주의하시기 바랍니다.
- 답안 작성 중에도 **주기적으로 저장하고 답안을 전송**하여야 문제 발생을 줄일 수 있습니다. 작업한 내용을 저장하지 않고 전송할 경우, 이전에 저장된 내용이 전송되오니 이 점 유의하시기를 바랍니다.
- 시험 중 부주의 또는 고의로 시스템을 파손한 경우는 수험자가 변상해야 하며, 〈수험자 유의사항〉에 기재된 방법대로 이행하지 않아 생기는 불이익은 수험자 당사자의 책임임을 알려 드립니다.
- 시험을 완료한 수험자는 답안파일이 전송되었는지 확인한 후 감독위원의 지시에 따라 문제지를 제출하고 퇴실합니다.

· 답안 작성요령 ·

- 온라인 답안 작성 절차
  수험자 등록 ⇒ 시험 시작 ⇒ 답안 파일 저장 ⇒ 답안 전송 ⇒ 시험 종료
- 시험 시작 전 시험과 무관한 프로그램의 실행을 중지시켜 주시기를 바랍니다(채팅, 파일공유 등).
- 문제에 (번호)라고 표시되어 있으면 번호만을 작성란에 기재하고, (정답)이라고 표시되어 있으면 정답만을 작성관에 기재하고, (정답, URL)이라고 표시되어 있으면 정답과 함께 URL을 반드시 기재하시기 바랍니다. 이를 준수하지 않으면 감점, 오답 처리 등 불이익이 있을 수 있습니다.
- [문제1], [문제2], [문제3], [문제8]은 정답의 번호만 아래와 같이 답안 파일에 정확히 기록하십시오.

문제 번호	답 안
문제1	정답	1

- 문제 번호에 따라 정답을 아래와 같이 답안 파일에 정확히 기록하십시오.

문제5	정답	대한민국

- [문제4]는 정답과 URL을 아래와 같이 답안 파일에 정확히 기록하십시오.
  (URL은 정답을 확인할 수 있는 최종 URL을 기재하십시오.)

문제4	정답	정보기술자격(ITQ)
	URL	https://www.kpc.or.kr/certification/index.asp

- [문제4]의 경우 개인 홈페이지나 블로그, 지식 검색(예 : 지식iN 등)과 같이 개인 사견이 포함된 웹사이트, 첨부파일은 정답으로 인정하지 않습니다.
- [문제9]의 이미지 파일은 인터넷 답안 파일에 삽입한 후 반드시 지정된 이미지 크기로 변경하시기를 바랍니다.
- 문제에서 제시한 단위, Full name 등의 조건에 맞도록 답안을 작성하시기를 바랍니다.

인터넷 윤리 60점, 각 30점

※ 문제에 대한 적절한 내용의 번호를 골라 답안지에 기재하시오.

문제1 스미싱(smishing) 피해 예방 및 구제방법으로 옳지 않은 것은?

① 스마트폰 백신 프로그램 사용
② 사전에 소액결제 및 스팸문자 차단신청
③ 금융계좌의 잔고는 비트코인으로 전환하기
④ 출처가 의심스러운 문자의 링크 주소 클릭 금지

문제2 인터넷 게시판 사용에 대한 예절로 옳지 않은 것은?

① 제목은 내용에 알맞게 사용한다.
② 문법과 맞춤법은 올바르게 사용한다.
③ 같은 내용은 반복해서 작성하지 않는다.
④ 게시물에 질문을 하고 답변을 얻었으면 질문과 답변을 바로 삭제하고 나온다.

인터넷 검색 370점

● 일반검색 Ⅰ (각 10점)

문제3 제27회 서울국제여성영화제 장편 경쟁 부문의 수상작을 〈보기〉에서 찾아 해당 번호를 답안지에 적으시오 (번호).

문제3-1) 대상 -- (   )
문제3-2) 우수상 -- (   )
문제3-3) 심사위원 특별언급 -- (   )

《보기》 ① 빅토리아   ② 분노   ③ 채민이에게   ④ 증간화음   ⑤ 소녀의 성장통

● 일반검색 Ⅱ (각 50점)

문제4 탄소 제로가 유발하는 물가 상승을 뜻하는 것으로 친환경 산업 구조로 전환되는 과정에서 산업 금속의 공급이 줄고 수요가 증가해 원자재 가격이 오르는 현상을 **무엇**이라 하는지 검색하시오(정답, URL).

문제5 입동(立冬)은 24절기의 19번째로 태양 황경이 225도가 될 때이자 겨울이 시작하는 날이다. 기상청 인제 무인관서에서 관측한 2022년 입동인 날의 **최저기온**(단위:℃, 소수 첫째 자리까지 표시)을 검색하시오(정답).

● **지능형 정보검색** (각 30점)

※ 인터넷 검색엔진과 생성형 인공지능(AI) 등 다양한 검색 도구를 사용하여 정답을 찾은 후 답안에 기재하시오(정답).

문제6 다음 문장이 설명하는 **인물**을 검색하시오(정답).

> - 저는 1925년 영국에서 태어난 여성 정치가입니다.
> - 저는 영국 최초의 여성 총리이며, 1979년부터 1990년까지 재임했습니다.
> - 저는 강경한 보수주의 정책을 펼쳐 '철의 여인(The Iron Lady)'이라는 별명을 얻었습니다.
> - 저는 노조의 힘을 약화하고 공기업을 민영화하는 등 영국의 경제를 재건하기 위해 노력했습니다.

문제7 다음 빈칸(괄호)에 적절한 **연도**을 검색하시오(정답).

> 의사가 꿈인 현수는 인류의 생명 연장에 기여한 발명품들을 알아보았다. 그중 우연한 실수로 발견된 '페니실린'이 수많은 환자의 생명을 구한 결정적인 발견이라는 사실을 알게 되었다.
>
> https://en.wikipedia.org/wiki/History_of_penicillin
>
> 스코틀랜드의 미생물학자 알렉산더 플레밍이 푸른곰팡이에서 페니실린을 처음 발견한 해는 (   )이다.

문제8 다음 생성형 인공지능(AI)과 나눈 대화에서 **틀린** 설명에 해당하는 번호를 찾아 적으시오(번호).

> **파리의 상징, 에펠탑에 관해 설명해줘**
>
> 에펠탑은 파리를 상징하는 대표적인 건축물입니다. ① 1889년 파리 만국 박람회의 입구 아치로 건설되었습니다. 설계는 공학자인 구스타브 에펠이 이끌었습니다. ② 높이는 약 300m에 이르는 이 탑은 당시 가장 높은 건축물이었으나, 미국 워싱턴 기념탑보다는 낮았습니다. ③ 건설 초기 많은 예술가와 지식인들이 에펠탑의 철골 구조를 흉물스럽다고 비판했습니다. ④ 원래 20년 동안만 유지하기로 계획되었으나, 1909년경 무선 통신 안테나로서의 군사적 가치가 인정받아 철거되지 않았습니다. ⑤ 에펠탑은 프랑스 혁명 100주년을 기념하기 위해 지어졌습니다.

● 실용검색 (각 50점)

문제9 길 찾기 서비스(포털 및 전문 검색사이트)를 이용하여 **구 목포일본영사관**에서 **구 동양척식주식회사 목포지점**을 도보로 가는 지도 경로를 찾아 전체화면(길 찾기 검색화면, 경로 포함)을 캡처하여 답안 파일에 붙여 넣으시오(이미지 크기 150 mm x 100 mm).

문제10 매년 2월 2일은 습지의 가치와 중요성을 알리기 위해 유엔에서 국제기념일로 정한 세계 습지의 날(World Wetlands Day)로 국내 행사는 4~5월경 개최되고 있다. 해양수산부 주관 2024년 세계 습지의 날 행사의 **주제**를 검색하시오(정답).

문제11 서울형 생활임금은 노동자와 그 가족이 주거·교육·문화생활 등을 보장받으며, 빈곤 수준 이상의 삶을 영위할 수 있는 임금 수준이다. 2025년 서울형 생활임금의 **시급**(단위:원)을 검색하시오(정답).

정보 가공　　70점

※ 제시된 주제에 따라 답안을 완성하시오.

문제12 국립생태원은 깊이 있는 전문역량을 바탕으로 체계적인 생태계 조사·연구·복원 등을 수행하여 국가의 자연생태계를 보전하고, 국민이 어렵게 느낄 수 있는 생태연구 정보를 쉽고 다양한 생태교육과 생태전시로 풀어내어 전달함으로써 우리 국민의 올바른 생태의식 함양에 기여하고 있다. 국립생태원에 대한 정보를 검색하여 다음의 안내문 내용을 완성하시오.

(답안)

국립생태원	
(12-1) 국립생태원 워드마크(세로형) **이미지**	(12-2) 국립생태원 현재(2025년 9월) 에코리움 상설주제전시관 1관에서 전시 중인 특별전 **전시명**
	(12-3) 국립생태원 2025년 9월의 멸종위기 야생동물의 **이름**
	(12-4) 국립생태원 4D입체상영관 3회차 **상영작**(제목)

제 20 회 정보기술자격(ITQ) 최신기출 복원문제

과목	코드	문제유형	시험시간	수험번호	성명
인터넷	1152	A	60분		

• 수험자 유의사항 •

- 수험자는 문제지를 받는 즉시 **응시하고자 하는 과목의 문제지가 맞는지 확인**하여야 합니다.
- 시험과 직접 관련이 없는 행위(댓글 게시, 자료 업로드, 동영상 시청 등) 적발 시 실격으로 처리되며, 답안 내역을 보조기억장치 및 기타 통신수단(게시판, 이메일, 메신저, 네트워크 등)을 이용하여 타인에게 전달 또는 외부로 반출하는 경우 적발 시 자격기본법 제32에 의거 부정행위로 처리됩니다.
- 내 PC₩문서₩ITQ 폴더의 "답안파일-인터넷.hwpx" 파일을 열고 파일 이름을 "수험번호-성명-인터넷.hwpx"로 답안폴더에 다시 저장한 후 답안 작성을 시작하여야 하며, 답안문서 파일명이 일치하지 않을 경우, 실격 처리됩니다(예 : 12345678-홍길동-인터넷.hwpx).
  (시험에서 제공되는 답안파일 양식을 사용하지 않으면 0점 처리됨)
- 답안 작성을 마치면 파일을 저장하고, '답안 전송' 버튼을 선택하여 감독위원 PC로 답안을 전송하십시오. 수험자 정보와 저장한 파일명이 다를 경우 전송되지 않으므로 주의하시기 바랍니다.
- 답안 작성 중에도 **주기적으로 저장하고 답안을 전송**하여야 문제 발생을 줄일 수 있습니다. 작업한 내용을 저장하지 않고 전송할 경우, 이전에 저장된 내용이 전송되오니 이 점 유의하시기를 바랍니다.
- 시험 중 부주의 또는 고의로 시스템을 파손한 경우는 수험자가 변상해야 하며, 〈수험자 유의사항〉에 기재된 방법대로 이행하지 않아 생기는 불이익은 수험자 당사자의 책임임을 알려 드립니다.
- 시험을 완료한 수험자는 답안파일이 전송되었는지 확인한 후 감독위원의 지시에 따라 문제지를 제출하고 퇴실합니다.

• 답안 작성요령 •

- **온라인 답안 작성 절차**
  수험자 등록 ⇒ 시험 시작 ⇒ 답안 파일 저장 ⇒ 답안 전송 ⇒ 시험 종료
- 시험 시작 전 시험과 무관한 프로그램의 실행을 중지시켜 주시기를 바랍니다(채팅, 파일공유 등).
- 문제에 (번호)라고 표시되어 있으면 번호만을 작성란에 기재하고, (정답)이라고 표시되어 있으면 정답만을 작성관에 기재하고, (정답, URL)이라고 표시되어 있으면 정답과 함께 URL을 반드시 기재하시기 바랍니다. 이를 준수하지 않으면 감점, 오답 처리 등 불이익이 있을 수 있습니다.
- [문제1], [문제2], [문제3], [문제8]은 정답의 번호만 아래와 같이 답안 파일에 정확히 기록하십시오.

문제 번호		답 안
문제1	정답	1

- 문제 번호에 따라 정답을 아래와 같이 답안 파일에 정확히 기록하십시오.

문제5	정답	대한민국

- [문제4]는 정답과 URL을 아래와 같이 답안 파일에 정확히 기록하십시오.
  (URL은 정답을 확인할 수 있는 최종 URL을 기재하십시오.)

문제4	정답	정보기술자격(ITQ)
	URL	https://www.kpc.or.kr/certification/index.asp

- [문제4]의 경우 개인 홈페이지나 블로그, 지식 검색(예 : 지식iN 등)과 같이 개인 사견이 포함된 웹사이트, 첨부파일은 정답으로 인정하지 않습니다.
- [문제9]의 이미지 파일은 인터넷 답안 파일에 삽입한 후 반드시 지정된 이미지 크기로 변경하시기를 바랍니다.
- 문제에서 제시한 단위, Full name 등의 조건에 맞도록 답안을 작성하시기를 바랍니다.

인터넷 윤리 60점, 각 30점

※ 문제에 대한 적절한 내용의 번호를 골라 답안지에 기재하시오.

문제1 사이버범죄에 대한 국가적·제도적 대응 방안으로 옳지 <u>않은</u> 것은?

① 공공기관에 CCTV 설치를 확대한다.
② 예방활동에 대한 홍보와 교육을 한다.
③ 관련 전문가를 확보하고 충원시킨다.
④ 새로운 사이버범죄에 대한 법률을 정비한다.

문제2 다음 중 안전한 인터넷 쇼핑을 위한 소비자 안전수칙으로 옳지 <u>않은</u> 것은?

① 쇼핑 거래정보를 출력하여 보관한다.
② 무료배송 서비스, 최저가 제도를 확인한다.
③ 결제시스템의 안전성과 거래 조건을 확인한다.
④ 홈페이지에서 사업장 및 사업정보를 확인한다.

인터넷 검색 370점

● 일반검색 Ⅰ (각 10점)

문제3 제17회 DMZ국제다큐멘터리영화제의 수상작을 〈보기〉에서 찾아 해당 번호를 답안지에 적으시오(번호).

문제3-1) 국제경쟁 대상 ──────────────────────── (   )
문제3-2) 국제경쟁 심사위원 특별상 ──────────────── (   )
문제3-3) 신인감독상 ──────────────────────── (   )

《보기》 ① 창문 없는 방   ② 도라지 불고기   ③ 실루엣   ④ 자파타에서, 서쪽으로   ⑤ 발 아래의 땅

● 일반검색 Ⅱ (각 50점)

문제4 구글, 애플, 넷플릭스 등 대형 정보기술 기업(빅테크)의 영향력이 커지면서 이들의 과도한 영향력을 우려하는 데 대한 반발 작용이 발생하는 현상을 **무엇**이라 하는지 검색하시오(정답, URL).

문제5 2021년 10월 전북 대부분 지역에 11년만의 '10월 한파특보'가 발효됐다. 기상청 임실 무인관서에서 관측한 2021년 10월 중 **일최저기온**(단위:℃, 소수 첫째 자리까지 표시)을 검색하시오(정답).

● **지능형 정보검색** (각 30점)

※ 인터넷 검색엔진과 생성형 인공지능(AI) 등 다양한 검색 도구를 사용하여 정답을 찾은 후 답안에 기재하시오 (정답).

문제6 다음 문장이 설명하는 **인물**을 검색하시오(정답).

> - 저는 1928년 미국 펜실베이니아에서 태어난 팝 아트의 선구자입니다.
> - 저는 상업적인 이미지와 일상적인 사물을 예술로 끌어들여 예술의 대중화를 이끌었습니다.
> - 대표작으로는 '캠벨 수프 깡통(Campbell's Soup Cans)', '마릴린 먼로 디립티크(Marilyn Diptych)' 등이 있습니다.
> - 저는 "15분 안에 유명해진다"라는 말을 남긴 것으로도 유명합니다.

문제7 다음 빈칸(괄호)에 적절한 **인물**을 검색하시오(정답).

> 역사 수업 시간에 냉전에 대해 배우던 상철이는 우주 개발 경쟁에 흥미를 느끼게 되었다. 특히 아폴로 11호의 달 착륙은 인류 역사상 가장 위대한 사건 중 하나로 기록되었다는 사실을 알고 더 자세히 알아보았다.
>
> https://www.nasa.gov/mission/apollo-11/
>
> 아폴로 11호의 선장으로, 인류 최초로 달에 첫발을 내디딘 사람은 (   )이다.

문제8 다음 생성형 인공지능(AI)과 나눈 대화에서 **틀린** 설명에 해당하는 번호를 찾아 적으시오(번호).

> **콜럼버스의 신대륙 발견에 관해 설명해 줘**
>
> 15세기 말, 콜럼버스는 인도로 가는 새로운 항로를 개척하기 위해 항해를 시작했습니다. ① 그는 지구가 둥글다는 것을 믿고 서쪽으로 항해하면 인도에 도착할 수 있다고 생각했습니다. ② 그는 스페인 이사벨라 여왕의 후원을 받아 1492년 8월 팔로스 항구를 출발했습니다. ③ 1492년 10월 12일, 그는 현재의 쿠바에 도착하여 이곳을 인도라고 믿었습니다. ④ 그가 도착한 땅은 신대륙이었지만, 콜럼버스는 죽을 때까지 자신이 인도에 도착했다고 믿었습니다. ⑤ 콜럼버스의 항해 이후 유럽인들은 대서양 항로를 통해 아메리카 대륙으로 진출하여 탐험과 식민지 개척에 나섰습니다.

● **실용검색** (각 50점)

문제9 길 찾기 서비스(포털 및 전문 검색사이트)를 이용하여 부산 동해선 **기장역 1번 출구**에서 **기장읍성**을 도보로 가는 지도 경로를 찾아 전체화면(길 찾기 검색화면, 경로 포함)을 캡처하여 답안 파일에 붙여 넣으시오(이미지 크기 150 mm x 100 mm).

문제10 2021년 9월 1일부터 우편요금이 조정되면서 통상우편 기본요금은 430원, 통상우편 규격 외 요금은 520원, 등기우편 기본요금은 2,530원으로 각각 50원씩 인상됐다. 이에 우정사업본부는 우편요금 조정에 따라 새로운 디자인의 일반우표 3종(430원, 520원, 2,530원)을 발행했다. 2,530원 일반우표 원화의 **디자인 작가**(성명)를 검색하시오(정답).

문제11 국가중요어업유산은 오랜 시간에 걸쳐 형성된 고유의 유무형 어업자산을 보전하고 관리하기 위해 지난 2015년부터 해양수산부에서 지정·관리하고 있다. 2021년 9월에 지정된 국가중요어업 유산 제10호의 **등록명칭**을 검색하시오(정답).

정보 가공 70점

※ 제시된 주제에 따라 답안을 완성하시오.

문제12 국립부산과학관은 동남권 과학문화 확산의 거점기관으로 4차 산업혁명시대에 마주하게 될 미래 기술과 문화를 직접 체험하고 배울 수 있도록 인공지능, 사물인터넷 관련 전시와 SW, 코딩, 메이커 등 첨단 교육 및 문화 프로그램을 지속적으로 개발 및 보급하고 있으며 이를 통해 부산·울산·경남 지역의 과학문화 플랫폼으로 자리매김하고 있다. 국립부산과학관에 대한 정보를 검색하여 다음의 안내문 내용을 완성하시오.

(답안)

	국립부산과학관
(12-1) 2025년 공동특별전 '골때리는 뇌과학' 포스터 **이미지**	(12-2) 국립부산과학관의 **개관일**(년월일)
	(12-3) 국립부산과학관의 **캐릭터 이름**(3가지)
	(12-4) 국립부산과학관 천체관측소 야간관측 **참가비**(단위 : 원)

K마블 소개

아카데미소프트와 코딩아지트의 컴교실 **타자** 프로그램

 **V2.0** 업그레이드

[K마블이란?]

[K마블인트로]

업그레이 된 K마블 V2.0을 만나보세요!

▶ 키우스봇과 함께하는 **무료 타자프로그램**!
▶ **영문 버전 오픈** - **영어 키보드** 자리연습, **원어민 음성**을 들으며 타자 연습을 하는 **영어 단어연습**
▶ 온라인 대전 **2 VS 2** 모드 출시
▶ 나만의 커스텀 캐릭터 기능 오픈

100% 무료 타자프로그램

K마블 V 2.0으로 한글·영문 타자연습 모두 가능해요!!

전체 메뉴

K마블 튜토리얼

커스텀 프로필

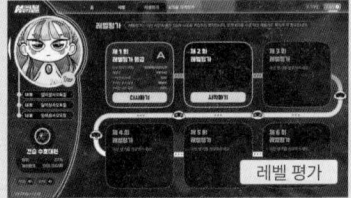
레벨 평가

영어 단어연습

온라인 대전

▶ 커스텀 프로필
자신의 케릭터를 꾸밀 수 있는 기능이 추가되었습니다. 케릭터의 머리, 얼굴, 옷, 장신구를 변경하여 자신만의 개성있는 케릭터를 만들어 봅니다.

▶ 레벨평가 시안성
레벨평가 화면이 이전 화면 보다 보기 좋게 변경되었습니다. 배운 내용을 복습하여 높은 점수에 도전해 봅니다.

▶ 영어 단어연습
영어 동사 단어연습은 원어민의 영어 발음을 들으며 영어동사 단어연습을 할 수 있는 타자입니다.

▶ 온라인 대전 게임 - 영토 사수 작전
친구들과 1 VS 1 또는 2 VS 2 온라인 대전 게임으로 오타 없이 빨리 타자를 입력하여 영토를 지배하는 게임입니다. 비슷한 타수의 친구와 대결하면 재미있는 승부를 볼 수 있습니다.

컴퓨터 타자 활용 능력 자격 평가 안내

컴퓨터 자격증의 시작!
컴퓨터 타자 활용 능력

| 시행처 : 국제자격진흥원

[민간자격등록]
K마블 한글타자(2024-001827)
K마블 영문타자(2024-002318)

▶ 자격증 개요
'컴퓨터 타자 활용 능력' 자격 평가 시험은 컴퓨터 입문자를 위한 기초 자격시험으로 ITQ 및 DIAT 등 컴퓨터 자격시험 이전에 간단한 타자 능력을 평가하는 기초 자격 평가 시험입니다.

▶ 시험 과목 및 출제 기준
컴퓨터 기초 상식 + 마우스 + 키보드(타자)로 구성

시험과목	시간	문항수	배점	등급
컴퓨터 기초 상식	5	10	100	A등급 → 900점 이상
마우스 사용 능력	10	4	100	B등급 → 800점 이상
키보드(타자) 사용 능력	15	4	800	C등급 → 700점 이상
합계	30	18	1,000	D등급 → 600점 이상
				비기너 → 599점 이하

▶ 자격증 특징
✓ 누구나 쉽게 온라인으로 진행
- 교육기관에서는 단체 시험을 누구나 쉽게 온라인으로 원서접수 및 자격시험을 볼 수 있습니다.
- 교육기관은 교육 현장에서 교육 후 바로 시험을 볼 수 있습니다.
- 개인 응시자도 방문 접수 및 집체 시험 없이 온라인으로 원서접수 및 자격시험을 볼 수 있습니다.

✓ 타자 능력을 평가하는 컴퓨터 기초 시험입니다.
- OA 과정 또는 ITQ 및 DIAT 등 컴퓨터 전문 자격증을 취득하기 이전에 필요한 기초 타자 자격 시험입니다.
- 컴퓨터를 처음 접하는 입문자들에게 컴퓨터 기초 지식과 타자 및 마우스 사용 능력을 평가하는 시험입니다.

✓ 학습과 시험이 간단 명료합니다.
- K마블과 교재로 학습하고 해당 내용에서 출제하는 간단한 시험입니다.

✓ 모든 시험이 CBT 방식으로 컴퓨터에서 모두 시행됩니다.
- 시험의 모든 과목이 컴퓨터에서 진행됩니다.

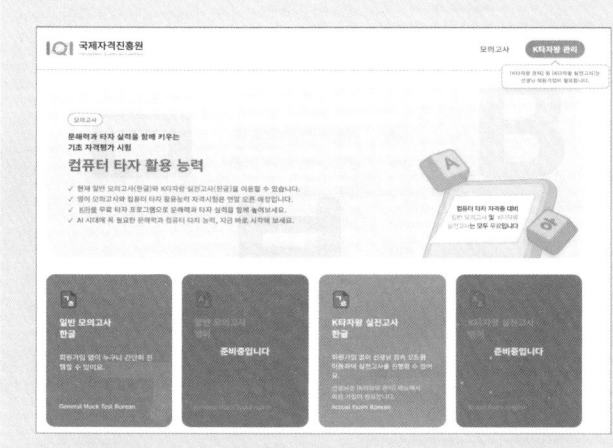

채점프로그램 MAG 소개

자격증 채점프로그램의 새로운 변화!!
MAG 채점 프로그램

❶ 개인용 채점프로그램_MAG PER 2.0

▶ 개인을 위한 **채점프로그램**으로 각 자격증별 **시험 결과** 즉시 확인

▶ **빠른 채점**과 **보기 편한 디자인!**

▶ **인공지능**으로 채점 **오류 최소화!**

▲ 과목 선택

▲ 채점 결과

❷ 교육기관용 채점프로그램_MAG NET

▶ 선생님을 위한 또 다른 서비스를 제공합니다.

▶ 선생님을 위한 **온라인 채점프로그램**으로 접속한 수검자의 **시험 결과**를 실시간 확인

▶ 시험종료 후 **성적통계**로 문제별 부족한 부분과 단점을 완벽히 보완

▶ **인공지능**으로 채점율 UP

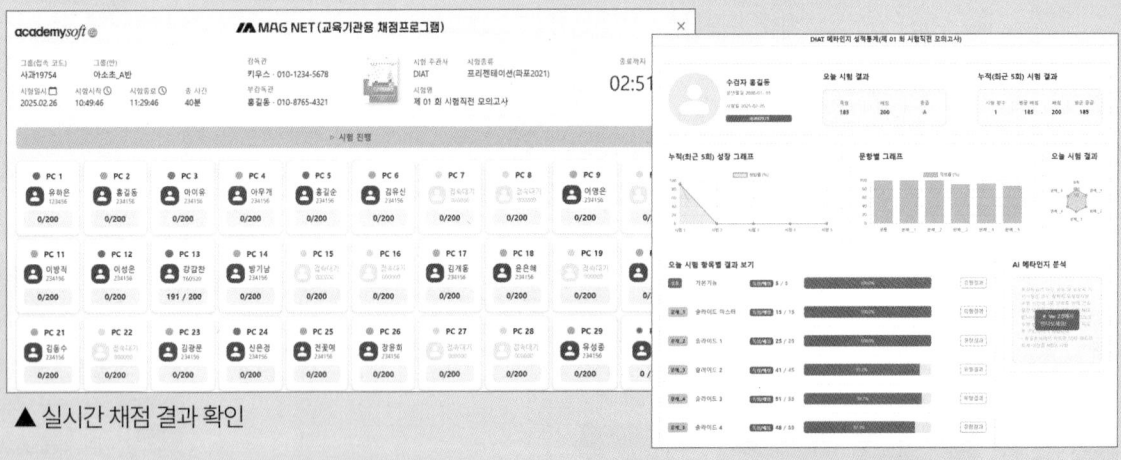

▲ 실시간 채점 결과 확인   ▲ 개인별 메타인지 성적 통계

 2026년 신간 교재부터는 웹(온라인) 버전으로 오픈됩니다.